ANNE KLESSE
Du Wunder!

ANNE KLESSE

Du Wunder!

Warum Mütter
perfekt sind,
wie sie sind.

lübbelife

Originalausgabe

Copyright © 2022 by Bastei Lübbe AG, Köln

Illustrationen Innenteil: © Josephine Pauluth
Textredaktion: Anne Büntig
Umschlaggestaltung: FAVORITBUERO, München, unter Verwendung
von Illustrationen von © shutterstock: Romanova Ekaterina | Dychkova Natalya
Satz: hanseatenSatz-bremen, Bremen
Gesetzt aus der Adobe Garamond Pro
Druck und Einband: GGP Media GmbH, Pößneck

Printed in Germany
ISBN 978-3-431-07037-8

2   4   5   3   1

Sie finden uns im Internet unter
luebbe-life.de
Bitte beachten Sie auch: lesejury.de

Für meinen Sohn
Und für alle Mütter dieser Welt

Inhalt

Einleitung   9

Kapitel 1: Plötzlich Mutter   21
Neues Leben, neue Rolle – aber wie damit
klarkommen?   21
Schwangerschaft und Geburt – mein unbekannter
Körper   27
Stillzeit – alles anders als gedacht   42
Interview mit der Hebamme Christiane Borchard   54

Kapitel 2: Elternsex   67
Fürsorgliche Mutter sein, sexy Partnerin bleiben –
nur eine Wunschvorstellung?   67
Verschobene Körperbilder   78
Interview mit der Sexologin Hanna Krohn   89

Kapitel 3: Warum es Müttern so schwerfällt,
mit sich selbst zufrieden zu sein   101
Überfrachtete Rollenbilder und überzogene
Erwartungen an uns selbst   101
Die Inszenierung perfekter Körper und Leben auf
Social Media   124
Interview mit dem Marketingexperten
Prof. Dr. Andreas Baetzgen   135

Kapitel 4: Die Eltern als Vorbilder ihrer Kinder 147

Wie unser Verhalten und unsere Haltung unsere
Kinder beeinflussen 147

Interview mit der Psychologin Julia Tomuschat 153

Ein realistisches Körperbild entwickeln:
Die Bedeutung von Nacktheit 161

(Gemeinsam) essen lernen: Essstörungen und eine
gestörte Wahrnehmung des eigenen Körpers 170

Kapitel 5: Mutter in den Wechseljahren 179

Kind groß, Körper alt – was nun? 179

Interview mit der Journalistin Silke Burmester 188

Kapitel 6: Perfekt unperfekt 201

Das Konzept »Gut genug« 201

Die Sicht des Partners: Auch Väter haben Selbstzweifel 207

Das Prinzip der umgekehrten Erziehung: Was wir von
unseren Kindern lernen können 215

Interview mit dem Kinder- und Jugendpsychiater
Prof. Dr. Michael Schulte-Markwort 220

Schluss: Die Magie des Loslassens 229

Warum es das Leben leichter macht, wenn wir uns so
akzeptieren, wie wir sind 229

Danksagung 238

Literaturverzeichnis 239

Einleitung

Mit meinem dreißigsten Geburtstag hatte ich kein Problem gehabt – zusammen mit zwei Freundinnen hatte ich zu einer großen Party in einen Club eingeladen. Meine Dreißiger begannen also super. Ich verdiente genug Geld, um mir ein cooles Leben mit Reisen und Kultur zu finanzieren. Physische Veränderungen bemerkte ich, wenn überhaupt, nur wenige. Im Gegenteil, endlich fühlte ich mich mehr oder weniger wohl in meinem Körper! Nach drei Jahrzehnten wusste ich langsam, wie er funktioniert, was mir guttut, was ich mir nur ausnahmsweise mal gönnen und was ich besser ganz sein lassen sollte. Im neuen Job in einer neuen Stadt lernte ich viele neue Leute kennen. Ich hatte Spaß, ich hatte Sex, ich spürte mich. Es war aufregend, alles war möglich.

Mein vierzigster Geburtstag ging irgendwie im Alltag unter. Vier Jahre zuvor war ich Mutter geworden. In meinem Leben spielte nicht mehr ich selbst die Hauptrolle, sondern mein Kind. Ich liebe meinen Sohn über alles. Durch ihn entdecke ich jeden Tag viele neue Dinge – in der Welt und in mir. Zum Beispiel, dass sich Kellerasseln zu kleinen Kugeln rollen, wenn man sie aufhebt. Oder Pastinake – bis dahin kannte ich die Petersilienwurzel nicht, jetzt gehört sie zu meinem Lieblingsgemüse. Auch, dass ich plötzlich Sätze sage, die ich früher als Kind selbst von meiner Mutter gehört habe (und schrecklich fand): »Hier sieht's ja aus wie bei Hempels unterm Sofa!«

In den ersten Jahren mit meinem Sohn spielte sich mein Leben hauptsächlich zwischen frühmorgens und frühabends ab, zwischen Babybrei und Sandkiste. Spätestens gegen achtzehn Uhr stellte sich das Gefühl ein, der Tag neige sich dem Ende zu. Ich hatte den Rhythmus meines Kindes angenommen: Wenn es müde wurde, war ich ebenfalls müde. Manchmal schlief ich gleich mit ein, wenn ich es ins Bett brachte.

Meinen Fotostream auf dem Smartphone fluteten statt Schnappschüssen vom letzten Partywochenende nun Kinderbilder. Tausende Fotos schoss ich allein in den ersten Monaten: vom schlafenden Baby, vom lachenden Baby, vom Baby mit Kuscheltier, Baby vorm Weihnachtsbaum, Baby voll Brei, Baby beim Baden, Baby am Strand. Zu Weihnachten verschenkte ich an die Großeltern und Onkels einen aus kurzen Handyvideos zusammengeschnittenen Film. Er ist anderthalb Stunden lang. Ich bin nicht sicher, ob alle das Werk jemals bis zum Ende angesehen haben.

Erst fiel es mir gar nicht auf, aber irgendwann wurde mir bewusst, dass ich eigentlich nur noch als Beobachterin vorkam, hinter der Kamera. Fotos oder Filme von mir selbst gab es so gut wie keine mehr.

Zu dem Zeitpunkt war ich darüber allerdings sogar ganz froh, denn Fotos von mir betrachtete ich gerade nicht mehr so gern. Mir fielen sofort die dunklen Schatten unter meinen müden Augen auf. Bei Bildern, auf denen ich lachte, konnte ich die fächerartig fallenden Krähenfüße kaum ertragen. Während ich »Lachfältchen« bei anderen immer sympathisch fand, dachte ich bei mir sofort: Alt! Verbraucht! Unattraktiv!

Ganzkörperfotos von mir fand ich eine Zeitlang kaum zu ertragen, vom Strand zum Beispiel. Auf einem hocke ich neben meinem Sohn, der eifrig im nassen Sand buddelt. Meine Augen sind samt Schatten und Krähenfüßen immerhin hinter einer großen Sonnenbrille versteckt. In voller Gänze zu sehen hingegen ist mein Bauch, der sich in kleinen übereinanderliegenden Speckwürstchen wellt und gleichzeitig um den Nabel herum irgendwie verschrumpelt aussieht. Immerhin: Der Busen wird glücklicherweise vom Bikinioberteil gehalten.

Dass mein Blick überhaupt diese Makel erfasst und nicht

glücklich auf meinem Kind ruhen bleibt, hätte ich mir früher nicht vorstellen können. Da hätte ich mich eher darüber gewundert, dass Ü40-Frauen überhaupt Wert darauf legen, attraktiv auszusehen.

In der Zeitschrift *Gala* schrieb die Kolumnistin Katja Kessler vor ein paar Jahren anlässlich ihres achtundvierzigsten Geburtstags: »Es gibt so herrlich einfache Tricks, jünger auszusehen, ohne dass es einen Cent kosten würde. Ich denke da an BH-Weglassen. Zieht jede Falte aus dem Gesicht ab einem gewissen Alter.« Ich habe mich vor Lachen damals gebogen und den Text sogar abfotografiert. Es war das befreite Lachen einer Schwester im Geiste. Brüste, die so sehr hängen, dass sie die Haut weiter oben glattziehen – herrlich! Kann man dann je nach Tagesform anwenden: Darf's heute ein dralles Push-up-Dekolleté sein oder stattdessen lieber die glatte Visage? Ich finde, wir alten Schachteln brauchen viel mehr Selbstironie, sonst ist das alles ja nicht zu ertragen.

Abgesehen von diesem Kolumnentext muss man feine Selbstironie, die nicht ins Gehässige abgleitet, allerdings lange suchen. Stattdessen geht es in solchen Magazinen eher um Fragen wie die, ob eine prominente Frau »was hat machen lassen«. Oder es werden Bikinifotos von Schauspielerinnen und weiblichen Popstars aus St. Barth gezeigt, in denen per Lupenfunktion unbarmherzig auf Cellulite-Dellen und Fettpolster hingewiesen wird.

Wenn ich solche Fotostrecken sehe, bin ich einerseits erleichtert, weil offensichtlich nicht einmal diejenigen vermeintlich perfekt aussehen, die sich rund um die Uhr Personal Training und plastische Chirurgie leisten können. Andererseits stellt sich natürlich die Frage: Was genau soll dieses »Perfekt« überhaupt sein? Wenn doch alle Frauen, ob dick oder dünn, irgendwann Cellulite haben, warum wird das nicht einfach als normal wahrgenommen, sondern immer als Makel? Als wäre es eine Krankheit, die es zu vermeiden oder zu bekämpfen gilt. Ebenso wie Speckröllchen, Fettpolster oder Falten. Es ist ja nicht so, als wären wir Menschen genormt, und wer von der Norm abweicht, ist irgendwie falsch. Als würde in jedem Menschen eine schlanke, ebenmäßige Person stecken, die bloß durch eigene Verhaltensfehler Rundungen und Beulen, Falten und Furchen bekommt.

Ich fand es cool und sympathisch, als die Kosmetikmarke Dove vor fünfzehn Jahren einen kleinen Skandal auslöste, indem sie in ihrer Kampagne Frauen in all ihrer Unterschiedlichkeit zeigte. Ich erinnere mich gerne an die großformatigen Anzeigen, in denen Frauen mit unterschiedlichen Hautfarben und Körperformen zu sehen waren. Lediglich die Bekleidungsmarke Benetton hatte zuvor schon ähnlich kontroverse Reaktionen mit politisch inspirierten Werbefotos ausgelöst.

Nur gegenüber meinem eigenen Aussehen konnte ich diese Coolness und Sympathie nicht aufbringen: Was ich bei anderen schön finde, gilt bis heute nicht für mich selbst. Bei meinem eigenen Körper kann ich keine Gnade walten lassen. So wie mein altes Ich mit der Mutterrolle irgendwie in den Hintergrund getreten ist, schien auch die Verbundenheit mit meinem Körper eine Zeitlang wie vernebelt. Und das nicht nur wegen des permanenten Schlafmangels, der einen – vor dem Hintergrund, dass Schlafmangel eine Foltermethode ist, nicht weiter verwunderlich – tatsächlich zu einem anderen Menschen machen kann.

Als Mutter war ich plötzlich rund um die Uhr in Aktion für jemand anderen. Ich wickelte, fütterte, badete, spielte. Ich kaufte ein, kochte, hängte Wäsche auf. Es drehte sich alles um die Versorgung des Nachwuchses. Dass es so gar keine Pausen gab, nicht einmal für ein paar Minuten auf der Toilette oder unter der Dusche – denn mein Sohn folgte mir ins Bad, sobald er krabbeln konnte –, konnte ich mir vorher nicht vorstellen. Das ist der große Unterschied zur Erwerbsarbeit, denn dort sind regelmäßige Pausen sogar institutionalisiert und oft vertraglich festgehalten. Ich kenne viele Mütter, die ihren Job im Büro weniger herausfordernd finden als den Alltag zu Hause.

Ich selbst bemerkte lange gar nicht, wie sehr ich mich zwischen all den Fragen rund um das Wohlbefinden meines Kindes verlor und dadurch in eine Art Identitätskrise schlitterte. Danach, was mir selbst guttun würde, fragte ich nicht einmal mich selbst – und jemand anderes erst recht nicht.

Warum war ich als Mensch plötzlich so unsichtbar?

Während der Arbeit an diesem Buch ist mir klar geworden, wie sehr ich in einem Gedankenmuster feststecke. Über Jahrzehnte habe ich gelernt, kritisch meinen eigenen wie auch andere Körper zu betrachten. Als Kleinkind habe ich offensichtlich sehr gerne gegessen. Es gibt zahlreiche pausbäckige Fotos von mir, auf denen ich noch nicht richtig laufen kann, aber schon einen großen Hühnerschenkel oder etwas anderes Essbares in der Hand halte. Die Geschichte, die immer wieder dazu erzählt wurde, ist folgende: Weil ich so gerne gegessen habe, habe man mir keine Süßigkeiten gegeben, sondern stattdessen Gurke oder andere Rohkost. Damit ich nicht dick werde.

Klar, bei kleinen Kindern geht es auch darum, sie von Beginn an gesund zu ernähren und sie vor Mangelerscheinungen, Übergewicht oder gesundheitlichen Problemen zu bewahren. Aber das ist nur die halbe Wahrheit: Dick sein ist etwas Schlechtes, das wird uns hierzulande permanent erzählt. Vor allem Frauen versuchen, einem Schönheitsideal zu entsprechen, das nun einmal nicht der Diversität unserer Körper entspricht. Wie alter Wein, der ständig in neuen Schläuchen daherkommt, gibt es eine regelrechte Diätkultur, die unterstellt, dass wir uns nur genügend anstrengen müssten, um ebenfalls dem gesellschaftlichen Ideal zu entsprechen.

Ich bin mir sicher, dass mein Umfeld es damals mit dem Süßigkeiten-Verbot nur gut meinte. Ich mache niemandem einen Vorwurf. Doch abgespeichert habe ich, dass Schlanksein wichtig ist. Erst jetzt, mit vierundvierzig Jahren, ist mir bewusst geworden, wie sehr ich diesen Glaubenssatz verinnerlicht habe. Bis heute spüre ich tief in mir drin eine Art Geringschätzung gegenüber undiszipliniertem Verhalten – und das nicht nur beim Thema Essen. Dafür schäme ich mich jetzt.

Welch ein Gewinn wäre es, wenn wir Frauen, wir Mütter, wir Eltern, wir Menschen weniger übereinander urteilen und stattdessen versuchen würden, uns mehr wertzuschätzen? Wir müssen es ja nicht »Empowerment« nennen – das klingt für mich zu sehr nach den Großstadtcliquen beruflich erfolgreicher Frauen, die sich zwar gegenseitig auf Panels einladen und in ihren Instagram-Storys verlinken, letztendlich aber doch nur in ihrer elitären Bubble und unter sich bleiben. Und wenn ich selbst versuche, weniger zu bewerten – vielleicht mag ich mich dann auch selbst besser leiden? Es heißt: »Nur wer sich selbst liebt, kann auch andere lieben.« Vielleicht ist das keine Einbahnstraße, sondern gilt auch andersherum: Wer das Liebenswerte im Gegenüber sieht, erkennt eher das Liebenswerte in sich selbst.

Muttersein ist das Faszinierendste und Spannendste, das ich in meinem Leben bisher kennen gelernt habe. Ich liebe mein Kind über alles, und gleichzeitig spüre ich diese permanente Erschöpfung, die selbst nach einmal richtig Ausschlafen nicht verschwindet, und auch die Sehnsucht nach ein bisschen mehr Leben so wie früher. Nach weniger Verantwortung und mehr Leichtigkeit. Nach Tanzen bis in den nächsten Tag hinein. Danach, über die Stränge zu schlagen, mal nicht vernünftig zu sein, nicht so elternmäßig erwachsen.

Ich wünschte, ich könnte jeden Augenblick, jeden Atemzug meines Kindes begleiten, und gleichzeitig wünschte ich, ich hätte mehr Zeit für mich, für meine Interessen, für Kunst und Kultur, dafür, spontan ans Meer zu fahren und nichts zu machen, außer aufs Wasser zu schauen. *Mehr Ich in all dem Wir* nannten meine Journalistinnen-Kolleginnen und Bloggerinnen Lisa Harmann und Katharina Nachtsheim ihren zweiten *Mama-Mutmacher*. Ich finde, die Aussage trifft es ziemlich gut.

Doch das Ich in all dem Wir verblasst, und das hört nicht bei den grauer werdenden Haaren oder den fehlenden Fotos von uns selbst auf. Meine Erfahrung ist, dass der äußere Wandel einhergeht mit einem inneren. Mein Körper verändert sich, und auch mein Leben verändert sich parallel dazu. Nicht nur in dem Sinne, dass es diesen kleinen neuen Menschen gibt, für den ich sorge. Auch Einstellungen mir selbst und anderen gegenüber verändern sich mit ihm. Und sogar der Blick von außen wird mit der Zeit ein anderer.

Es geht also nicht bloß um ein paar Falten hier oder Speckröllchen dort, sondern um ein Leben, das durch die Mutterschaft komplett auf den Kopf gestellt wird. Dinge, die immer selbstverständlich waren, sind plötzlich verschwunden, und das Vorhandene neu zu ordnen ist unsere Aufgabe. In und mit uns selbst. Mit diesem Buch versuche ich, die Dinge für mich zu ordnen.

Dieses Buch ist kein Fachbuch. Es erhebt keinen Anspruch auf Vollständigkeit oder wird in seinen Schilderungen nicht allgemein gültig sein. Ich schreibe über meine eigenen Erfahrungen, Gefühle und Gedanken. Mittlerweile weiß ich, dass ich mit ihnen nicht allein bin. Ich versuche, nicht über andere zu urteilen und niemanden auszuschließen, sondern alle zu inkludieren, die Ähnliches erfahren, fühlen, denken.

Liebe, Beziehung, Partnerschaft, Sex, der Umgang mit dem eigenen Körper, Muttersein – all das hat vielfältige Facetten. Weil ich keine Expertin für Psyche oder Geburt bin oder für das weibliche Geschlecht, habe ich Studien gelesen und Gespräche mit Expertinnen und Experten geführt, die in dieses Buch einfließen.

»Nur eine Mutter weiß allein, was lieben heißt und glücklich sein«, schrieb der Dichter und Naturforscher Adelbert von Chamisso vor gut zweihundert Jahren. Der Satz klingt aus heutiger Sicht einerseits ausgrenzend – für all diejenigen, die nicht Mutter sind (aber vielleicht trotzdem lieben und glücklich sind). Andererseits glaube ich, zu wissen, was er gemeint hat, und das ist universell: Die Liebe zum Kind ist eine andere als die zu Eltern, Geschwistern, Freundinnen und Freunden, Partnerinnen und Partnern. Für mich ist sie bedingungslos. Sie muss nicht auf Gegenseitigkeit beruhen und durch nichts genährt werden. Sie ist einfach da. Und bleibt für immer.

Mutterglück selbst hingegen ist nicht selbstverständlich. Es sagt sich leicht dahin und klingt ein bisschen nach 1950er-Jahre-Kitsch. Wer »Mutterglück« googelt, bekommt zig Ergebnisse ausgespuckt, die ein schräges Bild vermitteln: Hausdekorationsideen auf Pinterest zum Beispiel, schwulstige Sinnsprüche und Fotos von stillenden, selig lächelnden Frauen. Dabei ist das Muttersein begleitet von vielen unterschiedlichen Gefühlen, nicht nur guten. Außer von Glück, unbändiger Freude, Liebe, Neugier, Leichtigkeit und Stolz auch von Sorgen, die ich bis dahin nicht kannte. Von Ängsten, Schmerzen, Unsicherheiten. Von Einsamkeit.

2015 machte der Hashtag #regrettingmotherhood in den sozialen Netzwerken die Runde. Mutterschaft bereuen und offen darüber sprechen? Bis dahin war das ein absoluter Tabubruch. Der Anlass war die Veröffentlichung des gleichnamigen Buches der Soziologin Orna Donath, das auf Interviews mit Müttern in Israel basierte. Diese hatten über die negativen Auswirkungen ihrer Mutterschaft berichtet. Zusammenfassend kann man sagen, sie empfanden einen Verlust an Autonomie und sprachen über mentalen Stress, den die Autorin als Folge widersprüchlicher und unerreichbarer sozialer Normen des Konzepts Mutterschaft interpretierte. Nach Veröffentlichung des Buches auf Deutsch wurden auch hierzulande die Einstellung von Müttern zu ihrer Mutterschaft sowie der gesellschaftliche Entwurf der Mutterrolle und der daraus resultierende Druck diskutiert.

Eine drei Jahre später folgende quantitative Studie des Deutschen Instituts für Wirtschaftsforschung (DIW) bestätigt, dass sich Frauen, sobald sie Mutter werden, tatsächlich schlechter fühlen. Ihr mentales Wohlbefinden nahm innerhalb der ersten sieben Jahre nach der Geburt des Kindes ab. Bei fast der Hälfte der befragten Mütter nahmen die psychischen und gesundheitlichen Belastungssymptome zu, bei dreißig Prozent sogar substanziell. Knapp ein Drittel der Mütter berichtete allerdings auch über eine Verbesserung ihres mentalen Wohlbefindens. Wie sich die Mutterrolle auswirkt, ist laut DIW abhängig vom sozioökonomischen Status: Wenn genug Geld und Unterstützung vorhanden sind, lassen sich Pausen und Selbstverwirklichung eher realisieren. Dann gibt es die Möglichkeit, neben der Care-Arbeit auch noch eigenen Interessen nachzugehen, Freunde zu treffen, Sport zu treiben. In der Folge wird die Belastung als weniger stark empfunden.

Gerade Alleinerziehenden – in Deutschland sind das zu neunzig Prozent Mütter – fehlt jedoch oft der dafür nötige Rückhalt. Sie sind für alles allein zuständig, sowohl für die großen Dinge, wie Lebensunterhalt verdienen und das Kind im Alltag versorgen, als auch für die vielen kleinen – sichtbaren und unsichtbaren – Dinge, die als »Mental Load« zusammengefasst werden können: daran zu denken, Pausenbrote vorzubereiten, Fingernägel zu schneiden, rechtzeitig Geschenkpapier und Geschenke für Kindergeburtstage zu besorgen, an Elternabenden teilzunehmen und so weiter.

Hinzu kommt, dass rund ein Drittel aller Alleinerziehenden in Deutschland von Armut bedroht sind. Das macht zusätzlich Stress und führt dazu, dass noch weniger Pausen vom Alltag genommen werden können, denn Urlaub und Babysitter sind teuer. Gleichzeitig haben Alleinerziehende das größte Risiko, psychisch zu erkranken: Sie sind – und das ist vielleicht der größte Unterschied zu allen anderen Mitgliedern der Gesellschaft – gleichzeitig finanziell, mental und zeitlich be- und manchmal auch überlastet.

Auf all diese neuen Herausforderungen war ich nicht vorbereitet. Inzwischen glaube ich, die Annahme der Mutterrolle ist vielleicht die größte Anpassungsleistung im Leben einer Frau. Auch ist sie abhängig von vielen Dingen – dem Umfeld zum Beispiel oder der eigenen physischen und psychischen Verfassung, der eigenen Sozialisation, dem Alter und dem sozialen Status der Gebärenden.

Dieses Buch ist deshalb auch eine Reise zu mir selbst. Zurück in meine eigene Kindheit, zurück zu mir als Schwangere, in den Kreißsaal zur Entbindung meines Sohnes, zu den Anfangsjahren meiner Mutterschaft, zu den Unzulänglichkeiten meines Körpers. In der Retrospektive würde ich meinen Körper und das, was er jeden einzelnen Tag in den vergangenen vierundvierzig Jahren geleistet hat, gerne mehr schätzen.

Die mexikanische Künstlerin Frida Kahlo, bekannt für ihre Selbstbildnisse, auf denen sie sich mit kräftigen Brauen und Damenbart malte, schrieb über ihren eigenen Körper: »Ich mag an meinem Gesicht meine Augenbrauen und die Augen. Ansonsten mag ich nichts. Mein Kopf ist zu klein. Meine Brüste und Genitalien sind normal. Vom anderen Geschlecht habe ich einen Schnurrbart und überhaupt die Gesichtszüge.« Nach meinem Empfinden war Frida Kahlo eine wunderschöne Frau. Sie selbst konnte das offenbar nicht immer so sehen.

Und wie sehe ich mich selbst? An meinem Gesicht mag ich meine Augen. Ich versuche, die Krähenfüße als Beweis dafür zu sehen, dass ich viel zu lachen habe. Über die Größe meines Kopfes habe ich noch nie nachgedacht. Ich mag meine Brüste und Genitalien. Ohne Letztere wäre ich immerhin nicht Mutter. Ich habe glücklicherweise keinen Schnurrbart, und falls mir mal einer wachsen sollte, fände ich es legitim, ihn zu entfernen. Und abgesehen davon: Die Künstlerin schrieb auch, »der wichtigste Teil des Körpers ist das Gehirn«. Wie Recht sie hat!

Ich habe beschlossen, mich von nun an zu mögen. Und ich möchte dankbar sein: Jeden Abend, wenn ich meinen Sohn ins Bett bringe, sehe ich ein sattes, gesundes, glückliches Kind dort liegen, in einem – zugegeben – meist ziemlich unaufgeräumten, aber sicheren, trockenen Zuhause. Angesichts des vielen Leids in der Welt ist das schon ein ordentliches Pfund, das ich viel zu oft nicht beachte. So vieles liegt nicht in meiner Macht. Das fängt schon dabei an, wie dieser kleine Mensch entstanden ist. Die Empfängnis folgt keinem Plan, keiner Kontrolle. Umso wichtiger ist es, immer wieder zu reflektieren und gleichzeitig den Blick zu schärfen für die vielen tollen Dinge, die gut sind im Leben und die noch kommen werden: annehmen, was ist. Zumindest das ist eine bewusste Entscheidung.

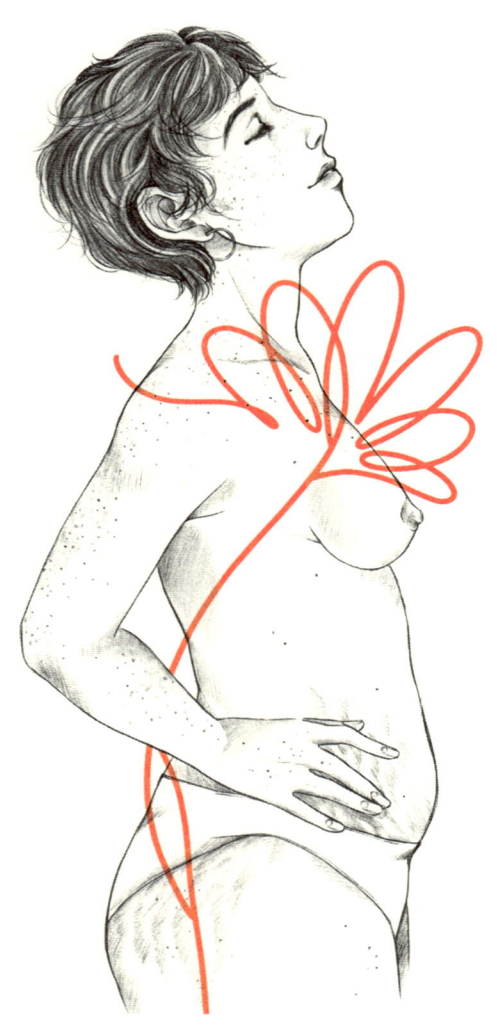

Kapitel 1

Plötzlich Mutter

Neues Leben, neue Rolle – aber wie damit klarkommen?

Wer bin ich? Bin ich noch die Alte? Oder bin ich eine andere? Bin ich eine Art erweiterte Version von meinem früheren Ich? Was macht mich überhaupt aus? Inwiefern verändern mich das Kind und das Muttersein, was macht das alles mit meinem Leben? Wie will ich weitermachen? Was wünsche ich mir? Diese und andere Fragen stellten sich mir – ziemlich plötzlich –, nachdem ich Mutter geworden war.

Als Sechsunddreißigjährige galt ich als sogenannte Spätgebärende, was irgendwie nach »zu spät« klingt. Zu spät, um zu gebären und Mutter zu werden. Und das war es – zumindest der Statistik nach – ja auch fast. Denn bei Frauen nimmt die Fruchtbarkeit bekanntlich schon ab Mitte dreißig stark ab, mit Mitte vierzig ist der Eizellvorrat nahezu erschöpft. Auch die Gebärmutter wird im Laufe der Jahre, wie der ganze Körper, nicht unbedingt fitter und besser, um einem heranwachsenden Embryo die Umgebung zu bieten, die er braucht.

Bis zu dem Zeitpunkt war ich mit mir und meinem Leben zufrieden gewesen, mir fehlte nichts. Ich lebte in Berlin, führte eine stabile Partnerschaft, hatte tolle Freundinnen und Freunde, mit denen ich Zeit verbrachte. Mein Job machte mir Spaß, ich arbeitete viel. Meine Freizeit verbrachte ich in Restaurants und Bars, Kinos und Clubs oder auf Reisen. Es war das Leben, das ich wollte. Ich musste mir über nichts Gedanken machen als darüber, wie ich das nächste Wochenende verbringen wollte, vor allem nicht über die Zukunft. Es gab immer etwas zu tun. Und wenn das nicht so war, verbrachte ich den Vormittag einfach im Bett. Mein Leben plätscherte angenehm vor sich hin. Verantwortung hatte ich ausschließlich für mich selbst. Und genau das genoss ich.

Mein Kinderwunsch war die Jahre zuvor nicht so stark ausgeprägt, wie ich es bei mancher Freundin erlebte. Ich war zwar immer davon ausgegangen, dass ich irgendwann Kinder haben würde. In meiner Vorstellung gab es in Zukunft irgendwann ebenso große Familienfeiern mit Großeltern, Eltern und Kindern, wie ich sie selbst als Kind erlebt hatte. Mit vielen Cousinen und Cousins, die am Kindertisch Blödsinn treiben. Jedoch mit dem Unterschied, dass ich meinen Platz am Erwachsenentisch haben würde. Ich fand Kinder süß, immer mehr Freunde und Freundinnen gründeten ihre eigene Familie. Dann wurde ich selbst schwanger.

Schon der Zustand Schwangerschaft an sich führte dazu, dass sich mein Alltag von heute auf morgen komplett änderte. Wegen ständiger Müdigkeit ging ich seltener aus. Statt neuer Party-Outfits kaufte ich winzige Wolle-Seide-Bodys. Auf Reisen ging ich zwar trotzdem weiterhin – die waren schon gebucht –, aber Fliegen und Sightseeing strengten mich sehr viel mehr an als vorher. Kurz nach dem Schwangerschaftstest, aber noch ohne Babybauch und deshalb nicht als schwanger geoutet, befand ich mich auf einer Nordirland-Reise – als Einzige dauerfröstelnd und weder Zigaretten rauchend noch Whiskey trinkend, stattdessen in der ungewohnten Rolle der Spaßbremse.

Mir war ununterbrochen übel, und ich hielt die Reisegruppe ständig auf, weil ich auf die Toilette musste. Zurück im Büro, legte ich mich öfter für ein kurzes Nickerchen auf den Fußboden. Mein Körper und das, was in ihm passierte, diktierten mir seltsame Dinge.

Was mit Müdigkeit und morgendlicher Übelkeit anfing, mündete in einem wunderbaren kleinen neuen Menschen, der seinen eigenen Platz auch in meinem Leben beanspruchte. Es heißt, im Kreißsaal wird nicht nur ein Kind geboren, sondern auch eine Mutter. Und so kam es: Sobald dieser kleine Mensch in meinen Armen lag, war die Welt eine andere. All das, was vorher war, war zwar noch da, aber vernebelt. Zusätzlich war noch ganz viel hinzugekommen. Auch ich war zwar dieselbe, hatte sogar noch das T-Shirt vom Vorabend an, mit dem ich in der Klinik angekommen war. Aber zusätzlich war ich jetzt auch noch Mutter.

Diese Rolle anzunehmen und sie auszufüllen fiel mir schwerer als gedacht. Ich fühlte mich überraschenderweise emotional nicht darauf vorbereitet. Und so dauerte es einige Zeit, die neue Rolle in mein vorhandenes Ich und in mein Leben zu integrieren. Ich war mir unsicher: Wie konnte dafür etwas anderes, was mich vorher ausgemacht hatte, Platz machen? Musste sich mein Leben an die Rolle anpassen, oder war es andersherum, musste sich die Rolle in mein Leben fügen? Vor meinem inneren Auge baute sich mein persönliches Tortendiagramm auf: Tortenstücke mit in Zuckerschrift geschwungenen Begriffen wie »Tochter«, »Schwester«, »Partnerin«, »Freundin« oder »Kollegin« bildeten einen geschlossenen Kreis. Außerhalb war ein weiteres Tortenstück mit der Bezeichnung »Mutter«. Letzteres musste irgendwie integriert werden – aber wie, ohne die anderen unschön zu quetschen?

Ich war davon ausgegangen, dass sich dieser Raum automatisch findet. Die ganzen Geschichten von der überwältigenden Liebe, die einen angeblich erfasst, sobald man sein Baby das erste Mal anschaut und im Arm hält. Dass dann einfach alles passt, egal, was vorher war. In Wirklichkeit fühlte es sich für mich nach einer Mammutaufgabe an, größer als alles, was ich bis dahin kennen gelernt hatte. Zu lernen, wie man eine übergelaufene Windel auf einer engen Restauranttoilette ohne Wickeltisch wechselt, war ein Witz dagegen.

Eine Frau ist ja nicht unvollständig ohne Kind. Auch wenn ich von Freundinnen, die unfreiwillig kinderlos geblieben sind, weiß, dass sie sich manchmal nicht komplett oder fehlerhaft fühlen, wenn sie trotz aufwändiger Kinderwunschbehandlungen wieder nicht schwanger wurden oder eine Fehlgeburt hatten.

Doch ich hatte sechsunddreißig Jahre Leben mit mir selbst hinter mir. Und jetzt war da plötzlich noch ein Mensch, der abhängig von mir war. Wo sollte ich Platz schaffen, wo sollte sich die Lücke auftun, um das neue Puzzleteil einzufügen? Ich hatte das Gefühl, dass alle anderen Rollen, die mich bis dahin ausgemacht hatten, dafür etwas zur Seite rücken mussten: etwas weniger »Partnerin«, etwas weniger »Freundin«, dafür nun auch noch »Mutter«.

Das war nicht nur für mich eine neue Situation. Ich spürte, wie manche Freundin zwar verständnisvoll, aber auch ein wenig enttäuscht darauf reagierte, dass nun weniger Anne für sie übrig war. Mit mir konnte man ab sofort nicht mehr spontan zum Italiener oder ins Kino. Stattdessen bekam ich zu Hause Besuch, wir saßen zusammen auf dem Sofa und aßen Kuchen. Aber es war trotzdem einfach nicht dasselbe wie vorher.

Auch die Partnerschaft mit meinem Freund änderte sich. Bei den meisten Paaren, die frisch Eltern geworden sind, überwiegt in den ersten Tagen erst einmal die Freude. Solange keiner von beiden parallel zur Versorgung des Kindes auch noch einer Erwerbsarbeit nachgehen muss, sondern sich beide voll auf die neue Situation konzentrieren und auf den verschwommenen Tag-Nacht-Rhythmus einlassen können, ist alles spannend und toll und voller Familienglück. Bis der Alltag zuschlägt.

Auch bei uns war das so. Eben noch fühlte ich mich wie eine Profi-Mutter, die nun langsam wusste, wann ihr Kind warum weinte und was es beruhigte. Die mit geübten Bewegungen in wenigen Sekunden Windeln wechselte und Fläschchen aufwärmte. Die auf dem einen Arm ihr Kind trug und mit dem anderen die Wäsche aus dem Trockner holte. Im nächsten Moment aber war alles zu viel. Zu viel Neues, zu viel Schlafdefizit, zu viele Hormone. Zu viel Verantwortung. Damit kam die Ernüchterung.

In der neuen Familienkonstellation müssen sich die neuen Rollen erst zurechtruckeln. Wer übernimmt wann welche neue Aufgabe, wer ist verantwortlich wofür – und wann hat wer mal Zeit nur für sich oder zu zweit, ohne Wäsche oder Einkauf oder sofort einzuschlafen, weil es gerade mal einen Moment ruhig ist?

So ging es auch meinem Freund und mir. Wir waren plötzlich nicht mehr nur ein Paar, sondern auch Eltern. Vorher waren wir uns sicher gewesen, dass wir unser Leben einfach weiterleben könnten und sich unser Kind darin einfügen würde. Äußerlich hatten wir uns auf den neuen Lebensabschnitt vorbereitet, hatten die Wohnung babygerecht umgestaltet und den Elterngeldantrag ausgefüllt. Wie die Elternschaft jedoch jeden von uns und alles zwischen uns verändern würde, darauf waren wir nicht gefasst.

Anfangs konnte mein Freund, wie die meisten Partnerinnen oder Partner, nicht viel tun, fühlte sich manchmal hilflos oder ausgeschlossen. Als er dann selbst unser Baby mit der Flasche füttern konnte, war er besser eingebunden und konnte aktiv mitwirken.

Studien zeigen: Ein Kind ist eine echte Feuerprobe für eine Beziehung. Männer fühlen sich oft vernachlässigt, sobald ein Kind da ist. Die meisten Beziehungen verschlechtern sich nach der Geburt des ersten Kindes. Zahlen des Statistischen Bundesamtes zeigen: Bei etwa der Hälfte aller Scheidungen in Deutschland haben die Paare minderjährige Kinder. Vierzig Prozent der Trennungen passieren im ersten Jahr nach der Geburt des ersten Kindes.

Während die Gründung einer Familie in Geschichten gern als »Krönung der Liebe« überhöht wird, ist sie in Wirklichkeit der Beginn von etwas ganz Neuem und oft genug alles andere als ein Happy End. Nichts ist mehr so, wie es vorher war. Das Leben beginnt neu.

Es gibt zahlreiche Gründe, warum heute mehr Paare als früher trotz gemeinsamer Kinder irgendwann getrennte Wege gehen.

Die finanzielle Abhängigkeit voneinander ist nicht mehr so hoch, Alleinerziehende oder Patchworkfamilien sind gesellschaftlich nicht mehr so geächtet wie früher. Auch ist die jetzige Elterngeneration in Freiheit sozialisiert und es gewohnt, einmal getroffene Entscheidungen zu reflektieren und gegebenenfalls auch revidieren zu dürfen.

Wir wollen unser Leben nutzen und bewusst leben – so glücklich und sorgenfrei wie möglich. Unseren Kindern wollen wir das Optimum bieten. Das hat auch der Markt erkannt, und so kaufen wir Kinderwagen zum Preis eines Gebrauchtautos, sündhaft teure Wollwalk-Anzüge, umweltfreundliche Windeln, nachhaltiges Holzspielzeug. Denn all das gibt uns das Gefühl, das Beste für unser Kind zu tun. Unser Baby soll die besten Startvoraussetzungen haben und dabei süß aussehen – und wir Eltern so, als ob nichts geschehen wäre.

Bei Spaziergängen mit meinem Baby freute ich mich, wenn die Leute erst sagten, wie niedlich mein Sohn sei, und dann, dass man mir ja gar nicht ansehen würde, dass ich erst vor kurzem entbunden hätte. Das machte mich stolz.

Umso schwerer war es, akzeptieren zu lernen, was mit der Mutterrolle nun ebenso zu mir gehörte: Zwar brachte ich schon bald dasselbe Gewicht wie vor der Schwangerschaft auf die Waage. Aber was blieb, waren Augenringe, Schwabbelbauch, Falten und Furchen. Mein äußeres Bild entsprach nicht mehr meiner inneren Vorstellung von mir selbst. In die neue Rolle zu finden, meinen veränderten Körper zu akzeptieren, das unvergleichliche Glück und gleichzeitig so viel Unsicherheit zu spüren – und trotzdem ich selbst zu bleiben, das war schwerer als gedacht und noch viel weniger planbar, als es die Empfängnis gewesen war.

Im Rückblick glaube ich, dass das Annehmen und Ausfüllen der Mutterrolle vielleicht die größten Transformationsleistungen im Leben einer Frau sind. Sie dauern Jahrzehnte und sind nie abgeschlossen, denn das Kind wird älter und selbständiger. Mit jeder Phase verändern sich auch die Bedürfnisse und das, was erwartet wird. Und irgendwann ist das Kind, das eben noch in unserem Bauch gelebt hat, erwachsen, zieht aus – und wir sind immer noch Mütter.

Alles begann mit der Schwangerschaft. Beim Verlassen des Kreißsaals war ich ein veränderter Mensch. Seitdem ist die Veränderung zum Dauerzustand geworden: Mit jedem Lebensjahr meines Sohnes verändert sich auch meine Rolle als Mutter.

Ich erlaube mir, Abschiedsschmerz von meinem alten Ich zuzulassen. Mittlerweile merke ich: Je selbständiger mein Sohn wird, desto mehr Platz ist wieder da für die anderen Stücke in meinem persönlichen Tortendiagramm. Es ist mehr Raum da für die anderen Dinge, die mich ausmachen.

Schwangerschaft und Geburt – mein unbekannter Körper

Meine Schwangerschaft war eine Zeit, die ich viel zu wenig genossen habe. Ich bin Mutter eines mittlerweile achtjährigen Sohnes und vierundvierzig Jahre alt. Höchstwahrscheinlich wird es also bei der einen Schwangerschaft bleiben. Und: Würde ich überhaupt eine Schwangere mit grauen Haaren und Krähenfüßen sein wollen, die in der Kita von den anderen Kleinkindern gefragt wird, ob sie die Oma sei?

Natürlich ist das unfair: Entweder sind wir Frauen angeblich zu jung – oder wir sind zu alt. Zumindest in der Wahrnehmung der anderen. Das richtige Alter zum Kinderkriegen gibt es offensichtlich nicht. Denn irgendetwas ist ja immer: Schule, Ausbildung, Studium, Auslandsaufenthalt, erster Job, erste Karriereschritte, verrückte Reisepläne, das nächste Beziehungs-Aus und, zack, schon ist es da, das Alter, in dem die Entscheidung getroffen werden muss: Kind – ja oder nein?

Dass andere sich ständig bemüßigt fühlen, Ratschläge zu geben, macht es nicht einfacher. »Was, jetzt bekommt die ein Kind, das ist doch viel zu früh, die verbaut sich ja ihr ganzes Leben.« Oder aber: »So alt und schwanger? Wie verantwortungslos von ihr, dann ist die ja tot, bevor das Kind die Schule abgeschlossen hat.« So oder so – wie wir es machen, wir machen es falsch. Männer haben es da einfacher. Fruchtbar bis ins hohe Alter, haben sie keinen körperlichen Druck. Und auch Beziehungen älterer Männer mit jüngeren Frauen sind üblicher als andersherum.

Insofern ist das einzig Sinnvolle: sich frei machen von gesellschaftlichen Erwartungen und vermeintlichen Standards. Wir sollten, wie eigentlich in allen Lebenslagen, auch beim Thema Kinderwunsch und Mutterschaft einfach mal machen, was wir wollen. Auf unser Gefühl hören! Am Ende ist Familienplanung ohnehin nicht planbar und der Begriff »Familienplanung« daher an sich schon eine Mogelpackung. Das weiß jede Frau, die gerne schwanger werden würde, aber jeden Monat enttäuscht ihre Periode bekommt. Das weiß jede Frau, die schon einmal eine Fehlgeburt hatte. Und auch jede Frau, die von einer Schwangerschaft überrascht wurde.

Im Schnitt sind Frauen in Deutschland heute 30,1 Jahre alt, wenn sie ihr erstes Kind bekommen. 1989 lag das Durchschnittsalter noch bei 22,9. Väter waren übrigens schon immer ein paar Jahre älter: vor dreißig Jahren im Schnitt Ende zwanzig, heute Mitte dreißig.

Ich selbst war mit fünfunddreißig also älter als der Durchschnitt, als ich schwanger wurde. Mir war klar, dass die Uhr als Frau mit Mitte dreißig langsam lauter und schneller tickt. Männer haben dieses »Fruchtbarkeits-Ablaufdatum« ja unfairerweise nicht. Unfair – oder besser: ungleich –, weil dieses Ungleichgewicht in Beziehungen oft zu Diskussionen führt, bei denen sich eine Seite unter Druck gesetzt fühlt und die andere Seite nicht ernst genommen. Ich kenne einige Beispiele, in denen Männer diese Entscheidung für sich – und damit letztendlich auch für ihre

Partnerin – zuerst hinausgezögert, sich dann irgendwann getrennt und mit einer neuen, jüngeren Partnerin Kinder bekommen haben. Das ist bitter für die Ex. Beim Thema Elternwerden gibt es keinen Kompromiss. Ein bisschen schwanger sein ist nicht möglich – entweder man entscheidet sich für Kinder oder dagegen. Ob das dann überhaupt alles so klappt wie gewünscht, ist noch eine ganz andere Frage.

Jedenfalls beschäftigen sich Männer erfahrungsgemäß, wenn überhaupt, erst Jahre später mit der Frage: Möchte ich ein Kind? Mein Freund und ich hatten die Frage aber schlussendlich für uns mit »Ja« beantwortet.

In den ersten drei Schwangerschaftsmonaten war mir an jedem einzelnen Tag übel. Morgens kam ich deswegen kaum aus dem Bett, denn jede Bewegung verursachte Brechreiz. Bei der Arbeit wollte ich mir anfangs nichts anmerken lassen, schließlich wusste ich, dass eine nicht unerhebliche Anzahl der Schwangerschaften innerhalb der ersten Wochen wieder endet. Dann hätte ich keine Fragen oder mitleidigen Blicke gewollt. Über eine Krankschreibung habe ich damals nicht nachgedacht. Für mich sollte die Schwangerschaft etwas Tolles, eine spannende Erfahrung sein – und keine Erkrankung, wegen der ich zu Hause bleiben müsste. Dabei rechnete ich vor allem in den ersten Wochen bei jedem Toilettengang damit, Blut in meiner Unterhose zu haben. Und war jedes Mal erleichtert, dass es nicht so kam.

Im Büro ging ich regelmäßig auf die Toilette – allerdings nicht, um zu pinkeln, sondern, um mich zu übergeben. Es war gar nicht so einfach, das geheim zu halten. Das einzig Gute an der Übelkeit: Solange ich sie spürte, war ich mir sicher, dass auch der stetig wachsende Embryo noch da war. Das sagte ich mir jedenfalls zur Beruhigung. Positives Framing ist alles. Und schließlich gibt es Studien dazu, dass Schwangere, die unter Übelkeit und Erbrechen leiden, ein deutlich niedrigeres Risiko für eine Fehlgeburt haben. Darauf setzte ich also.

Wenn meine Kolleginnen und Kollegen das Haus verließen und ich das Großraumbüro für mich allein hatte, legte ich mich manchmal für ein kleines Nickerchen hinter den Raumteiler. Unter normalen Umständen hätte ich das peinlich gefunden, und natürlich auch unappetitlich, mit meinem Kopf den abgelatschten Teppich zu berühren. In diesen Momenten war es mir vollkommen egal. Die ständige Müdigkeit und der Drang, kurz die Beine hochzulegen, wogen schwerer.

Auch ich wog schon bald sehr viel mehr. Gleich in den ersten Wochen nahm ich viel mehr an Gewicht zu als empfohlen. Die Kurve in meinem Mutterpass sprengte die Standardgrafik. Tatsächlich hatte ich recht schnell herausgefunden, dass ständiges Essen gegen die Übelkeit half. Doch das übermäßige Wachstum in die Breite konnte sich trotzdem niemand so recht erklären. Seit meiner Kindheit bin ich Vegetarierin, esse also viel Obst und Gemüse, aber wenig Fettes und nicht einmal übermäßig viele Süßigkeiten.

Am Ende der Schwangerschaft wog ich trotzdem fünfundzwanzig Kilo mehr als zu Beginn. Es gibt ein Foto, das ich von oben auf meine angeschwollenen Füße auf der Waage gemacht habe. Der Zeiger (es ist eine altmodische Personenwaage) ist über den dicken rundlichen Zehen gerade eben noch zu sehen. Dazu muss man wissen, dass ein Baby bei der Geburt maximal viereinhalb Kilo wiegt, für Fruchtwasser und Plazenta kommen vielleicht nochmal anderthalb Kilo dazu. Macht sechs Kilo. Der Rest waren bei mir also definitiv Speck – und Wassereinlagerungen. Denn selbst meine Fußsohlen waren am Ende so angeschwollen, dass ich kaum noch laufen konnte und stattdessen jeden noch so kurzen Weg mit meinem neu erworbenen Hollandrad zurücklegte.

Die Gynäkologin setzte mich sofort auf Diät. Das war bitter, denn gerade hatten mir Freundinnen davon vorgeschwärmt, wie sie in der Schwangerschaft »endlich mal alles gegessen hatten, was sie wollten«. Nach dem Motto: Jetzt ist es eh egal – Bauch, Beine, Po werden die nächsten Monate sowieso sehr rundlich werden.

Mit dem Wissen von heute würde ich eine solche Diät während der Schwangerschaft nicht mehr machen. Ich würde alles essen, worauf ich Lust habe, und mir in dieser besonderen Zeit sicher nichts verbieten lassen. Wie oft ist frau schon schwanger im Leben? Ursula von der Leyen war es mindestens sieben Mal. Die durchschnittliche Frau in Deutschland bekommt aber nur anderthalb Kinder. Ich hätte die Schwangerschaft noch mehr genießen sollen.

Doch als unerfahrene Erstgebärende habe ich getan, was mir geraten wurde. Ich ging brav zur Ernährungsberatung, die sich meine Kurven auf dem Papier und in echt ansah und auch keinen Rat wusste, nachdem ich ihr meinen täglichen Verzehr aufgelistet hatte. »Probieren Sie es mal mit Magerquark statt Joghurt«, war ihr hilfloser Tipp.

Die Erklärung für meine steile Gewichtszunahme kam dann ein paar Wochen später mit dem Zuckerbelastungstest. Dafür musste ich eine Menge sehr, sehr süßes Wasser auf leeren Magen trinken und mich dabei ziemlich zusammenreißen, mich nicht direkt in der Praxis zu übergeben. Dabei stellte sich heraus: Ich hatte einen Gestationsdiabetes. Etwa vier von zehn Schwangeren entwickeln einen solchen Diabetes, der meist mit der Entbindung wieder verschwindet. Die genauen Ursachen sind wohl noch nicht bekannt. Aber auch da gibt es einen Zusammenhang zwischen dem Alter der Frau und der Wahrscheinlichkeit der Erkrankung.

Fortan war ich also eine Mehrfach-Risikoschwangere und musste mich täglich in den Finger piksen, um meinen Blutzuckerspiegel zu messen. Ich fand heraus, dass bestimmte Gerichte – Kokosnusscurry beispielsweise oder Gnocchi – meinen Blutzucker in irre Höhen trieben. Also verkniff ich mir diese (meistens). Ich wollte unbedingt vermeiden, mir womöglich Insulin spritzen zu müssen. Und vor allem wollte ich meinem Baby nicht schaden. Während sich andere Schwangere in körperlicher Hinsicht lediglich mit ihrem runder werdenden Bauch beschäftigen müssen, hatte ich plötzlich das Gefühl, mit der Schwangerschaft einen weiteren Vollzeitjob zu haben. Ständig wollte dieser Körper irgendetwas.

Das Baby war ständig präsent. Seit ich das erste Ultraschallbild in der Hand gehalten hatte, eine Schwarzweißaufnahme mit einem kleinen hellgrauen Fleck in der Mitte, fühlte ich mich nicht mehr allein. Im wahrsten Sinne des Wortes gab es einen neuen Inhalt in meinem Leben, ein Kind wuchs in mir. In der Schwangerschaft war dieser neue Mensch immer bei mir, Tag und Nacht. Er war bei mir, wenn ich ängstlich war oder traurig, er war in jedem Gespräch mit Vorgesetzten oder Ärztinnen dabei, bei jedem Toilettengang und auf dem Fahrrad. Das Kind in mir erlebte alle fröhlichen Momente mit mir.

Meine Träume veränderten sich. Wenn ich morgens aufwachte, war ich oft nassgeschwitzt. Ich träumte wilde Abenteuer und durchlebte in der Nacht viele starke Gefühle, die oft noch den ganzen Vormittag nachhallten. Auch dabei hatte ich den Eindruck, als seien das nicht allein meine Träume, mein Sohn träumte sie bereits mit.

Ich war damals zeitgleich schwanger mit Herzogin Kate, der Frau des britischen Thronfolgers, die ebenfalls ihr erstes Kind erwartete. In Zeitschriften sah ich Fotos von ihr, es hieß, sie habe »diesen besonderen Glow, den nur Schwangere haben«. Sie trug enganliegende Designerfummel, ihr brünettes Haar schwang sich in perfekten Wellen über ihre Schultern, ihre Beine waren schlank wie eh und je, ihre Füße steckten in High Heels, und ihr Lächeln wirkte sehr zufrieden. Ich dagegen fühlte mich zunehmend schwerfällig. Für Haarstyling hatte ich morgens neben allem anderen keine Zeit und Muße. Gegen die Wassereinlagerungen in meinen Beinen musste ich mich in extra angefertigte Stützstrümpfe zwängen. Sie reichten bis zur Mitte meiner Oberschenkel, das Anziehen – dicke Stampfer in enge Strümpfe – dauerte ewig, und irgendwann schaffte ich es nicht mehr ohne die Hilfe meines Freundes. Ich stellte einen entenähnlichen Watschelgang bei mir fest, irgendetwas führte dazu, dass ich neuerdings ziemlich breitbeinig durch die Gegend lief. Die zwei Schwangerschaftsjeans, die ich mir gekauft hatte, waren trotz des dehnbaren breiten Bundes schon bald nicht mehr bequem. Stattdessen lief ich nur noch in Leggings und Flipflops herum. Wo war mein Glow?

Immerhin, meine Brüste wurden größer und praller, was mir grundsätzlich gefiel – ein plötzlicher hormoneller Pickelausbruch im Dekolleté vermieste es mir aber, meine neue Weiblichkeit stolz in tief ausgeschnittenen Teilen zu präsentieren.

Andererseits – wenn ich heute Fotos von damals betrachte, finde ich mich zwar sehr rund und pausbäckig, doch gleichzeitig strahle ich Glück und Zufriedenheit aus. Zufrieden mit dem, was ist. Das Baby, das in meinem Körper heranwuchs, war genug. Es war das Wichtigste, das Stützstrumpf-Gequetsche und Diät in den Hintergrund treten ließ – es war die größte Aufgabe meines Lebens.

Im Schwangerenyoga, das ich einmal die Woche besuchte, lernte ich erstmals meine Sitzhöcker kennen, von denen ich bis dato noch nie gehört hatte. Auch, wohin ein Mensch überall Luft atmen kann – in den unteren Rücken etwa, in den Beckenboden, zu den Sitzhöckern –, hatte ich nicht gewusst.

Für die Geburtsvorbereitung musste ein Wochenend-Crashkurs reichen. Entgegen meinen Erwartungen lernten wir dort nicht, zu hecheln. Dafür sollten die Väter mit Stiften das kopfüber liegende Baby auf die Bäuche zeichnen. Es wurde viel gekichert. Und am Ende minutiös erklärt, wie sich das Kind unter der Geburt durch das Becken der Frau drehen muss. Die leitende Hebamme hatte ein Modell dabei, das die Eröffnung des Muttermundes zeigte. Zehn Zentimeter. Oh. Mein. Gott.

Im Anschluss wurden die Väter aus dem Raum geschickt, und die Hebamme ermunterte alle Frauen, Fragen zu stellen, die wir uns »vor den Männern nicht trauen« würden. Wie seltsam. Gibt es etwas Intimeres für Paare, als gemeinsam ein Kind zu bekommen? Trotzdem war dieses ganze Geburtending am Ende offenbar vor allem ein Frauending.

Als es einen Monat später bei mir schließlich so weit war, dachte ich nicht mehr an den Kurs. Nach dem *Tatort* am Sonntagabend hatte ich plötzlich Blutungen. Ich rief in der Klinik an, und dort hieß es: »Sofort kommen.« Ich rief mir ein Taxi, das mich quer durch die Stadt zu meinem Wunschkrankenhaus fuhr, in dem ich mich ein paar Wochen vorher zur Entbindung angemeldet hatte.

Während der Erstuntersuchung dort platzte die Fruchtblase. Bis auf den Boden unter der Untersuchungsliege lief das Fruchtwasser und bildete eine große Pfütze. Die Ärztin hielt meine durchnässte Unterhose in die Luft: »Soll ich die für Sie in den Müll schmeißen?« Im Kreißsaal wird nicht nur eine Mutter geboren, es wird auch jegliche Scham begraben.

Erst tat sich am Wehen-Schreiber so gut wie überhaupt nichts. Doch gerade, als ich ein Zimmer auf der Station beziehen sollte, kamen die Wehen plötzlich sehr schnell sehr stark. »Wenn Sie noch jemanden benachrichtigen wollen, sollten Sie sich beeilen«, hieß es. Damit war klar, dass mein Freund, Vater meines Kindes, es nicht rechtzeitig zur Geburt schaffen würde, er war wegen eines Jobs in einer anderen Stadt. Also rief ich meine beste Freundin an, die sofort durch die Nacht zu mir in den Kreißsaal raste und gerade noch rechtzeitig kam.

Während wir uns früher gestützt hatten, wenn eine von uns auf einer Party zu viel getrunken hatte, begleitete sie mich nun auf Toilette und reichte mir ein Glas kaltes Wasser. Sie traf manche Entscheidung für mich (Fenster auf oder zu, Duftöl ja oder nein, welche Hintergrundmusik?) und hielt meinen Freund per SMS auf dem Laufenden.

Vielleicht, dachte ich im Nachhinein, war so eine Geburt ganz unter Frauen sogar entspannter und intimer als mit einem verunsicherten Partner an der Seite, der sich vermutlich hilflos gefühlt und dessen praktische Unterstützung sich auf Händchenhalten beschränkt hätte. Jedenfalls war ich froh, mich für niemand anderen verantwortlich fühlen zu müssen als für mich selbst – und für mein Baby.

In dieser Nacht war viel los in der Geburtsklinik, Hebamme und Gynäkologin pendelten zwischen den verschiedenen Kreißsälen. Beim anfänglichen wehenfördernden Auf-und-ab-Gehen im Gang hatte ich einen der Väter aus dem Geburtsvorbereitungskurs getroffen. Er hatte mir freundlich, aber etwas hilflos wirkend in die Seite geknufft und so etwas wie »Toi, toi, toi« gemurmelt und war dann wieder hinter der Tür mit der schreienden Frau verschwunden. Durch die ganze Etage waren die Geräusche der Frauen in den anderen Kreißsälen zu hören. Für Angst hatte ich in dem Moment allerdings keine Kapazitäten, die Wehen überkamen mich im Minutentakt.

Trotzdem waren meine Freundin und ich die meiste Zeit in dieser Nacht allein im Raum mit dem Wehenschreiber und dem Überwachungsmonitor. Die Wehen kamen wie Wellen, die über mich hereinbrachen und mir den Atem nahmen. Nach jeder Welle versuchte ich, so viel Luft wie möglich in meine Lungen zu saugen. Und schon brach sich die nächste Welle über mir. Die ohnehin schon kurzen Pausen wurden immer kürzer. Interessanterweise spürte ich die Schmerzen vor allem im Rücken. Ähnlich wie starke Menstruationsbeschwerden, aber um einiges stärker.

Mehrmals wurde Blut aus dem Kopf meines Babys entnommen, um die Sauerstoffsättigung zu prüfen. Die Stimmung wechselte zwischen ernst und erwartungsfroh. Ich hatte gelesen, dass die Stunde der Geburt der gefährlichste Moment im Leben eines Menschen sei. »Ihr Sohn hat volles braunes Haar!«, rief die Hebamme einmal begeistert. »Wollen Sie mal fühlen?« Offenbar war der Haarschopf bereits zu sehen. Ihn zu berühren, traute ich mich nicht. Das hätte bedeutet, zu spüren, was diese zehn Zentimeter bedeuteten. Ich dachte an das Modell aus dem Geburtsvorbereitungskurs. Es gruselte mich bei dem Gedanken daran. Ich wollte diesen Zustand als temporär in Erinnerung behalten, ohne dem zu viel Gewicht zu geben, indem ich nach dem Kopf meines Kindes tastete.

Nach fünfeinhalb Stunden und einigen wenigen Presswehen waren die Schmerzen so plötzlich weg, wie sie gekommen waren. Mein Sohn wurde vor mich gelegt, die Nabelschnur schnitt ich selbst durch. Sie fühlte sich an und sah aus wie ein weicher Gummischlauch. Dann sollte ich noch einmal kräftig pressen und noch einmal. Was ich überhaupt nicht auf dem Zettel hatte: Die Plazenta musste ja auch noch raus. Erst mit ihrem Erscheinen sei die Geburt vollzogen, sagte mir die Hebamme. Kurz nach meinem Sohn gebar ich also den Mutterkuchen. Die Uhrzeit der Geburt meines Sohnes war eigentlich der Zeitpunkt der Geburt der Plazenta.

Die Ärztin untersuchte das fleischige altrosafarbene Ding sorgfältig. Dessen Aussehen erinnerte mich an Leber, wie sie in Fleischtheken ausliegt. Sie müsse prüfen, ob alles intakt sei, sagte die Medizinerin und strich mit ihren Fingern konzentriert die Außenhaut ab. Ich musste daran denken, dass manche Frauen ihre Plazenta mit nach Hause nehmen und daraus homöopathische Kügelchen fertigen lassen. Oder sie einfrieren und später essen. Oder sie im Garten vergraben und einen Baum drauf pflanzen. Was ich früher als Spinnerei abgetan hatte, konnte ich plötzlich besser nachempfinden: Immerhin hatte dieses Ding monatelang mein Baby ernährt, mit ihr hatte sich mein Sohn meine Gebärmutter geteilt. Sie war ein Teil von mir und von ihm, und ich empfand plötzlich eine tiefe Dankbarkeit ihr gegenüber. Andererseits war sie, nüchtern betrachtet, bloß ein Stück gut durchblutetes Fleisch, das nun vermutlich in den Krankenhausabfall wandern würde. Weder mein Sohn noch ich würden sie vermissen. Oder? Sollte ich sie vielleicht doch aufbewahren? Mich zumindest angemessen von ihr verabschieden? Immerhin hatte ich auch sie geboren.

Letztendlich gingen diese Fragen dann in der allgemeinen Geschäftigkeit und dem Schichtwechsel auf der Geburtsstation unter. Ich weiß nicht, wohin die Plazenta wanderte. Und ich vermisste sie auch nicht. Ich war mit anderen Dingen beschäftigt.

Glücklicherweise hatte mich eine Freundin vorgewarnt: »Nach der Entbindung wirst du tagelang bluten, leg dir zwei dicke Binden kreuzweise übereinander in den Slip. Für später kauf dir vorher diese dünnen Einlagen für Inkontinenz.« Ihr Mann hatte die Inkontinenzeinlagen ausprobiert, indem er sich eine davon in seine Boxershorts geklebt und absichtlich hineinuriniert hatte. Nach diesem Experiment, für das ich ihn damals schwer gefeiert hatte, waren die beiden sich sicher, dass diese Binden große Mengen egal welcher Flüssigkeit halten würden.

Das Blut, das Frauen in den Tagen nach der Entbindung verlieren, stammt von der Verletzung in der Gebärmutter, erklärte mir die Hebamme, die sich um meine Nachsorge kümmerte. Dort, wo die Plazenta mit mir verbunden gewesen war, war nun eine offene Wunde, die verheilen musste. Naiverweise war ich vorher davon ausgegangen, dass Frauen nach der Geburt deshalb bluten, weil bei ihnen »untenherum« alles kaputt ist, nachdem sich das Baby dort hindurchgeschraubt hat. Wie wenig ich über meinen eigenen Körper wusste! Ich schämte mich dafür etwas vor mir selbst.

Dass ich mit meinem Unwissen rund um die Geburt allerdings nicht allein war, wurde schnell klar. Eine Freundin, bei der ein Notkaiserschnitt vorgenommen werden musste, war später der Meinung, Rückbildung sei für sie nicht so wichtig, da ihr Kind ja nicht durch den Geburtskanal gekommen war und daher nichts »ausgeleiert« sei, das wieder trainiert werden müsste. Dabei ist Rückbildung für alle Frauen wichtig, um den bereits durch die Schwangerschaft beanspruchten Beckenboden zu trainieren und so beispielsweise späterer Inkontinenz oder Gebärmuttersenkung entgegenzuwirken. In einer Zeitschrift las ich von einer prominenten Moderatorin, die sich gegen Rückbildung aussprach, weil sie »ihre neuen Kurven liebe« und diese nicht verlieren wolle. Als sei »Rückbildung« dafür da, die alte Figur aus der Zeit vor der Schwangerschaft wieder zurückzubekommen.

Das mit den zehn Zentimetern und dem Durchs-Becken-Drehen hatte ich glücklicherweise unter den Wehen nicht ganz so genau mitbekommen. Stattdessen war ich damit beschäftigt gewesen, trotz der überwältigenden, wellenartigen Schmerzen genug Luft zu bekommen und Kraft für die nächste Wehe zu tanken. Dabei half mir die Besinnung auf das, was ich beim Schwangerschaftsyoga gelernt hatte: mich auf meine Atmung zu konzentrieren, die Außenwelt auszublenden, bei mir und im Moment zu bleiben. Wer sich auf jeden einzelnen Atemzug konzentriert, bewusst ein- und ausatmet, ist weder in der Vergangenheit noch in der Zukunft, sondern ganz im Hier und Jetzt. Das kann man esoterisch finden, aber mir half es, diese Extremsituation, in der es für mich viel um Loslassen und Kontrolle-Abgeben ging, zu überstehen.

Ich dachte an den alten Straßenfeger Beppo in der Geschichte von *Momo* von Michael Ende. Das Buch habe ich als Kind geliebt. »Manchmal hat man eine sehr lange Straße vor sich. Man denkt, die ist so schrecklich lang, die kann man niemals schaffen, denkt man. Und dann fängt man an, sich zu eilen. Und man eilt sich immer mehr. Jedes Mal, wenn man aufblickt, sieht man, dass es gar nicht weniger wird, was noch vor einem liegt. Und man strengt sich noch mehr an, man kriegt es mit der Angst zu tun, und zum Schluss ist man ganz außer Puste und kann nicht mehr. Und die Straße liegt immer noch vor einem. So darf man es nicht machen. Man darf nie an die ganze Straße auf einmal denken.« Das erzählt er dem Kind. Ein hilfreiches Bild, übertragbar auf viele Situationen. Immer nur an den nächsten Schritt denken, an den nächsten

Atemzug. »Auf einmal merkt man, dass man Schritt für Schritt die ganze Straße gemacht hat. Man hat gar nicht gemerkt, wie, und man ist nicht aus der Puste. Das ist wichtig«, sagt Beppo.

Atemzug für Atemzug, Wehe für Wehe, war die Geburt zu schaffen. Diese extreme Erfahrung, die jeden Tag auf der ganzen Welt Hunderttausende Frauen durchleben, seit Jahrhunderten, manche ganz ohne die Hilfe anderer, erfahrener oder geschulter Menschen, ist für jede Frau natürlich einzigartig. Ich glaube auch nicht, dass Männer oder auch Frauen, die das nicht selbst durchgestanden haben, komplett nachvollziehen können, was dabei alles in einem vorgeht.

Manche registrieren das mit Bedauern. Anderen, wie dem Mann einer Freundin, scheint die Bedeutung dieses Momentes egal gewesen zu sein: Im Kreißsaal beschäftigte er sich überwiegend mit seinem Laptop. »Während er schon jammert, wenn ihm nur ein Pflaster abgezogen werden muss, meinte er zu mir, als ich vor Schmerzen schrie, nur lapidar, dass ich das schon schaffe«, empörte sie sich später.

Für mich ist dieses einzigartige Erlebnis die Leistung, auf die ich am meisten stolz bin von allem, was ich in meinem Leben geschafft habe. Als sich die Hebamme und die Gynäkologin am Ende bei mir »für die schöne Geburt« bedankten, war es das schönste Lob, das ich je erhalten habe.

Der berührendste Moment folgte kurze Zeit später. Frühmorgens, als ich allein mit meinem Sohn noch im Kreißsaal im Bett lag. Ich sah ihn an, dieses etwas zerknautschte Wesen mit seinen süßen kleinen, schrumpeligen Fingern. Welches Wunder dieser kleine, perfekte Mensch war! Welches Wunder mein Körper vollbracht hatte!

Mein Sohn kam mir irgendwie weise vor, wissend. Ich ungläubig, erschöpft und gleichzeitig vor Energie strotzend. Nach so vielen Wochen, in denen ich mich gefragt hatte, wie es sein würde, wenn er da ist, wie er wohl aussehen, wie seine Stimme klingen würde! Erst jetzt wurde mir plötzlich klar, was dieser Satz bedeutet: Ich bin Mutter.

Ich bin Mutter! Jetzt und für immer. Mein Leben lang. Sein Leben lang. Selbst, wenn ich längst tot bin, werde ich noch immer seine Mutter sein. Selbst wenn wir beide tot sind, werden wir für immer Mutter und Kind sein. Ein Kind zu bekommen ist etwas für die Ewigkeit. Etwas, was das eigene endliche Leben überdauert. Dieser Gedanke rührte mich zu Tränen.

Während die anderen Frauen, die in dieser Nacht ihr Kind entbunden hatten, noch am selben Tag von der Geburtsstation ins Taxi stiegen, um nach Hause zu fahren, mussten mein Sohn und ich noch eine Woche lang im Krankenhaus bleiben. Denn die Ärzte hatten den Grund für den Gestationsdiabetes und die starken Wassereinlagerungen herausgefunden: HELLP-Syndrom. Das ist eine schwere, schwangerschaftsbedingte Erkrankung, deren Ursache nicht vollständig geklärt ist. Bei mir ging sie mit Bluthochdruck einher und äußerte sich unter anderem in den Stunden nach der Entbindung durch starke Leberschmerzen. Die junge Ärztin, die als Erste registrierte, wie ich mich vor Schmerzen im Bett krümmte und kaum sprechen konnte, unterschätzte die Situation zunächst vollends. »Verspannungen von der Geburt«, diagnostizierte sie. Hätte ich gekonnt – ich hätte mich darüber schlappgelacht. Gerade hatte ich stundenlange Wehen überstanden – und diese Frau (offensichtlich hatte sie noch nie ein Kind geboren) dachte tatsächlich, ich würde mich wegen Muskelkater im Bett winden?

Sie gab mir eine starke Schmerztablette, die nichts verbesserte. Ihre Kollegen erkannten schließlich den wahren Grund für meine Bauchschmerzen. Fairerweise muss man sagen: Das HELLP-Syndrom ist relativ selten. Wird es aber nicht erkannt, kann das für Mutter und Kind lebensbedrohlich sein. Wie bei allem Schlechten steigt die Wahrscheinlichkeit dafür – Überraschung – mit dem Alter der Gebärenden. Am Abend saß ich im Krankenhausbett, betrachtete das Kind in meinem Schoß und dachte daran, was alles hätte passieren können.

Mutter werden ist das eine. Mutter sein etwas ganz anderes. Was das alles beinhaltet – sich Sorgen um alles Mögliche machen zum Beispiel –, lernte ich erst in der Zeit danach. Und vermutlich lernt man da nie aus. Irgendjemand sagte mal: Mit einem Kind lebt ein Teil deines Herzens außerhalb deines Körpers.

Mein Sohn ist jetzt acht Jahre alt, und ich lerne jeden Tag dazu. Mit jedem Atemzug, den er tut, jeder Erkenntnis, die er hat, jeder Erfahrung, die er macht, verändert er sich, und verändere ich mich. Schwangerschaft und Geburt waren etwas Einzigartiges. Freundinnen mit mehreren Kindern sagen: Bei jedem Kind ist es anders. Das ist interessant, denn ich dachte natürlich, dass ich nun Profi wäre in Sachen Babykriegen. Das nächste Mal könnte ich es komplett allein schaffen, in einer Lagune im Meer zum Beispiel, wie ich es bei einer Frau auf Instagram gesehen hatte. Der Gedanke war natürlich vollkommen hormongesteuert und totaler Quatsch (und auch nicht ganz ernst gemeint).

Was die Entbindung aber auf jeden Fall war: eine Erfahrung, auf die ich stolz bin. Weil ich etwas geschafft habe, das nur ich allein schaffen konnte, das mir niemand abnehmen konnte und das ohne mein Zutun und das meines Kindes nicht möglich gewesen wäre. Etwas, das sich letztendlich nicht planen lässt wie irgendein Projekt. Und das so individuell ist wie das Leben selbst.

Diese Stunden im Kreißsaal, mit Kuh-und-Katze-Yoga-Asanas auf dem Bett, dem Unterrum-frei-vor-wildfremden-Menschen-vor-Schmerz-Stöhnen und Wie-auf-Toilette-Drücken und Werweiß-was-alles-an-Körperflüssigkeiten-vor-den-Augen-aller-in-einem-Krankenhausbett-Verlieren – auch das macht frei. Es senkt die Schamgrenze auf ein Minimalniveau. Wer einmal ein Kind geboren hat, dem ist nichts mehr peinlich. Und: den kann auch nichts mehr schockieren!

Im Nachhinein habe ich mir manchmal ausgemalt, wie es wäre,

wenn beispielsweise ein Vorgesetzter mich mal wegen irgendetwas blöd anmachen würde. Ich stellte mir vor, wie jegliche Missbilligung an mir abperlen würde und ich mindestens innerlich nur lachen könnte. Was kann schon passieren? Hey, ich habe ein Kind geboren, mir kann niemand etwas!

Monate später nahm ich an einem beruflichen Coaching teil. Im Rahmen dessen sollten alle Teilnehmenden eine Situation beschreiben, auf deren Ergebnis wir stolz seien, egal, ob beruflich oder privat. Kurz dachte ich, es könnte unangebracht sein, über etwas so Intimes zu berichten. Dann erzählte ich von der Geburt meines Kindes.

Stillzeit – alles anders als gedacht

Während andere Familien noch am Tag der Entbindung nach Hause durften, mussten wir wegen des besagten HELLP-Syndroms im Krankenhaus bleiben. Mein Blutdruck war zu hoch, und die Leberwerte waren schlecht. Meinem Sohn hingegen ging es gut. Er schlief viel, am liebsten auf mir. Und er lächelte zufrieden, wenn ich ihn in meinem Schoß hin und her wiegte. Trotz Krankenhausumgebung hätte alles ziemlich entspannt sein können, wenn da nicht das Stillen gewesen wäre.

Ausgerechnet darüber hatte ich mir vorher überhaupt keine Gedanken gemacht. Alles, was ich über das Stillen gehört hatte, war, dass es sehr praktisch sei, weil man als Mutter die Säuglingsmahlzeit quasi immer dabeihätte und jederzeit überall stillen könne. Bücher, Flyer, Blogs und Webseiten zu Babythemen sind voll mit Bildern von Säuglingen, die zufrieden im Arm ihrer Mutter liegen und an der Brust trinken – ein Sinnbild für die enge Mutter-Kind-Bindung.

Doch dieser offenbar so vollkommen natürliche und selbstverständliche körperliche Vorgang verursachte mir in der Praxis höllische Schmerzen. Es war nicht bloß das starke Nuckeln, Ziehen und Beißen an den empfindlichen Brustwarzen, was wehtat – zwar haben Neugeborene keine Zähne, aber einen harten Kiefer. Auch die Milch muss sich erst ihren Weg durch die Kanäle suchen, so fühlte es sich zumindest an. Meine Brustwarzen sahen bald aus wie kleine zerklüftete Felsen mit blutig durchzogenen Tälern. Ich hätte ihnen gerne Zeit gegeben, um zu heilen, doch das war ja nicht möglich, denn sie wurden spätestens alle paar Stunden gebraucht.

Hinzu kam, dass wir im Krankenhaus trotz eigenen Familienzimmers keine Ruhe hatten. Schwestern, Stillberaterinnen, Physiotherapeutinnen, Krankenhausverwaltungsangestellte, die irgendetwas klären wollten, und Ärztinnen gingen ein und aus. Insbesondere die Schwestern und Stillberaterinnen wurden mir schnell zu unliebsamen Gästen. Sie meinten es sicher gut (vor allem allerdings mit meinem Kind), doch der strenge Ton, in dem ich mitten in der Nacht aufgefordert wurde, meinen Sohn zu wecken und zu füttern, erschreckte mich. Ungefragt wurde an meinen Brüsten gezerrt und mein Kind angedockt. Das lief überhaupt nicht so ab, wie ich es mir erhofft hatte.

Ich erinnere mich an eine besonders unruhige Nacht, in der ich völlig übermüdet oben ohne auf dem Bett saß, mein ebenso müdes Kind im Arm, während lange, spitz gefeilte künstliche Nachtschwester-Gel-Nägel versuchten, meine nicht stehen wollende Brustwarze in den Mund meines Kindes zu schieben. Das fühlte sich irgendwie gewaltsam an und übergriffig. Jeder anderen Person in einem anderen Setting, die sich so an mir vergriffen hätte, hätte ich vermutlich eine reingehauen. Doch erstens war ich zu müde und zweitens eingeschüchtert, da es ja schließlich darum ging, mein frisch geborenes Kind zu ernähren. Das Stillen wurde mir zu diesem Zeitpunkt als alternativlos dargestellt. Ich hatte also zu funktionieren.

In Artikel eins des Grundgesetzes heißt es: »Die Würde des

Menschen ist unantastbar.« Ob das auch für Frauen im Kreißsaal und frisch entbundene Mütter gilt, dessen bin ich mir seither
nicht mehr ganz sicher. Da es offensichtlich bei allem, was während der Geburt und in den ersten Tagen und Wochen danach
passiert, vor allem um das Wohlergehen des neugeborenen Kindes geht, fühlte ich mich schon bald zu einem neutralen Etwas de-
gradiert, einem Körper, der gefälligst vierundzwanzig Stunden am
Tag, sieben Tage die Woche zu geben hat.

Es gibt Frauen, die schwere Traumata durch Gewalt unter
der Geburt erleben. Ich habe Freundinnen, denen im Kreißsaal
auf ihren dicken Bauch gesprungen wurde, um das Kind weiter
in Richtung Geburtskanal zu schieben. Ich weiß von Frauen, die
gekränkt, bloßgestellt, angeschrien wurden. Die bei vollem Bewusstsein einen Kaiserschnitt und das Aus-dem-Bauch-Hebeln
ihres Kindes erlebt und selbst Jahre später nicht verwunden haben. Die nach der Geburt vor aller Augen und ohne Betäubung
am Damm genäht wurden, als sei das irgendeine beliebige Wunde,
die man mal eben zwischen Tür und Angel flickt. Immerhin heutzutage wohl ohne »Gentleman's stitch«, bei dem der Damm enger
zugenäht wird als nötig, um dem Mann vermeintlich einen Gefallen zu tun, weil es beim Geschlechtsverkehr später dann »schön
eng« ist. Auch das soll früher vorgekommen sein. Die Frau als Ge-
bärmaschine, die danach wieder frisch geölt und voll funktionsfä-
hig zu Diensten steht. Ein Bild, das jegliche Würde vermissen lässt.

Nicht ohne Grund findet seit 2011 jedes Jahr der »Roses Revolution Day« statt, als friedliche Revolution gegen Respektlosigkeit
und Gewalt in der Geburtshilfe. Aktivistinnen legen am 25. No-
vember – dem internationalen Tag gegen Gewalt an Frauen –
Rosen als Symbol für das Leid und die Verletzlichkeit betroffe-
ner Mütter vor die Krankenhäuser, manche auch einen Brief, in
dem sie beschreiben, was sie erlebt haben. Offenbar werden diese
Briefe zu selten gelesen. Ziel des »Roses Revolution Day« ist es,
Frauen, Müttern, Familien und Geburtshelferinnen eine Stimme

zu geben – für eine menschenwürdige und sichere Geburtshilfe. Allein die Tatsache, dass es diese Aktion gibt, macht deutlich, wie bedeutend das Thema ist, selbst in aufgeklärten Staaten mit moderner Geburtshilfe.

In Deutschland kommt es nach Schätzungen von UN Women bei bis zu fünfzig Prozent der Geburten zu Gewalt. Das ist eine erschreckend hohe Zahl! Die Weltgesundheitsorganisation WHO zählt zu Gewalt unter der Geburt »körperliche Misshandlung, tiefe Demütigung und verbale Beleidigung, aufgezwungene oder ohne ausdrückliche Einwilligung vorgenommene medizinische Eingriffe, Missachtung der Schweigepflicht, Nichteinhaltung der Einholung einer vollumfänglich informierten Einverständniserklärung, Verweigerung der Schmerzbehandlung, grobe Verletzung der Intimsphäre« und andere Dinge. »Zwar wächst das Bewusstsein, dass das Recht auf gewaltfreie Geburt essentiell ist, jedoch fehlt es weiterhin an politischen Konsequenzen«, heißt es bei UN Women.

Ganz grundsätzlich sei gesagt: Für mich ist die Geburtshilfe ein bewundernswerter Job. Ein neues Leben wird auf die Welt gebracht – kann es einen wertvolleren Beruf geben? Hebammen begleiten Frauen in ihrer vielleicht emotional intensivsten Lebensphase, in ihren intimsten Momenten, in denen sie Kontrolle über sich selbst und das, was mit ihrem Körper passiert, abgeben. Abgeben müssen. Von Glück reden können diejenigen Frauen, die schon in der Schwangerschaft eine Hebamme, mit der sie sich gut verstehen, an ihrer Seite haben.

In der Geburtshilfe, zu der die Begleitung der Schwangerschaft und Nachsorge ebenso gehören wie die Hilfe bei der Geburt selbst, hat sich viel getan. Der Beruf der Hebamme gilt als einer der ältesten Frauenberufe. Seit 2016 ist das Hebammenwesen Immaterielles UNESCO-Kulturerbe. Ich kenne viele Frauen, die in den Wochen nach der Entbindung eher auf ihren Partner als auf ihre Hebamme verzichtet hätten. Bei mir beschränkte sich die

Nachsorge auf eine Handvoll Besuche, bei denen es aber vor allem um das Gewicht des Babys und um das Stillen ging. Ich weiß von keiner Familie, bei der man sich bei diesen Terminen auch um die Psyche der Frau gesorgt hätte. Bei den Müttern ging es immer nur um den Körper, der zu funktionieren hatte, indem er das Kind nähren und sich standardmäßig zurückbilden sollte.

Dabei sind Mütter ja keine emotionslosen Hüllen! Keine Gebärmaschinen, die lediglich dafür da sind, das Kind nach den Vorstellungen anderer auf die Welt zu bringen und zu versorgen – und möglichst schnell wieder einsatzbereit zu sein wie früher: im Job, im Haushalt, im Bett. Trotz aller Aufklärung und Emanzipation scheint diese Vorstellung immer noch weit verbreitet zu sein. Auch bei den Frauen selbst, die sich – ich weiß das von mir selbst – unter Druck setzen. Schließlich ist es – global und historisch betrachtet – keine herausragende Leistung, ein Kind zu haben. Schließlich haben das bereits Milliarden von Frauen geschafft.

Doch jeder Mensch ist nun einmal anders. Und für jede Frau ist zumindest die erste Geburt ein Elementarereignis. Mütter brauchen gerade in solch einer Extremsituation wie der Geburt und allem, was ihr folgt, liebevolle und von Respekt getragene Begleitung und Unterstützung. Wer in den Wehen eine Periduralanästhesie (PDA) möchte, sollte nicht lange herumdiskutieren müssen. Warum ist es beim Zahnarzt selbstverständlich, eine Spritze zu bekommen, sobald ein Zahn gezogen oder angebohrt werden soll – wenn sich aber stattdessen ein Mensch den Weg durch einen anderen Körper bahnt, und das mitunter stunden- oder tagelang, dann ist die vorherrschende Meinung, dass das »so natürlich wie möglich«, also ohne Medikamente vonstattengehen sollte. Warum?

Natürlich ist ein Kind kein Zahn, den man einfach so aus dem Körper ziehen kann. Grundsätzlich glaube ich daran, dass wir Menschen versuchen sollten, wieder mehr auf unsere Intuition zu hören und auf die Natur zu vertrauen. Unser Bauchgefühl gibt uns in den meisten Situationen eine gute Orientierung und zeigt oft, was wir wirklich wollen – und was wir vielleicht nur glauben zu wollen, weil es der gesellschaftlich gewünschte Standard ist oder ein von der Mehrheit als erstrebenswert angesehener Zustand.

In dieser Situation in den ersten Tagen als Mutter – körperlich und psychisch irgendwo zwischen zu Tode erschöpft und voller unbändiger Lebensenergie – habe ich nicht auf meinen Instinkt gehört. Dieser wäre gewesen: erst einmal in Ruhe ausschlafen und mein Kind ebenfalls schlafen lassen, wann immer ihm danach ist. Stattdessen weckte ich meinen Sohn brav alle drei Stunden, wie empfohlen, um ihn zu füttern. Denn er sollte ja unbedingt die durchschnittlichen zweihundert Gramm pro Woche auf die süßen kleinen Rippen kriegen, die ein Baby zunehmen soll. Das jedoch verursachte so viel Stress, weil es eben nicht so klappte, wie es sollte, dass er und ich schon bald ziemlich frustriert waren. Ich war es auf jeden Fall – ob es ihm tatsächlich auch so ging, ist natürlich eine reine Vermutung.

Mehrere sogenannte Laktationsberaterinnen versuchten alles Mögliche. Ich stülpte mir Plastikhütchen über die Brustwarzen, cremte sie zur Beruhigung mit reinem Wollwachs ein, wischte das fettig-klebrige Zeug vor dem nächsten Stillversuch wie vorgeschrieben wieder gründlich ab. Die ständige Beschäftigung mit meinen Brustwarzen machte die Sache nicht besser.

Die Hebamme erzählte etwas vom Zungenbändchen der Babys, das durchtrennt werden und damit Abhilfe geschaffen werden könne. Von Pre-Milch, die man durch einen kleinen Schlauch trickreich beim Stillen dazuschummeln könnte. Ich war nicht überzeugt und massierte mir stattdessen die geschwollenen Brüste, biss beim Anlegen die Zähne so fest zusammen, dass mir der Kiefer hinterher wehtat und ich am ganzen Oberkörper Verspannungen bekam. Wenn ich mich allein irgendwo hinsetzen und mit Lesen ablenken konnte, ging es einigermaßen. Trotzdem erwischte ich mich dabei, wie ich fast schon wütend auf mein Kind wurde, als es nach weniger als drei Stunden wieder nach der Brust schrie. Einmal meckerte ich meinen ebenfalls übermüdeten Freund an: »Nein, ich werde jetzt auf keinen Fall schon wieder stillen. Die Milchbar ist für heute geschlossen!« Im Nachhinein lachten wir darüber. Weder er noch unser Kind konnten ja etwas dafür. Ich aber auch nicht! Trotzdem blieb ein Gefühl des Versagens, das mich lange verfolgte.

Genau dieses Gefühl kennen auch andere Frauen. Eine Freundin von mir hatte sich während ihrer bilderbuchmäßig verlaufenden Schwangerschaft eine ganz normale »spontane Geburt« ausgemalt. Sie hatte die Geburtsvorbereitung hinter sich gebracht und ein Fotoshooting mit dickem rundem Bauch als schöne Erinnerung an die besondere Zeit. Dann kamen die Wehen. Fast einen Tag und eine Nacht lang atmete sie sich durch die Dauerschmerzen, bis es nicht mehr weiterging und ein Notkaiserschnitt entschieden wurde. Innerhalb von Minuten wurde meine Freundin narkotisiert und das Baby von den Ärzten geholt.

Das alles passierte so plötzlich, dass sie es überhaupt nicht verarbeiten konnte. Noch Jahre später musste sie weinen, wenn sie davon erzählte. Einmal sagte sie unter Tränen: »Ich habe das Gefühl, es nicht richtig zu Ende gebracht zu haben.« Ähnliches habe ich von anderen Frauen gehört, die einen Kaiserschnitt hatten. An ihre Erzählungen und die Tatsache, dass sie alle mehrere Wochen lang starke Schmerzen an der Narbe hatten, muss ich jedes Mal denken, wenn von der Sectio als »Wunschkaiserschnitt« und vermeintlich »einfacher Geburt« gesprochen wird.

Für mich selbst manifestierte sich dieses diffuse Gefühl des Versagens, das viele Mütter aus unterschiedlichen Gründen haben, am Stillen. Ich hatte das Gefühl, um mich herum waren alle Frauen jederzeit und überall ständig am Stillen. Im Liegen, im Sitzen, im Stehen. Im Auto, im Café, auf der Parkbank. Selbst, während sie dabei einer anderen Beschäftigung nachgingen – beim Essen, während einer Unterhaltung, am Telefon, vor dem Laptop. Bei mir war das Ganze ein derartiger Akt, dass ich es mir gar nicht außerhalb unserer Wohnung zugetraut hätte: Unbedingt nötig war eine ruhige Umgebung, eine bestimmte Sitzposition, ein spezielles Kissen zum Unterlegen, ein Buch zur Ablenkung von den Schmerzen. Und im Anschluss eine sehr teure Gelkompresse aus der Apotheke zur Beruhigung der Brustwarzen, damit diese ein paar Stunden später überhaupt wieder annähernd einsatzbereit waren.

Da es aber trotz all dieser Umstände, auf die ich mich noch einigermaßen einrichten konnte, nicht wirklich einfacher wurde, entschied ich mich irgendwann für eine elektrische Milchpumpe. Die erste, klobige Version davon konnten mein Freund und ich in der Apotheke ausleihen, für später kauften wir die neueste Generation des Gerätes. Die Maschine sog gleichmäßig und an beiden Brüsten gleichzeitig genau so lange, bis ich sie abschaltete. Kein Beißen, kein Nuckeln. Natürlich fühlte sich das pumpende Ding mit seinen Auffangbehältern an wie eine Melkmaschine im Kuhstall – letztendlich war es das ja auch.

Ich entschied mich dafür, weil Muttermilch die gesündeste Ernährung für Babys ist. Sie unterstützt die Immunabwehr, fördert bestimmte anatomische und motorische Entwicklungen. Der plötzliche Kindstod, vor dem ich seit der Aufklärung darüber während der Entlassungsuntersuchung im Krankenhaus große Angst hatte, tritt bei gestillten Kindern etwas seltener auf als bei nicht gestillten. Die körperliche Nähe beim Stillen und der Hautkontakt sind wichtig für Körper und Seele, das ist nachvollziehbar.

Stillen ist auch für die Mutter gesund, denn in ihrem Körper wird währenddessen das Hormon Oxytocin ausgeschüttet, das für Wohlbefinden sorgt und Nachwehen erzeugt, die die Rückbildung der Gebärmutter beschleunigen. Diese Nachwehen können sich ähnlich anfühlen wie das Zusammenziehen von Gebärmutter

49

und Beckenboden während eines Orgasmus. Vielleicht ist das mit ein Grund dafür, dass viele Frauen so gerne stillen. Es gibt Studien dazu, dass Frauen, die gestillt haben, seltener an Eierstock- oder Brustkrebs erkranken.

Im englischsprachigen Raum gibt es den Slogan »Breast is best«, also die Brust sei das Beste.

In Deutschland werden mehr als achtzig Prozent der Kinder gestillt, im Durchschnitt rund sieben Monate lang. Es gibt hier sogar eine Nationale Stillkommission, die für das Thema wirbt. Es ist natürlich auch die kostengünstigste Variante. Sogenannte Pre-Milch für Neugeborene ist sehr teuer und in manchen Ländern dazu noch schwer zu bekommen – die Erfahrung musste ich im ersten Lebensjahr meines Sohnes machen, als wir mehrere Monate im Ausland verbrachten.

Stillen ist auch ein Politikum. Nicht nur dahingehend, dass sich manche daran stören, das Füttern des Nachwuchses in der Öffentlichkeit mitansehen zu müssen. Manche Mutter vergisst, dass Brüste nicht nur Nahrungsquelle, sondern auch sekundäre Geschlechtsmerkmale bleiben. Wenn diese im Café oder auf der Parkbank vor aller Augen aus dem Stilloberteil hängen, irritiert das manchen. Unter uns Müttern sprach sich schnell herum, wo wir mit unseren Kinderwagen unerwünscht waren – ob nun wegen der nackten Brüste, der manchmal schreienden Babys oder der klobigen Karren.

Auf der anderen Seite habe ich das Stillen zumindest in der Großstadt als Doktrin empfunden, die nicht stillende Mütter als egoistisch und fast schon asozial abstempelt. Stillen wird als so selbstverständlich und unbedingt nötig propagiert, dass alle, die – aus welchen Gründen auch immer – nicht stillen, sich automatisch wie Rabenmütter fühlen müssen. Besonders trifft das auf Blasen wie Berlin-Prenzlauer Berg zu, wo ich damals wohnte. Ein Stadtteil mit einer hohen Dichte an Lastenfahrrädern, Biosupermärkten und sehr vielen Kinderspielplätzen, auf denen zuckerfrei ernährte und rundum frühgeförderte Kinder herumtollen, denen zu Hause *Pippi Langstrumpf* vorgelesen wird. Diejenigen, die hier Eltern sind, haben sich ausgiebig damit beschäftigt und zu allem, was Kindererziehung und -ernährung betrifft, eine Meinung.

Mich verletzten Aussagen wie die eines anderen Vaters (!), dass man da eben die ersten Wochen durchmüsse, dann werde es schon besser. Irgendwann nervten selbst gut gemeinte Ratschläge anderer Mütter, ich solle es doch mal auf diese oder jene Weise versuchen. Denn leider brachte das alles nicht viel.

Ich war enttäuscht von meinem Körper, als ich las, dass unter Umständen selbst Adoptivmütter stillen können. Dass das bei mir nicht funktionierte (Jahre später erklärte mir eine Gynäkologin, dass ich sogenannte Schlupfwarzen habe und es deshalb nicht funktionieren konnte), erschütterte meinen Glauben daran, dass die Natur schon alles irgendwie richtet.

Doch dann hörte ich letztendlich auf mein Bauchgefühl. Und das sagte mir: Bis hierhin und nicht weiter. Ich bin Mutter, aber ich bin auch ein Mensch. Einer, dessen Brustwarzen blutig sind und wehtun und nie genug Zeit haben zu heilen. Eine Frau, die selbständig und unabhängig von gesellschaftlichen Normen über sich selbst entscheiden kann, die mit der Milchpumpe eine gute Alternative gefunden hat und nun das Kind mit der Flasche ernähren wird.

Das »Stillen mit Flasche«, wie es meine Gynäkologin später nannte, schränkte mich natürlich in meinem Bewegungsradius ein, weil ich regelmäßig abpumpen musste. Die Muttermilch erhielt ihren festen Platz im Kühlschrank und musste immer erst auf Körpertemperatur angewärmt werden. Insgesamt war das zwar angenehmer als das direkte Stillen, aber auch ziemlich aufwändig.

Weil mein Freund ein Engagement in Australien hatte, flogen wir sechs Wochen nach der Geburt alle drei zusammen ans andere Ende der Welt. Im Etihad-Flieger nach Sydney begrüßte uns das Bordprogramm ab Abu Dhabi mit einem ziemlich unheimlich dahingeraunten »Allahu Akbar«. Angesichts von so viel Gottesfürchtigkeit legte ich mir ein großes blickdichtes Tuch über die nackten Brüste und schmiss kurz nach dem Start die Pumpe an. Über den Wolken bat ich den Flugbegleiter der Business Class später, das Fläschchen am kochend heißen Wasserstrahl des Kaffeevollautomaten auszuwaschen. Wie gesagt: Die Schamgrenze verschiebt sich.

Die WHO und die Nationale Stillkommission, die es in Deutschland seit den 1990er Jahren gibt, empfehlen, mindestens sechs Monate lang voll zu stillen, also nichts anderes zu füttern als Muttermilch. Ich hielt zumindest vier Monate durch. Dann zeigte unser Sohn Interesse an fester Nahrung. Er griff nach einzelnen Nudeln, die auf dem Tisch vor ihm standen, nach Banane oder Brokkoli und genoss bald seinen ersten Brei. Und ich war froh, die Stilleinlagen, die ich zum Schutz vor nassen Flecken im BH trug, endlich weglassen zu können und meine Brust wieder für mich zu haben.

Die schönen runden »Stilltittis«, wie sie meine Lehrerin im Post-Natal-Yoga zurück in Berlin nannte, schrumpften wieder auf ihre Ausgangsgröße. Dass Brüste vom Stillen schlaffer werden, klingt logisch, denn schließlich sind sie durch Hormone und Milcheinschuss eine Zeitlang meist sehr viel voluminöser als sonst. Da sich dafür die Haut weiten muss, können kleine Risse, die Dehnungsstreifen, zurückbleiben. Eine Bekannte erzählte während ihrer ersten Schwangerschaft lautstark herum, dass sie mit ihrem Mann den »Deal« habe, nach vollendeter Familienplanung (nach der es mehrere Kinder werden sollten) neue Brüste zu bekommen. Sie plante schon damals, ihren Körper nach den Schwangerschaften und Stillzeiten auf dem OP-Tisch eines plastischen Chirurgen generalüberholen zu lassen. Ich habe oft an diesen »Deal« gedacht und mich gefragt, ob sie sich tatsächlich unter das Messer gelegt hat.

Dabei gibt es offenbar keine Studie, die beweist, dass Brüste nach dem Stillen ihre Form verlieren. Vielmehr ist das Erschlaffen vor allem eine Alterserscheinung. Das Bindegewebe lockert sich – wie an anderen Stellen des Körpers auch.

Was ich vorher nicht wusste oder worüber ich einfach nicht nachgedacht hatte: Es dauerte Monate, bis sich mein Becken wieder zusammengeschoben hatte und ich wieder in meine alten Jeans passte, ohne den obersten Knopf offen zu lassen. Andere Frauen haben Schwierigkeiten mit ihrer Bauchmuskulatur und Monate später noch eine vertikale Lücke zwischen den geraden Bauchmuskeln, die sogenannte Rektusdiastase. Ich habe Freundinnen, die bei jedem Nieser ein paar Tropfen Urin verlieren. Sie gehen ihren Kindern zuliebe zwar ins Jump-House und in ähnliche Einrichtungen, aber betreten selbst kein Trampolin, weil sie Gefahr laufen, auszulaufen. Ich glaube, da wären viel mehr Offenheit und Aufklärung nötig.

Meine persönlich größte Überraschung jedoch waren meine Füße: In den letzten Monaten der Schwangerschaft waren sie plötzlich gewachsen und danach einfach so geblieben. Seither habe ich eine Schuhgröße mehr, was ziemlich ärgerlich ist. Denn Schuhe waren – abgesehen von ein paar Teilen an Umstandskleidung – das Einzige, von dem ich dachte, dass es ewig passen würde. Als Mutter musste ich mir einen neuen Grundstock an Schuhen anschaffen. So gesehen war das aber nur halb so schlimm, denn mit der neuen Rolle kam das neue Schuhwerk: Ganz dem Klischee entsprechend kaufte ich mir im ersten Sommer als Mutter meine ersten »Birkis«.

Interview mit der Hebamme
Christiane Borchard

Christiane Borchard, Jahrgang 1965, ist Diplom-Pflegewirtin und freiberufliche Hebamme in Münster in Westfalen. Sie arbeitet seit mehr als dreißig Jahren in der Geburtshilfe, ihr Schwerpunkt liegt seit zwanzig Jahren auf der postpartalen Begleitung im Wochenbett. Darüber hinaus ist sie als Familienhebamme und in der entwicklungspsychologischen Beratung tätig. Christiane Borchard ist selbst Mutter einer Tochter. Das Interview haben wir per Videocall geführt.

Frau Borchard, vor der Geburt bereiten sich Eltern vor, sie lesen viel, besuchen Kurse und haben so ihre eigenen Idealvorstellungen – doch der Alltag als Familie mit Baby ist dann oft ganz anders als erwartet.
Irgendwann stoßen tatsächlich alle Eltern an ihre Grenzen. Sie erleben das Ankommen in der Realität mitunter als hart, weil vieles ganz anders ist als erwartet. Ob ich das als Hebamme dann immer so mitbekomme, ist eine andere Frage. Manche Paare erleben drei oder vier Monate glücklich in einer Art Baby-Honeymoon, und danach, wenn ich gar nicht mehr dabei bin, weil das Wochenbett vorbei und die intensive Zeit der Begleitung durch eine Hebamme beendet ist, kommt der Einbruch. Bei anderen passiert das sehr viel früher. Gerade bei Frauen, die eine Geburt als sehr belastend oder negativ erleben, folgt der Aufprall in der Realität deutlich schneller. Diese Frauen bewerten ihr neues Leben als Mutter dann meist auch viel kritischer.

Warum ist das so?
Grundsätzlich entwickeln wir Menschen aus unseren Idealvorstellungen auch Ziele. Einen Plan zu haben ist erst einmal etwas Gutes. Schwierig wird es allerdings, wenn es nicht gelingt, bei der

Umsetzung der geplanten Ziele flexibel zu bleiben. Wenn sich die Erwartungen nicht erfüllen, hilft es nichts, verbissen an ihnen festzuhalten. Wer sich das Ziel gesetzt hat, das Stillen muss klappen oder der Beziehungsalltag muss reibungslos funktionieren, der erlebt Frustration. Meine Botschaft an die Eltern ist darum: Bleibt flexibel, findet Lösungen für das Hier und Jetzt. Die gelten anfangs vielleicht nur für ein paar Stunden, dann für ein paar Tage und irgendwann für ein paar Wochen. Letztlich gilt nach meiner Erfahrung für das erste Jahr der Grundsatz: Der Plan besteht darin, immer offen für Veränderungen zu bleiben und Pläne entsprechend anzupassen.

Wie schaffen das frischgebackene Eltern bei all der körperlichen und psychischen Erschöpfung?
Wie in vielen anderen Bereichen des Lebens gilt auch hier: Die Lösungen ruhen letztendlich immer in uns selbst, häufig sind sie nur nicht auf den ersten Blick sichtbar. Die Frage ist: Wie viel Kraft habe ich für meine Lösungsschritte? Der Abgleich der Realität mit den Idealvorstellungen geht anfangs in den allermeisten Fällen erst einmal positiv für das Kind aus – wenn das Neugeborene nicht so reagiert wie erhofft, löst das zwar oft viele Fragen, aber noch keine große Enttäuschung aus. Aber dann gibt es Situationen und Konstellationen, bei denen das immer schwerer fällt, und die Eltern beginnen, diese zu fürchten. Bei Schreikindern zum Beispiel. Da wird das Kind schnell als belastend erlebt, weil es nicht die Idealvorstellungen erfüllt und die Eltern rascher an ihre Grenzen kommen.

Aber in den ersten Wochen ist es eher so, dass Eltern viel Engagement darauf verwenden, die Situation zu verändern. Nach meiner Erfahrung oft schon fast zu viel. Frustration und manchmal sogar Verzweiflung stellen sich meist erst später ein, häufig nach etwa drei Monaten, weil die Ressourcen dann erschöpft sind.

Und wie lässt sich das vermeiden?

Mit mehr Gelassenheit. Das Kind so zu akzeptieren, wie es eben ist. Die Strategie ist nicht, das Kind zu ändern, sondern sich selbst. Dafür müssen die eigenen Erwartungen sehr klar sein, denn sie bestimmen die Höhe der Messlatte. Auch das Teamwork sollte stimmen. Praktisch heißt das zum Beispiel, sich beim Trösten des Kindes und in anderen anstrengenden Situationen abzuwechseln. Die tiefen, meist unbewussten emotionalen Faktoren sollten ausgesprochen werden: Ein laut schreiendes Kind signalisiert für unerfahrene Eltern unstillbaren Hunger oder Krankheit. In den emotionalen Fokus rückt dann, das Überleben des Kindes zu sichern.

Nach traumatischen Geburtserlebnissen oder wenn danach vieles nicht so funktioniert wie erhofft, müssen Frauen gleichzeitig »Trauerarbeit« leisten, bevor Akzeptanz folgen kann. Solche Erfahrungen sitzen tief, weil dahinter die Angst steht, nicht so »perfekt« zu sein wie andere Frauen – ob es um den Verlauf der Geburt geht oder um das Stillen. Stillen ist generell ein hochemotionales Thema, da es mit dem Überleben des Kindes verknüpft ist. Wenn Frauen das wissen, macht es eine Enttäuschung und das Gefühl, zu versagen, zwar nicht weniger schlimm, es kann aber bei der Akzeptanz helfen. Ich weiß aus meinem Arbeitsalltag, dass das nicht einfach ist. Der Schritt, sich einzugestehen: »Es war zwar anders als erhofft, aber so, wie es war, war es auch okay«, ist ein großer. Manche Frauen knabbern noch Jahrzehnte später an solchen Themen.

Vermutlich für jede Frau ist die Entbindung eines Kindes ein tiefgehendes Erlebnis. Manche haben später mit Geburtstraumata zu kämpfen. Wie können Mütter nach der Geburt richtig für sich sorgen?

Das Erleben und Verarbeiten einer Geburt hat einen ganz besonderen Stellenwert im Leben einer Frau. Und tatsächlich gibt es kein Patentrezept dafür. Eltern sollten wissen, dass das in jedem

Fall ein langer Prozess ist. Sich als Eltern zu finden dauert fast ein Jahr. Wenn es traumatische Erlebnisse gab, eher länger.

In den ersten Wochen findet meist erst einmal Rekonstruktion statt. Die Frauen fragen sich, was da tatsächlich passiert ist. Selbst bei normal empfundenen Geburten passiert das, weil es immer um die Verarbeitung eines überwältigenden Erlebnisses geht. Manche Dinge werden zunächst ausgeblendet, andere nicht chronologisch nacherzählt. Nicht selten werden Personen und Abläufe vertauscht.

Warum ist das so?
Anfangs liegt eine Art Dämpfer über allem. Erst mit einer gewissen Zeitverzögerung werden die Erinnerungen schärfer, und vorher fehlende Informationen werden ergänzt, bis sozusagen ein vollständiger Ablauf der Erinnerungen vorliegt. Der kann, muss aber nicht mit der Wahrnehmung des geburtshilflichen Teams übereinstimmen. Bei diesem Prozess fließen natürlich auch sehr individuelle Bewertungen ein. Häufig ändern sich diese Bewertungen im Laufe des ersten Jahres und darüber hinaus. Irgendwann sind die Frauen so weit, dass sie das Erlebte akzeptieren und annehmen können. Damit ist nicht unbedingt eine positive Bewertung des Ereignisses verbunden, sondern die Erkenntnis: Es war nicht so, wie ich mir das vorgestellt habe, ich habe mich seelisch und körperlich verletzt gefühlt, aber ich habe nicht versagt oder bin schuld daran, wie es gelaufen ist. Dann wird das negative Gefühl weniger und ist besser auszuhalten. Wenn das nicht funktioniert, etwa bei Albträumen, Flashbacks oder anhaltend hoher Anspannung, sind die Psychologen gefragt. Wir Hebammen können aber sehr gezielt für die Früherkennung sorgen. Erste Warnsignale einer posttraumatischen Belastungsstörung können meist sechs bis acht Wochen nach der Geburt erkannt werden, bei den schleichenden Verläufen einer Depression ist das eher zwölf Wochen nach der Geburt. In Einzelfällen gibt es sehr rasche Ver-

schlechterungen des mütterlichen seelischen Befindens, das ist dann schon eindeutiger.

Nicht selten sind übrigens auch die Männer durch die Geburt und ihre Hilflosigkeit traumatisiert. Er war zwar dabei, aber trotzdem außen vor, hatte womöglich Einblicke, die er nicht vergessen kann. Bei rund zwölf Prozent aller Väter treten postnatale Depressionen auf. Auch dafür bräuchten Paare mehr Ansprechpartner.

Wie zeigt sich bei Frauen eine Beeinträchtigung des Wohlbefindens nach der Geburt?

Neben den posttraumatischen Belastungsstörungen und der postnatalen Depression sind Angststörungen ein großes Thema. Oft treten diese gemeinsam auf mit dem Gefühl, keine gute Mutter zu sein. Das sind tiefsitzende Ängste. Ich nenne das »die untröstliche Frau«. Bei leichteren Formen kann ich als Hebamme die Hilfe zur Selbsthilfe begleiten, aber wenn es tiefer geht, bin ich am Ende mit meinem Latein. Da braucht es dann ein therapeutisches Setting.

Aber ich bin guter Dinge, dass wir da in ein paar Jahren besser aufgestellt sind. Ich hoffe, dass es dann Hebammen mit Zusatzqualifikation gibt, um zum Beispiel diese vielseitigen Hilfen besser zu koordinieren und vor allem deutlich schneller mit der Hilfe zu sein. Denn je früher wir aktiv werden können, desto besser sind die Aussichten auf eine rasche Besserung.

Wie können sich Eltern frei machen von eigenen überzogenen Erwartungen und denen anderer – und stattdessen versuchen, stärker auf ihre Intuition zu hören?

Diese Intuition ist eigentlich immer da, nur ist dieses Bauchgefühl bei manchen Eltern vielleicht ein bisschen verschüttet. Wenn Eltern und Kind sich im Wochenbett kennen lernen, verläuft das selten ohne Konflikte.

Auch weniger schöne Gefühle gehören zu diesem Kennenlernprozess. Wenn mein Kind mich anbrüllt, ist das eine ganz klare Kommunikation: Jeder begreift, dass das Kind mit der Situation gerade nicht zufrieden ist. Schwieriger ist es, dann ruhig zu bleiben und herauszufinden, was die Ursache für diese Unzufriedenheit ist. Da hilft nur »trial and error«: wenn das eine nicht funktioniert, etwas anderes auszuprobieren – Stillen, Wickeln, immer der Reihe nach.

Das erfordert viel Geduld.

Richtig. Aber es hilft, diese Geduld aufzubringen. Wenn wir uns zum Beispiel daran erinnern, wie lange es gedauert hat, den eigenen Partner richtig gut kennen zu lernen. Das war ja auch keine Sache von wenigen Wochen. Warum bringen wir nicht die gleiche Geduld auf, wenn es darum geht, unsere Kinder richtig kennen zu lernen?

Bei diesem Prozess kann ich als Hebamme die Eltern unterstützen. Manche Kinder brauchen zum Beispiel mehr Rückmeldung zur Selbstberuhigung als andere. Eltern können das Kennenlernen über Interaktion üben. Das alles hat viel mit Fühlen und Beobachten zu tun, weniger mit Lernen. In den ersten Wochen ein emotionales Band zu knüpfen braucht Nähe, Distanz und Zeit und Geduld. Das entwickelt sich.

Und wenn sich in solchen Situationen negative Gefühle und Distanz zum eigenen Kind einstellen?

Dann ist das schon normal. Es ist okay, als Mutter zu sagen: »Ich habe jetzt x-mal gestillt, Hunger hat das Kind nicht, und Trösten, Schmusen oder Herumtragen kann jetzt auch jemand anderes übernehmen.« Den Mut, da eine klare Ansage zu machen, damit aber auch den Wunsch nach zeitweiliger Distanz zum Kind zuzulassen, muss die Mutter aber erst einmal aufbringen. Das dauert schon mal ein paar Wochen, und selbst dann trauen sich viele Frauen das nicht und verlieren sich selbst aus dem Blick. Aber da müssen wir gegensteuern. Es ist nicht gut, die eigenen Bedürfnisse immer zu ignorieren. Wahrzunehmen, dass man erschöpft ist, ist wichtig. Eine größere Offenheit für die eigenen Bedürfnisse wäre gut. Dazu gehört auch das Eingeständnis, zu sagen, dass man gefühlsmäßig etwas anderes erwartet hat.

Ich selbst bin Mutter einer Tochter und habe diese überschwängliche Freude, von der andere erzählt haben, zuerst überhaupt nicht gespürt. Ich hatte deswegen ständig ein schlechtes Gewissen. Damals in den 1990ern war das ein großes Tabu, heute ginge das besser.

Wie wird der Mann zum Vater, die Frau zur Mutter? Es heißt, im Kreißsaal wird auch eine Mutter geboren. Aber was bedeutet diese neue Rolle für die Frau konkret? Wie füllt sie aus, was vorher nicht da war?

Ich glaube, die Rolle als Eltern ist bei jedem angelegt. Das mag verrückt klingen – aber Kinder spielen Mutter–Vater–Kind. Rollenübernahmen sind soziale Lernprozesse. Weniger klar ist, wie das dann im Detail funktioniert. Es wäre gut, wenn die Frauen mehr über die Rollenübernahme als Mutter wüssten, um ihre eigene Rolle aktiver gestalten zu können, statt sie passiv zu erleben. Letztlich geht es doch darum, das Überleben des Kindes zu sichern: Ernährung, Schutz und Sicherheit zu gewährleisten. Dabei auch negative Gefühle zu erleben gehört aber leider dazu. Wenn genügend Sicherheit da ist, wird das weniger. Anfangs kann die Sicherheit von außen gut gestärkt werden, so wird die Mutter selbst sicherer und entspannt sich. Je öfter Krisen erfolgreich bewältigt werden, desto mehr Zuversicht ist da, die nächste Krise ebenfalls zu schaffen. Verzögerungen, Stillstand und Niederlagen gehören zum Elternsein dazu.

Das hört sich einfacher an, als es ist.
Ohne Hilfe von außen funktioniert das nicht – von der Familie zum Beispiel. Ich erlebe Zweifel oder Unsicherheiten eher bei Frauen, die alles alleine schaffen wollen. Oft sind das Frauen, die sehr ehrgeizig sind – und sich dann mit dieser Aufgabe überfordern. Die Pflege eines Kindes im Wochenbett und darüber hinaus ist nicht alleine zu schaffen. In Afrika heißt es, ein Kind braucht ein ganzes Dorf. In Mitteleuropa fehlen uns diese engen familiären Strukturen. Aber ich kann meine beste Freundin um Unterstützung bitten. Oder die ältere Nachbarin, die mal auf das Kind aufpasst oder die mir eine Suppe vor die Tür stellt, wenn ich nicht zum Kochen komme, weil ich mit dem Baby beschäftigt bin. Ganz oft haben wir die Lösungen vor der Nase, aber sehen sie nicht oder schämen uns, Hilfe anzunehmen. Das liegt am Zeitgeist, der unterstellt, dass der selbstbewussten Powerfrau alles gelingt. Dieses Bild passt aber nur bedingt zur mütterlichen Rollenannahme. Oder, anders gesagt: Eine kluge Mutter nimmt Hilfe an, und zwar lange über das Wochenbett hinaus.

Und wie schaffen es Eltern, trotzdem ein Paar zu bleiben?
Den meisten Paaren ist bewusst, dass die Elternrolle die Beziehung eine ganze Zeit lang dominieren wird und beide sich aktiv darum bemühen müssen, auch wieder in die Paarrolle zurückzufinden. Aber häufig werden die Ziele auch hier zu hoch gesteckt. Dann ist die Gefahr der Enttäuschung sehr groß. Da werden zum Beispiel Wellness-Wochenenden geplant, um die frühere Paarbeziehung möglichst schnell wiederzubeleben. Das Hotel ist gebucht, die Oma zum Aufpassen organisiert und Muttermilch abgepumpt. Und dann merkt einer von beiden, dass er gar nicht aus dem Haus gehen kann, weil er das Gefühl hat, sein Kind im Stich zu lassen. Meist ist das die Mutter, aber das kann auch Männern passieren. Dann ist die Enttäuschung groß. Besser wäre es, nicht gleich in die Vollen zu gehen und stattdessen

zu schauen, was tatsächlich möglich ist. Zuerst kleinere Schritte zu machen.

Muten wir uns und unseren Kindern zu viel zu?

Ich fürchte ja. Das hat etwas mit dem Zeitgeist zu tun: Wir sind auf Multitasking getrimmt, wollen immer möglichst viel auf einmal schaffen und nicht wahrhaben, dass gewisse Dinge einfach Zeit brauchen. Das Wochenbett wird völlig unterschätzt. Die meisten Eltern planen sechs bis acht Wochen dafür ein, hoffen aber insgeheim, das schneller hinzubekommen. Wenn ich dann nachfrage, wie lange der Partner oder die Partnerin Urlaub hat, dann sind das meist maximal drei Wochen, weil die Mutter sich diese Zeitspanne als Ziel gesetzt hat. Aber das ist unrealistisch.

Und was ist realistisch?

Für das Wochenbett sollten nach meiner Erfahrung mindestens sechs bis acht Wochen eingeplant werden. Noch mehr Zeit braucht es, den Beckenboden mit der alten Funktionalität wiederherzustellen. Das dauert acht Monate! Eine Sectio- oder Dammnarbe sieht nach drei bis vier Wochen äußerlich zwar schon blendend aus, ist der Alltagsbelastung etwa durch Sport, Bewegung, Sex oder Radfahren aber überhaupt nicht gewachsen. Wenn es dann Schwierigkeiten gibt, ist die Hebamme, mit der man das besprechen kann, nicht mehr greifbar. Bis solche Eingriffe vollständig verheilt sind, ist ein Jahr vergangen.

Auch da ist also Geduld gefragt.

Unbedingt. Wer das Wochenbett nicht vorsichtig angeht, kann das nicht mehr aufholen. Solche Mütter fühlen sich auch sechs bis acht Monate nach der Geburt noch nicht gut und haben eine ganze Reihe von Beschwerden: Inkontinenz, Narbenschmerzen, Verstopfung. Dinge, die im Alltag nerven. In der Schweiz sagt man: »Eine gut erholte Wöchnerin ist ein Segen für die Familie.«

Das kann ich nur unterschreiben. Es wäre viel gewonnen, das Wochenbett in seinem Zeitumfang und Unterstützungsbedarf deutlich realistischer wahrzunehmen. Das passt zwar schlecht mit dem Anspruch zusammen, als Mutter möglichst schnell wieder in den Beruf einzusteigen. Aber Berufstätigkeit und Mutterschaft ist eine Doppelbelastung, die die Frauen extrem erschöpft.

Müsste sich etwas im Versorgungssystem ändern?
Ich beobachte oft, dass zu wenig Hilfe in Anspruch genommen wird. Und wenn, dann nur in den ersten Tagen im Wochenbett. Das ist absolut ungenügend. Wenn der Partner in der dritten oder vierten Woche wieder arbeiten geht, ist die Mutter gerade erst richtig müde und benötigt die meiste Hilfe. Ideal wäre es, wenn es wieder Wochenbettpflegerinnen gäbe, so wie früher. Bezahlt von der Krankenkasse, würden sie die ersten zehn Tage nach der Entbindung ins Haus kommen und als dauerhafte Ansprechpartnerinnen zur Verfügung stehen. Wir Hebammen werden oft schon mit langen Fragelisten erwartet, die dann »abgearbeitet« werden müssen. Tatsächlich sind die Frauen aber schon nach der dritten Frage müde. Wochenbettpflegerinnen wären da eine bessere Hilfe.

Was spricht dagegen?
Sicher würde es Widerstände geben – bei den Krankenkassen, von meinen Kolleginnen, die Angst hätten, dass ihnen etwas weggenommen wird. Aber auch von den Eltern, die ihre Ruhe haben wollen. Schließlich ist das Wochenbett ja etwas sehr Intimes.

Aber es wäre besser, solche Hilfe anzunehmen und diesen Hilfebedarf auf lange Zeit zu sehen, um zu planen, wer was wann macht. Fachliche Hilfe, Haushaltshilfe, Entlastung für den Alltag, Unterstützung in den Phasen der Müdigkeit und Erschöpfung – das alles ist wichtig, damit die Eltern sich Ruhephasen gönnen und mal eine Stunde spazieren gehen oder schlafen können, während jemand anderes sich um das Kind kümmert.

Windeln wechseln oder das Baby zu baden ist vergleichsweise schnell gelernt. Lässt sich Mutterschaft ebenso lernen?

Mütterlichkeit ist bereits in uns angelegt. Aber indem aktiv Unterstützung gesucht wird, kann frau diese Rolle aktiv angehen. Wir haben in den vergangenen gut fünfzig Jahren mit der herkömmlichen Art der Geburtshilfe auch dazu beigetragen, Mütter zu verunsichern. Es war sicher gut gemeint, Schwangerenvorsorge anzubieten oder Geburten in die Kliniken zu verlagern. Aber wir sehen jetzt, mit einer Kaiserschnitt-Rate von dreißig Prozent, dass das nicht so richtig gefruchtet hat. Es wurden mehr Ängste geschürt als Sicherheit gegeben. Eltern möchten eine selbstbestimmte Geburt – und haben ein Recht darauf. Es ist aber nicht damit getan, ein Geburtshaus zu gründen oder eine Eins-zu-eins-Betreuung anzubieten. Das, was in drei bis vier Generationen versäumt wurde, wieder aufzuholen wird dauern. Bis Paare und vor allem Frauen wieder so viel Selbstsicherheit aufgebaut haben, dass sie sagen können: Ich schaffe das.

Ich bin jedes Mal erschrocken, wenn ich eine schwangere Frau frage, wie sie ihr Kind ernähren möchte. Die meisten antworten: »Ich möchte stillen, wenn es denn klappt.« Woher kommen diese Selbstzweifel? Über die Stillförderung und die »Baby friendly hospitals« haben wir es zwar geschafft, unglaublich viel Input zu geben, aber gleichzeitig haben wir viel zur Verunsicherung beigetragen. Was wir uns klarmachen müssen: Die Messlatte beim Stillen hängt deshalb so hoch, weil Fachleute das so festgelegt haben.

Was wäre denn die Alternative?

Mutter und Kind sollten im Kreißsaal einfach in Ruhe gelassen werden. Dann nämlich robbt das Kind etwa nach einer halben Stunde allein zur Brust und nuckelt. Stattdessen wird der Mutter das Kind an die Brust gelegt und das Bett hochgestellt für die übliche Stillposition, dann gibt es Hilfe beim Anlegen … Alles Teufelszeug! Warum lassen wir das Kind nicht selbst machen? Das wäre ein ganz anderes Erlebnis für die Frau. Wir müssen wieder lernen loszulassen. Wenn es dann nicht klappt, kann man immer noch eingreifen. Aber davon sind wir leider weit entfernt.

Guter Hoffnung zu sein sollte bedeuten, überzeugt zu sein, es aus eigener Kraft zu schaffen. Natürlich gibt es auch traurige Geschichten – Gebären ist nicht immer ungefährlich, es hat auch etwas Schicksalhaftes. Aber heute soll alles perfekt nach Plan und ohne Risiko ablaufen. Das fängt schon in der Schwangerschaft an: Da wird gemäkelt, dass das Kind ein bisschen zu klein sei, das Fruchtwasser ein bisschen zu viel, der Kopf ein bisschen zu groß. Auch die Ultraschalldiagnostik ist nicht nur Segen, sie hat uns auch viel Unsicherheit gebracht. Die Frage ist doch, was die Frauen wirklich brauchen.

Natürlich ist es nicht einfach, technischen Fortschritt rückgängig zu machen. Aber ich würde mir wünschen, mit hebammengeleiteten Konzepten wieder ein wenig mehr in die Gegenrichtung zu gehen. Wir sollten das »Guter-Hoffnung-Sein« wieder wörtlich nehmen. Und für die Eltern gilt: Was sich gut anfühlt, wird schon richtig sein. Richtig oder falsch – das ist Lernen. Für mich steht erst einmal das schöne Gefühl im Vordergrund, und damit die erfolgreiche Bewältigung negativer Gefühle – eine ausgewogene Balance im System.

Herzlichen Dank für das Gespräch!

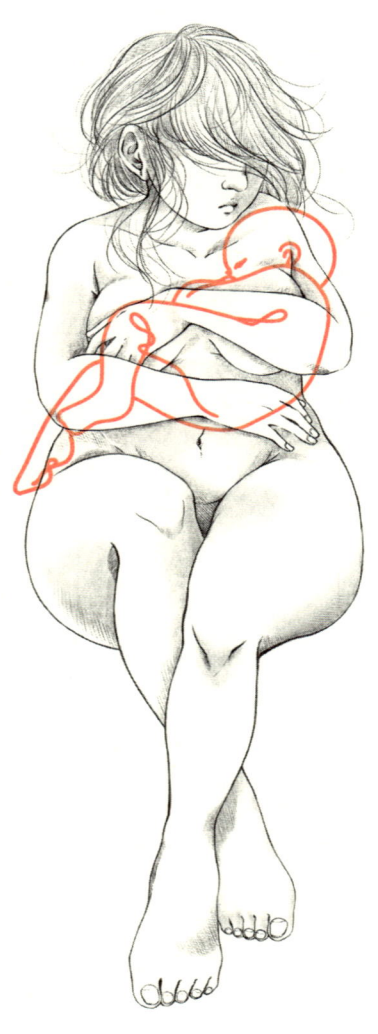

Kapitel 2

Elternsex

Fürsorgliche Mutter sein, sexy Partnerin bleiben – nur eine Wunschvorstellung?

Mein erstes Mal passierte ungefähr drei Monate nach der Geburt. Das erste Mal Sex als Mutter. Das erste Mal, nachdem sich mein Becken auseinandergeschoben, die Symphyse gelockert und mein Kind durch meinen Unterleib ans Licht der Welt geschraubt hatte.

Meine Erinnerungen daran sind nur noch schemenhaft, da es schon ein paar Jahre her ist. Ich weiß noch, dass mein Freund und ich danach beide irgendwie erleichtert waren. Ich lag auf dem Bett und hatte ein Gefühl von »Okay, es funktioniert alles noch und hat sich gar nicht mal so anders angefühlt als vor der Geburt«. Das war vorher eine meiner Sorgen gewesen: Könnte im Kreißsaal irgendetwas kaputtgehen, wodurch ich hinterher anders empfinde?

Mit der längeren Durststrecke waren wir als Paar keineswegs eine Ausnahme: In Studien zur postpartalen Sexualität wird ein ähnlicher Zeitraum genannt, in dem Paare, nachdem sie Eltern geworden sind, vorübergehend auf Geschlechtsverkehr verzichten.

Gründe dafür gibt es viele: Geburtsverletzungen, Schlaf- und Zeitmangel, Stress – auch der Alltag als Familie will mit einem Kind neu organisiert werden und kostet Nerven. Sexuell müssen sich Paare dann oft erst wieder neu finden. Lustlosigkeit bei Müttern kann mitunter hormonell bedingt sein, denn nach der Entbindung findet eine erhebliche Umstellung im Körper der Frau statt. Die Plazenta, die während der Schwangerschaft viele Hormone produziert hat, ist nicht mehr da. Der gestiegene Östrogenspiegel sinkt innerhalb der ersten drei Monate nach der Entbindung wieder auf das vorherige Niveau, auch daran muss sich der Körper erst wieder gewöhnen. Das Progesteron, das während der vorangegangenen Monate für eine ausgeglichene Stimmung gesorgt hatte, reguliert sich. Diese Umstellung führt zu Stimmungsschwankungen.

Hinzu kommt: Ich selbst fühlte mich schon in den letzten Wochen der Schwangerschaft selbst bei schummrigem Licht und trotz der für meine Verhältnisse üppigen Brüste nicht mehr so richtig sexy mit XXL-Bauch und dicken Wasserbeinen. Action im Bett war irgendwann auch deshalb ausgefallen, weil ich einfach nicht mehr beweglich war und schon bei geringer körperlicher Anstrengung aus der Puste kam. Das Kind drückte von unten auf die Lunge und von oben auf die Blase. Mein Bedarf in puncto Körper in Körper war damit gedeckt.

In der Zeit des sogenannten Wochenbetts hatte ich dann, wie die meisten Mütter, erst einmal andere Sorgen. Zum Beispiel, die dicken Einlagen korrekt in der Unterhose zu platzieren oder damit, dass das Stillen nicht so funktionierte, wie ich erwartet hatte. Außerdem zog unsere kleine Familie just in dieser Zeit für zwei Monate nach Australien. Dafür gab es einiges vorzubereiten, so dass vielleicht auch deshalb kaum Raum für Erotik blieb. Dazu war nachts plötzlich jemand Drittes mit im Schlafzimmer. In Down Under teilten wir drei sogar das Bett. Intimität als Paar? Fehlanzeige. Ich kenne Frauen, die wenige Wochen nach ihrer Entbindung wieder schwanger wurden. Wie es dazu überhaupt kommen kann, ist mir, ehrlich gesagt, ein Rätsel.

Bei uns dauerte es eben drei Monate. Und selbst zu dem Zeitpunkt war es von meiner Seite aus nicht hundertprozentig lustgetrieben, sondern zumindest ein wenig auch von dem Gedanken, dass das jetzt doch langsam mal wieder sein müsse. Und von Neugier darauf, wie es sich anfühlen würde. Das erste Mal nach einer Geburt ist etwas ganz Besonderes. Manche Mütter nennen es ihr »zweites erstes Mal«.

Kein Wunder, dass elterliche Paarbeziehung und Sexualität sogar Gegenstand internationaler Forschung sind. Wissenschaftlerinnen und Wissenschaftler am Universitätsklinikum Hamburg-Eppendorf untersuchten kürzlich im Rahmen der Studie »GeSiD – Gesundheit und Sexualität in Deutschland« Beziehungsqualität und Beziehungsnähe von Paaren mit und ohne Kinder. Über die Ergebnisse sagte mir die beteiligte Psychologin Laura Pietras, dass die Geburt eines Kindes zunächst »meist ein freudiges Ereignis« sei, »das sowohl für die Mutter als auch für den Vater Zuversicht und Zufriedenheit bedeutet«. Doch: »Nichtsdestotrotz wirken sich die außergewöhnlichen Anforderungen der Elternschaft allgegenwärtig auf die Beziehung der Eltern und das psychische Wohlbefinden des Einzelnen aus. Vor allem Paare, die zum ersten Mal Eltern werden, sehen sich mit der Notwendigkeit konfrontiert, ihr Familiensystem neu zu organisieren, indem sie zum Beispiel die Arbeits- und Haushaltszeiten neu aufteilen und somit ihre Rollen in Beruf und Familie neu definieren.« Die »überwältigende Verantwortung, die oft sehr begrenzte Zeit, die Belastung und Erschöpfung durch die Elternschaft wirken sich negativ auf die Beziehungszufriedenheit von Paaren aus«, so Pietras.

Auffällig ist, dass jüngere Kinder bis zum Alter von sechs Jahren insbesondere die Beziehungsqualität für die Mütter beeinflussen, während ältere Kinder zwischen sieben und siebzehn Jahren die der Väter negativ beeinflussen. Ein nicht zu unterschätzender Einflussfaktor für die elterliche Beziehung ist demnach die Frage nach der Rollenverteilung: »Die Betreuung von Kleinkindern kann die Ungleichheit zwischen den Partnern verschärfen. In Deutschland wird die Kinderbetreuung im Allgemeinen häufiger von Frauen übernommen. Dies wird möglich gemacht, indem sie öfter zu Hause bleiben, Elternzeit nehmen oder in Teilzeit arbeiten«, sagt Pietras.

Inwiefern sich die Sexualität dadurch verändert, wurde in der GeSiD-Studie noch nicht abschließend herausgearbeitet. Da verweist Pietras auf andere internationale Studien, wonach insbesondere kleine Kinder Einfluss auf die Sexualität ihrer Eltern haben. Wenig überraschend ist die Erkenntnis, dass es einfach weniger Situationen und Gelegenheiten gibt, die zu sexueller Aktivität führen könnten. Und: »Neben dem Mangel an Gelegenheiten, erhöhtem Stress und Müdigkeit, die sich auf die Sexualität auswirken, werden von Müttern und Vätern gleichermaßen häufig postpartale sexuelle Bedenken berichtet.« Bei den Vätern etwa die Angst, ihren Partnerinnen wehzutun, auch die Frauen sind oft unsicher, ab wann Sex wieder sein darf. Insgesamt führt das bei den Eltern in der Regel zu einer geringeren sexuellen Zufriedenheit im Vergleich zu der Zeit vor der Geburt des Kindes.

Meine Journalistinnen-Kollegin Verena Carl erklärt in ihrem *Eltern*-Ratgeber *Eltern sein, Paar bleiben* das unterschiedliche Herangehen: Demnach nutzen Männer Sex häufig als Ventil gegen Stress, während Stress bei Frauen eher das Gegenteil bewirkt und auf die Libido schlägt. »Beim Anblick des gemeinsamen Betts denken die Väter schon mal an ein lustvolles Stündchen, während die Mütter sich nur eines wünschen: endlich mal genug zu schlafen.« Denn der Schlafmangel sei ungleich verteilt, zitiert sie aus einer Studie der Universität Warwick von 2019: »In den ersten drei Monaten nach der Geburt eines Kindes schlafen Mütter im Schnitt etwa eine Stunde weniger pro Nacht, bei Vätern sind es nur dreizehn Minuten.«

Elternsex ist also nicht ganz unproblematisch. Man weiß nie so genau, wie lange einem das Baby Zeit lässt, bis es wieder schreit. Auch der Ort des Geschehens bekommt plötzlich eine andere Bedeutung: Sex im Schlafzimmer, obwohl dort auch das Kinderbettchen steht? Muttermilch nimmt keinerlei Rücksicht darauf, wer sich gerade an den Brüsten zu schaffen macht. Und auch die psychische Komponente spielt bei vielen Paaren eine Rolle: Beide müssen damit klarkommen, dass das Geschlecht der Frau vor kurzem der Geburtskanal für das Baby war.

Schon der Umstand, dass die Vagina während der Entbindung plötzlich einen anderen Namen bekommt und auf die Verbindung zwischen Gebärmutter und Außenwelt – und damit auf ihre Funktion in der Reproduktion – reduziert wird, irritiert. Es heißt, Sprache schafft Realität, und Geburtskanal klingt nun einmal nicht besonders erotisch. Vielleicht fällt es auch deshalb vielen Müttern so schwer, sich selbst wieder oder weiterhin als sexuelle Wesen wahrzunehmen.

Dazu hält sich hartnäckig der Mythos, die Vagina würde durch eine Geburt ausleiern. Tatsächlich haben Gynäkologinnen und Gynäkologen dafür keine Belege gefunden. Schon sechs Wochen nach der Entbindung ist kein Unterschied mehr zu erkennen, ob eine Frau eine sogenannte spontane Geburt hatte oder nicht. Eine Kaiserschnittnarbe braucht mehr Zeit, um abzuheilen, und ist zum Teil noch ein Jahr später überempfindlich bei Berührungen. Trotzdem gibt es US-amerikanische Kliniken, die mit dem Slogan »Save your love channel« für Wunschkaiserschnitte werben.

Ein erschlaffter Beckenboden hingegen kann sehr wohl für ein verändertes Lustempfinden verantwortlich sein – und für weitere Probleme im Alltag sorgen. Eine frühere Kollegin erwiderte mal auf meinen Vorschlag, man könne die nächste Team-Weihnachtsfeier doch in einem Trampolin-Haus verbringen: »Anne, ich habe drei Kinder geboren, Hüpfen ist nichts mehr für mich.« Erst später habe ich begriffen, was sie damit meinte: Beim Hüpfen wie auch beim Niesen, Husten oder Lachen verlieren manche Frauen, deren Beckenboden nicht trainiert ist, unabsichtlich ein paar Tropfen Urin.

Gerade nach Geburten, die lange dauern, oder wenn das Kind sehr schwer ist und schon in der Schwangerschaft den Beckenboden belastet hat, kann es zu Inkontinenz kommen. Um den Beckenboden zu stärken, gibt es spezielle Rückbildungsübungen (übrigens auch für Männer – denn auch ohne ein Kind zu gebären, kann man inkontinent werden). Da der Beckenboden auch beim Orgasmus eine Rolle spielt, lohnt sich dieses Training in jedem Fall. So sagt Gynäkologin und Bloggerin Sheila de Liz in einem ihrer Videos: »Die Frage nach dem Beckenboden ist immer auch eine sexuelle Frage.« Wer einen festen Beckenboden hat, spürt den Partner besser und kommt leichter zum Höhepunkt.

Mit meinem Beckenboden war alles in Ordnung. Mir fiel es aber tatsächlich schwer, mich selbst wieder als sexuelles Wesen wahrzunehmen. Dieser Teil von mir schien eine Zeitlang wie auf Eis gelegt zu sein. Als hätte mein Körper dafür neben dem Ernähren des Babys, dem ständigen Aufpassen, Windelnwechseln, meiner eigenen Heilung und dem Schlafmangel einfach keine Kapazität mehr übrig. Dazu kam, dass mein Bedarf an körperlicher Nähe durch den permanenten Kontakt mit meinem Sohn beim Füttern, auf dem Schoß und im Tragetuch zumindest im ersten Jahr oft übererfüllt war. Eine Freundin von mir drückte aus, was ich ebenfalls empfand: »Den ganzen Tag hängt jemand an mir dran, da habe ich überhaupt keine Lust mehr auf noch mehr Berührungen. Wenn das Baby schläft, bin ich froh, wenn ich meine Ruhe habe.«

Hinzu kam das Gefühl mangelnder Attraktivität. In den ersten Wochen nach der Entbindung fand ich es befremdlich, dass mein Bauch zwar leer, aber immer noch rundlich war: Den berühmten »Mummy Tummy«, wie ich später lernte, trug zwar damals zeitgleich auch die britische Herzogin Kate vor sich her. Nur, dass sie dabei besser frisiert und gekleidet war als ich. Da mein dicker Bauch ohne Baby nun keinen Zweck mehr erfüllte, kam er mir plötzlich eigenartig fremd vor. Wie soll man jemand anderem wieder nahekommen, wenn man sich selbst fern ist?

Meine Kollegin, die Berliner Journalistin und Bloggerin Tina Molin, wollte sich mit Mitte vierzig und nachdem sie Mutter geworden war, nicht mit ihrer »Libido im Vorruhestand« abfinden.

Auch weil sie den Druck ihres Partners spürte, der sich wieder ein Sexleben mit ihr wünschte, beschäftigte sie sich mit ihrer eigenen Weiblichkeit und Sexualität und schrieb darüber das Buch *Endlich wieder Lust auf Sex*.

Was sie erzählt, kennen viele Paare: »Nach der Geburt unserer Tochter war unser Sexleben zur Wüste geworden – einer großen, verarmten Steppe. Zuerst dachte ich: Das liegt am Kind, am Stillen und den schlaflosen Nächten. Als aber auch nach zwei Jahren noch ein Schild an meinem Unterleib baumelte: Empfängerin unbekannt verzogen, machte ich mich auf die Suche nach meiner Sexualität.« Tina probierte im Gegensatz zu mir alles Mögliche aus – neben Tantra-Massagen oder Kuschelpartys auch Dinge, von denen ich zuvor noch nie gehört hatte: eine spezielle Massage namens Zervix-De-Amouring zum Beispiel oder das angeblich Selbstheilungskräfte aktivierende Gebet Womb-Blessing.

Der Weg zurück zum erfüllten Sex, den sie beschreibt, klingt mitunter hart. Sie kam sich überfordert vor und wie eine Versagerin: »Ich fühle, dass ich nicht mehr ICH bin. Die Partysirene, die Abenteurerin, der Vamp.« Bunt, glitzernd, wild sei ihr Leben gewesen, bevor sie Mutter wurde. Drei Jahre hatte es gedauert, bis sie mit vierzig Jahren endlich schwanger wurde. »Jubel, Glück und Heiterkeit« habe sie damals für ihre Zukunft mit Kind gesehen. Doch als es da war, fühlte Tina sich nur noch müde, abgekämpft, taub und wie tot – »zumindest mein altes Ich«.

Auch sie durchlebte nach der Geburt ihres Kindes eine Identitätskrise. Sie sei »ein Mensch mit neuen Werten, Wünschen, Träumen, Ängsten und natürlich Sorgen« geworden. Sie habe diese Phase ähnlich wie die Pubertät empfunden, »die zwei bis drei Jahre andauerte«. In dieser Phase habe sie sich unter anderem gefragt, was sie als Mutter von ihren Eltern übernehmen und was sie anders machen wolle. »Wie integriere ich Freiheit und Abenteuer in meinen Alltag mit Kind und Kerl? Wie kreiere ich mir mit Kind ein erfülltes Berufsleben?« Ihre Fragen gehen an die Substanz und über den vielzitierten Spagat zwischen Baby und Sexyness hinaus. Um so frustrierender ihre Schlussfolgerung: »Leider gibt es kaum Raum, Fragen wie diese zu beantworten, schließlich muss ein Neugeborenes versorgt werden.«

Ein Problem, das auch ich spürte: Wie aus diesem dunklen Tunnel herausfinden, wenn ich gar keine Zeit habe, mich mit mir selbst zu beschäftigen? Sicher spielen Zweifel an der Attraktivität des eigenen Körpers eine große Rolle, wenn es um Sex geht – zumal, wenn dieser Körper kurz zuvor ein Kind entbunden hat. In den meisten Fällen – auch bei mir – scheint aber ein ganz anderer Körperteil für die Unsicherheit verantwortlich zu sein: der Kopf. Kulturell geprägte Attribute wie »mütterlich« und »sexy« passen einfach schlecht zueinander.

Natürlich haben manche Frauen auch Schmerzen durch Geburtsverletzungen oder schmerzliche Erinnerungen. Bei der Partnerin oder dem Partner können erschreckende Eindrücke aus dem Kreißsaal dabei stören, dass überhaupt eine erotische Stimmung entsteht. Und: Niemand muss Sex haben. Bei vielen Paaren gibt es – auch ohne Kinder – in langen Beziehungen Phasen, in denen mindestens einer einfach wenig oder sogar keine Lust auf den anderen hat. Wenn das für beide in Ordnung ist, ist das unproblematisch. Aber längst nicht immer verlaufen solche Phasen bei beiden Partnerinnen oder Partnern parallel.

Die Ursachen können unterschiedlich sein. Gewöhnung zum Beispiel, aber auch Stress oder gesundheitliche Probleme. Als ihr Kind sieben Monate alt war, erzählte mir eine Freundin in einem Mix aus Verwunderung, Ärger und Enttäuschung, dass sie »noch immer keinen Sex seit der Geburt gehabt« habe. Dabei fehlte es nicht an Gelegenheiten, auch verspürte sie Lust – aber ihr Partner nörgelte ständig an ihrer Figur herum. »Er sagt mir, mein Bauch sei zu schwabbelig, ich solle mehr Sport machen«, ärgerte sie sich. »Ich wünschte, er würde stattdessen mal anerkennen, was ich im Kreißsaal und in der Zeit danach geleistet habe.« Während er selbst schon vor dem Abziehen eines Pflasters Angst habe, nehme er das, was sie mit Schwangerschaft, Geburt und Stillzeit durchmache, als selbstverständlich wahr.

Mit der Elternschaft wird das ganze Leben plötzlich auf links gedreht – auch das Sexleben. Wenn, wie in den meisten heterosexuellen Beziehungen, die Mutter länger Elternzeit nimmt als der Vater und somit auch mehr Care- und weniger Erwerbsarbeit übernimmt, stecken plötzlich die emanzipiertesten Beziehungen wieder in der traditionellen Rollenverteilung fest. Edition F-Chefredakteurin Mareice Kaiser schreibt in ihrem Buch Das Unwohlsein der modernen Mutter: »Wir sind also auf dem Weg der sexuellen Befreiung von Müttern – aber es gibt noch einiges zu tun, zu schreiben und zu besprechen.« Die 1968er-Bewegung und ihr Slogan »Make love, not war« habe vor allem den Männern mehr Vielfalt gebracht. »Die hofften, mit der Überwindung der bigotten Prüderie ihrer Eltern die Gesellschaft grundlegend verändern zu können. Ganz im Sinne des Psychoanalytikers Wilhelm Reich, der überzeugt war, dass der sexuell unterdrückte Mensch anfälliger sei für den Faschismus. Für dieses vermeintlich antifaschistische Programm mussten Frauen zur Verfügung stehen, denn Wer zweimal mit derselben pennt, gehört schon zum Establishment.«

Damit wurde ein altes Rollenklischee durch ein neues ersetzt: die Frau, die allzeit bereit zu sein hat für den Mann, auch mit Kind. Was wie von gestern klingt, wird offenbar noch häufiger hinter geschlossenen Schlafzimmertüren gelebt als vermutet. »Männer haben von Natur eine stärkere Libido«, befand eine Freundin vor einiger Zeit an einem gemeinsamen Nachmittag. »Wir Frauen müssen eben öfter mal einfach die Beine breit machen, selbst wenn wir eigentlich gerade keine Lust haben.« Ich war sprachlos. Solche Worte aus dem Mund einer Frau, die sich vor und nach der Elternzeit erfolgreich in männlich geprägten Führungsstrukturen behauptet, die immer durch und durch selbstbewusst und emanzipiert auftritt? In der sexuellen Beziehung mit ihrem Mann lebte sie offenbar in Stereotypen längst vergangener Zeiten. Dass ihre eigenen Bedürfnisse in eine ganz andere Richtung gingen, konnte sie unter dem Deckmäntelchen der vermeintlich »naturgegebenen« Diskrepanz zwischen weiblicher und männlicher Lust überhaupt nicht mehr zugeben.

Mich schockierte das nachhaltig, weil ich in einer Familie aufgewachsen bin, in der Gleichberechtigung wie auch Nacktheit selbstverständlich waren. Meine Mutter und mein Vater wären höchst irritiert, würde ich derartige Behauptungen aufstellen. Ich erinnere mich an Urlaube am FKK-Strand, in denen wir wie Gott (oder wer auch immer) uns geschaffen hatte, Federball spielten. Statt uns mit Handtüchern abzutrocknen, liefen wir uns nach dem Baden in der kalten Nordsee kreischend in den Dünen trocken. Zu Hause war das Badezimmer meiner Kindheit ein Ort der zwanglosen Zusammenkunft: Während mein jüngerer Bruder auf der Toilette saß, lungerte ich daneben, um mit ihm Comichefte anzuschauen, während meine Mutter in der Badewanne lag. Abgeschlossene Türen gab es nicht, es wünschte sie sich auch niemand.

Das Recht auf eine selbstbestimmte Sexualität war allgegenwärtig. Im Bekanntenkreis meiner Mutter gab es ein Paar, das BDSM (steht für Bondage, Discipline, Dominance and Submission, Sadism and Masochism – wir nannten es einfach Sadomaso) praktizierte und damit offen umging. Bei einer Feier führten sie stolz durch ihren frisch renovierten, extra für ihre Leidenschaft ausgebauten Keller, in dem diverse Peitschen und Ketten von den Wänden hingen.

Nach der frühen Trennung meiner Eltern hatten beide, meine Mutter und mein Vater, immer mal neue Partnerschaften. Auch das schien mir irgendwann normal. Freunde der Familie wiederum lebten selbstverständlich und ohne dass dies extra thematisiert wurde, homosexuell. Ich wuchs also in der Gewissheit auf, dass die Welt bunt, die Bedürfnisse der Menschen unterschiedlich und Liebe und Sexualität individuell sind – aber eben immer freiwillig und selbstbestimmt. Mittlerweile sind meine Eltern um die siebzig Jahre alt, und auch »Sex im Alter« ist bei ihnen kein Tabu.

Ich glaube, beim Sex gilt wie im ganzen Leben: Je besser wir uns selbst, unseren eigenen Körper kennen und auf die Zeichen, die er uns sendet, hören, desto eher wissen wir, was uns guttut. Ausgiebig an sich selbst zu üben, die eigene Sexualität zu entdecken, ist unabdingbar für guten Sex – und für ein gesundes Leben. Die Weltgesundheitsorganisation (WHO) definiert sexuelle Gesundheit etwas hölzern als »untrennbar mit Gesundheit insgesamt, mit Wohlbefinden und Lebensqualität verbunden. Sie ist ein Zustand des körperlichen, emotionalen, mentalen und sozialen Wohlbefindens in Bezug auf die Sexualität und nicht nur das Fehlen von Krankheit, Funktionsstörungen oder Gebrechen.« Neben sexueller Selbstbestimmung, sexueller Bildung, sexueller Zufriedenheit und Wohlbefinden umfasst sexuelle Gesundheit demnach auch die Möglichkeit, eine sexuelle Identität zu entwickeln und zu leben. So hat es das Robert Koch-Institut (RKI) in einem aktuellen Bericht zur gesundheitlichen Lage der Frauen in Deutschland festgehalten.

Im selben Bericht haben die Wissenschaftlerinnen und Wissenschaftler die Sexualität der Menschen in Deutschland statistisch heruntergebrochen: Demnach findet Sex überwiegend in festen Partnerschaften statt. »Die Häufigkeit des Geschlechtsverkehrs sinkt in den ersten sechs Beziehungsjahren deutlich ab und bleibt dann in den folgenden fünfzehn Beziehungsjahren relativ stabil.« Bei heterosexuellen Paaren haben Frauen und Männer anfangs ein gleich starkes Verlangen nach Sexualität und Zärtlichkeit. Sind sie länger zusammen, ist der Wunsch nach Sexualität bei Männern größer als bei ihren Partnerinnen, der nach Zärtlichkeit jedoch bei den Frauen stärker.

So weit, so banal. Erschreckend finde ich andere Erkenntnisse der Studie: Zum Beispiel die, dass auch sechzig Jahre nach der sexuellen Revolution für Frauen und Männer unterschiedliche moralische Maßstäbe gelten. Vorehelicher Geschlechtsverkehr und Sex außerhalb von festen Beziehungen werde bei Frauen anders beurteilt als bei Männern. Ein Großteil der Menschen scheint nach wie vor die Wahrnehmung zu haben, »dass das gesellschaftliche Wertesystem viele wechselnde Partnerschaften bei Männern eher toleriert als bei Frauen. Zudem wird Männern ein stärkerer, aktiver Drang zur Sexualität zugeschrieben, während Frauen als eher passiv angesehen werden, die auf den Wunsch der Männer reagieren.« Dieser Doppelstandard führe dazu, dass Frauen sich mitunter nicht trauen, im Bett ihre Wünsche zu äußern, sich unterordnen – und »dass Frauen seltener als Männer davon berichten, während sexueller Aktivitäten einen Orgasmus zu bekommen«. So gesehen wäre die Freundin von mir, die bei ihrem Mann regelmäßig die Beine breit macht, keine Ausnahme.

Schlussendlich muss natürlich jedes Paar selbst entscheiden, wie es mit dem Thema Sex nach der Geburt umgeht. Mir halfen solche Studien, aber vor allem Gespräche im Freundeskreis, um mich mit anderen zu vergleichen und am Ende zu merken: Ich bin kein Freak. Was ich empfinde, ist ganz normal, es geht auch anderen so.

Verschobene Körperbilder

Wer den gängigen Schönheitsidealen nicht entspricht, kann die Möglichkeiten plastischer Chirurgie und minimalinvasiver Eingriffe in Anspruch nehmen – oder soll über die vermeintlichen Mängel hinwegsehen und sich stattdessen wenigstens selbst lieben. »Body Positivity«, so die gängige Meinung, ist das neue Allheilmittel gegen dicke Oberschenkel, pickelige Haut oder dünnes Haar: »Ich bin in Ordnung, so wie ich bin, mit all meinen Fehlern.« Was theoretisch eine hehre Idee ist, weil sich diese Einstellung gegen Diskriminierung, für Diversität und Selbstakzeptanz einsetzt, verkommt in der Praxis der sozialen Medien allzu häufig zu einem weiteren Genre der Selbst-Objektifizierung. Denn wieder mal steht der Körper im Vordergrund, und wieder sind es überwiegend Frauen, die sich auf Instagram und Co halbnackt präsentieren – nur mit anderen Hashtags. Warum ist das so? Haben wir nicht viel mehr zu bieten?

Auf der anderen Seite muss man differenzieren. Wenn eine Influencerin, die auch als Model arbeitet, sich ohne Make-up fotografiert und das mit dem Hinweis auf Body Positivity postet, wirkt das im ersten Moment eher bigott, weil sie auch ohne Schminke besser aussieht als andere mit. Jemand wie die Feministin und »Body-Image-Aktivistin« Melodie Michelberger hingegen, die ihren Followerinnen und Followern regelmäßig Bikinifotos ihrer üppigen Rundungen präsentiert, kann bei ihrer Reichweite tatsächlich für eine andere Wahrnehmung davon sorgen, was als schön gilt. Sie sagt:»Dein Körper ist mehr als eine Aneinanderreihung von Problemzonen. Dicksein ist nichts Schlimmes. Warte nicht darauf, dünn zu sein, um mit dem schönen Leben zu beginnen.«

Sie hat so Recht. Denn für meinen Geschmack lässt sich das »Dünnsein« austauschen durch alle möglichen anderen äußerlichen Attribute. Andererseits: Die Menschen sind unterschiedlich, und nur, weil ich finde, jemand sieht auch ohne Make-up fantastisch aus, kann es für diesen Menschen selbst ein Riesenschritt mit viel Überwindungskraft sein, sich so zu zeigen.

Auch ich habe immer wieder Phasen, in denen ich mich so wenig vorzeigbar fühle, dass ich Kontakt zu anderen Leuten vermeide und nur, wenn es wirklich nicht anders geht, das Haus verlasse. Dafür hat mich meine beste Freundin schon mehrfach gescholten und konnte es anfangs, als ich mich ihr offenbart habe, kaum glauben. Denn was sie sieht, wenn sie mich anschaut, sind lange Beine und ein fröhliches Lachen. Was ich an manchen Tagen im Spiegel sehe, sind fahle Haut und ein einfach nicht tageslichttaugliches Gesicht. Wir sollten also nicht vom Äußeren auf das Innere schließen: Hinter einem schlanken Körper oder einem umwerfenden Lächeln können große Selbstzweifel schlummern.

Trotzdem verbinden wir mit Schönheit ein gutes Leben. Der Druck, attraktiv zu sein, ist groß. Immerhin haben attraktive Menschen beruflich und in der Liebe mehr Erfolg, sie haben laut US-Studien sogar größere Chancen, in ein politisches Amt gewählt zu werden. Wenn sich aber Millionen Frauen ohnehin schon nicht hübsch genug fühlen – was macht das mit ihrem Selbstbild, wenn sie Mutter werden?

Eine Langzeitbeobachtung der Universität Tilburg in den Niederlanden mit fünfundachtzigtausend Frauen in Norwegen kam zu dem Ergebnis, dass das Selbstwertgefühl sinkt, sobald Frauen Mutter werden. Grund dafür waren der Untersuchung zufolge nicht nur die sichtbaren Veränderungen des Körpers, sondern auch soziale Veränderungen, Beziehungsprobleme und immer wieder chronischer Schlafmangel.

Überraschend war für mich, dass sich mit der Geburt eines Kindes nicht nur die Figur wandelt. Die Amerikanerin Abigail Tucker hat ein Buch über die biologischen Veränderungen geschrieben, die sich vor allem im Gehirn abspielen. Laut ihren Recherchen verloren Frauen bis zu sieben Prozent ihrer Gehirnzellen, wenn sie ein Kind zur Welt gebracht hatten. Andere Studien kamen zu einem genau gegenteiligen Ergebnis: Mit der Geburt wachsen die Gehirne der Mütter. So oder so – meine Freundinnen aus der Krabbelgruppe und ich nannten es damals scherzhaft »Stilldemenz«, wenn wir mal wieder Wortfindungsstörungen hatten oder uns einfach nicht auf komplexere Themen als Windeln und Brei konzentrieren konnten.

Tröstlich mag sein, dass auch positive biologische Veränderungen passieren: Mütter können Gesichter besser lesen, auch Farben und Geräusche werden besser wahrgenommen, schreibt Tucker. Evolutionsgeschichtlich ist das durchaus sinnvoll. Schließlich mussten die Steinzeitfrauen ihre Kinder gegen Säbelzahntiger oder

Höhlenbären beschützen. In einem Interview vom Juni 2021 mit der *Berliner Zeitung* sagte Tucker, sie sei der Ansicht, dass das Gehirn das wichtigste Organ für das Kinderkriegen ist. »Dein Körper bekommt das Kind, aber dein Gehirn sorgt dafür, dass du den Antrieb hast, dich um dieses Kind zu kümmern.« Wie genau dieses Kümmern aussieht, sei kulturell unterschiedlich. Weltweit gleich sei die Motivation. Und die müsse aus dem Gehirn kommen.

Wer wie ich nie ernsthaft krank war, beschäftigt sich vielleicht zum ersten Mal intensiv mit dem eigenen Körper, seinen Funktionen und Unzulänglichkeiten, wenn ein Kinderwunsch da ist. Ich selbst habe mich damals zum Beispiel erstmals in meinem Leben mit meinem Zyklus auseinandergesetzt. Nachdem ich zwei Jahrzehnte lang die Antibabypille genommen und teilweise meine Periode komplett unterdrückt hatte, musste ich erst einmal herausfinden, wie lange mein natürlicher Zyklus überhaupt dauert, wie viele Tage ich meine Periode habe und wann mein Eisprung ist. Zum ersten Mal in meinem Leben waren diese Informationen relevant.

Seit ich darüber Bescheid weiß und auf jegliche Veränderung achte, spüre ich in manchen Monaten sogar, an welchem Eileiter mein Eisprung passiert. Auch zeigten sich mit der Zeit regelmäßig wiederkehrende Symptome wie etwa schlechte Laune, Kopfschmerzen, Blähbauchgefühl und Heißhunger auf Süßigkeiten. Der weibliche Zyklus ist ein spannendes Thema, wenn man sich damit näher beschäftigt. Leider wird er bislang – außer in der Gynäkologie und der Reproduktionsmedizin – kaum beachtet.

Überhaupt ist die sogenannte Gendermedizin in Deutschland eine vergleichsweise junge Wissenschaft. Von einem spezialisierten »Office on Women's Health« innerhalb der Zulassungsbehörde für Medikamente, das beispielsweise in den USA schon 1991 eingerichtet wurde, ist man hierzulande noch weit entfernt. Immerhin ist mittlerweile bekannt, dass manche Krankheitsbilder – beispielsweise Herzinfarkte – bei Frauen andere Symptome zeigen als bei Männern und dass viele Medikamente bei Frauen anders wirken. Letzteres liegt unter anderem am durchschnittlich geringeren Körpergewicht sowie an der unterschiedlichen Ausstattung von Leber und Nieren. Dazu spielen Körperfettanteil, körpereigene Hormone und Botenstoffe eine Rolle. Frauen leiden bei Medikamenten auch öfter an Nebenwirkungen. Das leuchtet ein, denn neue Medikamente werden bislang überwiegend an Männern getestet.

Menstruationsaktivistinnen wie die Berlinerin Franka Frei setzen sich dafür ein, dass der weibliche Zyklus stärker in allen Lebensbereichen und nicht nur in der Medizin berücksichtigt wird. Sie hält Vorträge und veranstaltet Workshops, außerdem hat sie ein Buch über das Thema geschrieben. Ihre Mission ist, die Periode mehr in die öffentliche Wahrnehmung zu rücken, um zu zeigen, dass sich niemand dafür schämen muss. Wie Franka Frei mir in einem Interview erklärte, sei ihrer Ansicht nach nicht das Blut selbst das Problem, »sondern es ist die Körperöffnung, aus der es kommt«.

Für sie hat die Periode eine politische Dimension: »Wir können am offenen Herzen operieren, Lebewesen klonen. Aber Krankheiten, die Frauen betreffen – wie Endometriose –, sind erschreckend schlecht erforscht, was auch damit zu tun hat, dass Regelschmerzen selbst von vielen Ärztinnen nicht ernst genommen werden. Der Zyklus wird bei der Erforschung von Krankheiten, Therapien und Medikamenten sowie in der Diagnostik viel zu selten mitgedacht. Das hat wenig mit einer gleichberechtigten Gesellschaft zu tun.«

Ich habe 1996 Abitur gemacht und in meiner Schulzeit alle Facetten weiblicher Diskriminierung kennen gelernt. Ich habe erlebt, wie ein Lehrer mir wie selbstverständlich, »aus Scherz«, auf den Po klatschte und ein anderer im Sportunterricht über Mädchen lästerte, die seiner Meinung nach »zu unengagiert« mitmachten, sie hätten wohl ihre Tage. Solche Sätze waren herabwürdigend gemeint, und genau so fühlten sie sich auch an. »Die Tage«

zu haben machte uns Mädchen schwächlich und in den Augen anderer beinahe schon nicht mehr ganz zurechnungsfähig.

Mich ärgert es, dass der weibliche Zyklus – wie auch die Selbstzweifel in Bezug auf den eigenen Körper – vor allem als wirtschaftliche Faktoren interessant zu sein scheinen. Der Markt für Periodenprodukte boomt genauso wie der für Anti-Aging- und Schönheitsprodukte. Statt beispielsweise mal etwas Sinnvolles zu erfinden, das den immensen Klopapierverbrauch der gesamten Menschheit verringern könnte, wurden gerade in der letzten Zeit ausschließlich Personen mit Uterus für ihren angeblich überbordenden Verbrauch an Tampons und Binden als große Umweltsünderinnen gebrandmarkt. Tatsächlich ging es bei diesen Produkten wohl weniger um Umweltschutz, sondern darum, ein vorher nicht vorhandenes Konsumbedürfnis zu wecken und viele neue, angeblich weniger umweltschädliche, dafür aber sehr teure Produkte zu kaufen.

Ich verweigere mich solchen Strategien und kaufe mir alle zwei bis drei Monate eine neue Tampon-Packung. Das Gefühl, damit ein relevanter Faktor in der globalen Klimakrise zu sein, will ich mir nicht aneignen. Um es zu wiederholen: Man bedenke im Vergleich die Tonnen an Klopapier, die jeden Tag durch die Abwasserrohre dieser Welt gespült werden, für die Bäume gefällt und die in Plastikfolie verpackt werden. Innovation auf dem Pipi-Kacka-Markt wäre ein echter Fortschritt, der nicht ausschließlich Frauen für ihre Periode anschwärzt.

Meine postnatalen Veränderungen waren nach Empfängnis und Zyklus sowie neun Monaten Schwangerschaft ein weiterer Anlass, mich eingehender mit meinem eigenen Körper zu beschäftigen. Woher der sogenannte Wochenfluss kommt, war mir wie schon gesagt bis dato nicht bewusst. Das interessiert natürlich auch wenig, wenn es einen nicht selbst betrifft. Irgendwie hatte ich mir vorgestellt, dass Frauen nach der Geburt bluten, weil ihre Scheide verletzt ist. In Wirklichkeit klafft in der Gebärmutter nach dem Abgang der Plazenta eine große Wunde, die erst verheilen muss.

Eine Freundin erzählte mir nach ein paar Gläsern Wein, dass sie sich »untenherum« seit der Geburt ihrer Kinder hässlich finde. Sie habe den Eindruck, dass ihre inneren Vulvalippen weiter heraushingen als vorher, und überlege, sich operieren zu lassen. Für mich war so eine OP eine beängstigende Vorstellung – vor allem deshalb, weil diese Körperregion so empfindlich ist. Selbst eine neue Nase stellte ich mir weniger schmerzhaft vor. Was, wenn sie danach beim Sex weniger spüren würde? Wäre es das wirklich wert? Im Gegensatz zur Nase würde bei der Vulva ja gerade mal ihr Partner in den Genuss des neuen Antlitzes kommen.

Außerdem sieht die Vulva – wie jeder andere Körperteil – bei jeder Frau nun einmal anders aus. Dennoch haben viele eine genaue Vorstellung davon, was schön ist und was nicht. Diese Bilder mögen einerseits von Pornos geprägt sein. Andererseits wird über das weibliche Geschlechtsorgan wenig bis gar nicht gesprochen, selbst im Sexualkundeunterricht nicht. Darum fehlt auch an dieser Stelle anatomisches Basiswissen. Das fängt schon damit an, dass viele Menschen den Unterschied zwischen Vagina und Vulva nicht kennen. Ich selbst könnte immer noch nicht sicher sagen, wo genau sich mein Harnausgang befindet. Im Gegensatz zu Männern können wir Frauen unser Geschlecht nur mit etwas Mühe und einem Handspiegel anschauen. Auch Scham spielt eine große Rolle.

Die britische Krebshilfeorganisation The Eve Appeal veröffentlichte 2016 eine Umfrage, nach der fünfundsechzig Prozent der Frauen zwischen sechzehn und fünfundzwanzig Jahren zugaben, es selbst im Zusammenhang mit gynäkologischen Themen peinlich zu finden, die Worte Vagina oder Vulva zu benutzen, fast vierzig Prozent nutzten stattdessen lieber mehr oder weniger alberne Codenamen. Lediglich die Hälfte der befragten Frauen zwischen sechsunszwanzig und fünfunddreißig Jahren konnte anhand eines Modells genau lokalisieren, wo sich die Vagina befindet. Immerhin: Ältere Frauen zwischen sechsundsechzig und fünfundsiebzig wussten in diesem Punkt besser Bescheid.

Die Ergebnisse stehen in krassem Gegensatz zu dem allgemeinen – und auch von den in der Studie befragten Frauen geteilten – Eindruck, junge Menschen würden heute viel offener über Sexualität sprechen als frühere Generationen. Zu dem gleichen Schluss kam auch die Organisation The Eve Appeal und warnte in dem Zusammenhang: Wer wenig über Geschlechtsmerkmale und -funktionen weiß, bemerkt eventuell auch krankhafte und bösartige Veränderungen nicht rechtzeitig oder traut sich nicht, beim Gynäkologen nachzufragen.

Immerhin: Die Hälfte der befragten Frauen spricht zumindest mit Freundinnen über solche Themen. Auch in meinem eigenen Freundeskreis gibt es kaum Tabus. Meine engen Freundinnen und ich wissen so gut wie alles voneinander – egal, ob es um sexuelle Vorlieben, skurrile Bettgeschichten oder Geschlechtskrankheiten geht. Für mich ist das selbstverständlich: Frau muss sich für nichts schämen. Nacktsein ist auch kein Thema: Die meisten kennen sich ohne alles, vom Umziehen zum Beispiel oder aus der Sauna. Nur einen Vulva-Vergleich haben wir noch nie veranstaltet. Von Männern kenne ich da andere Erfahrungsberichte ...

Erschreckend bleibt für mich die Erkenntnis, dass offenbar selbst denjenigen, die aufgrund ihres Berufes Bescheid wissen sollten, häufig genaueres Wissen rund um das weibliche Geschlecht fehlt. Dieser Eindruck drängt sich jedenfalls all jenen auf, die die Fernsehdokumentation *Vulva und Vagina – neue Einblicke in die weibliche Lust* von Filmemacherin Denise Dismer gesehen haben. Demnach werden an vielen Hochschulen immer noch überholte Standardwerke der Anatomie mit falschen Darstellungen des weiblichen Geschlechts genutzt. Auch viele Biologielehrkräfte arbeiten offenbar seit Jahrzehnten im schulischen Sexualkundeunterricht damit. Das bleibt natürlich nicht ohne Auswirkungen.

2018 wurde im schweizerischen Luzern die bis dahin größte »Vulva-Studie« der Welt publiziert. (Eine Doku dazu findet sich bei YouTube unter »Vulva und Vagina – Neue Einblicke in die weibliche Lust«.) Das erschreckende Ergebnis: Weniger als dreißig Prozent der Frauen wussten, was mit »Vulva« gemeint ist. Für die Studie wurden die äußeren Geschlechtsmerkmale von Frauen vermessen. Der Studienleiter, Gynäkologe Andreas Günther, fasst in der Dokumentation die Ergebnisse wie folgt zusammen: »Die Variation ist erheblich und Asymmetrie normal.« Der Mensch sei nun einmal nicht symmetrisch, weder am Kopf noch am Unterleib. Um kurz auf meine mit ihrem »untenherum« unzufriedene Freundin zurückzukommen: Ich werde ihr den Link zur Doku schicken, vielleicht verzichtet sie dann auf die Operation. Ich würde es mir – und vor allen Dingen ihr – wünschen.

Aber Tatsache ist: Der Optimierungswahn macht auch vor den Geschlechtsteilen nicht halt. Während die plastische Chirurgie auf diesem Gebiet ursprünglich vor allem der weiblichen Klitoris-Rekonstruktion nach Genitalverstümmelungen diente, werden jetzt Operationen aus rein ästhetischen Gründen immer populärer. Laut der Vereinigung der Deutschen Ästhetisch-Plastischen Chirurgen (VDÄPC) fallen 2,8 Prozent aller Schönheitsoperationen in den Bereich der Intimchirurgie. In den meisten Fällen werden die inneren Vulvalippen verkleinert, aber auch innere Vaginalstraffungen sind mittlerweile möglich.

Ob solche OPs wirklich nötig sind, sei dahingestellt. Riskant sind sie allemal. Schon 2009 erschien im *Ärzteblatt* ein Artikel zu dem »gefährlichen Trend«, der als Grund für den Boom »die zunehmende Darstellung voll- oder teilrasierter weiblicher Genitalien in den Medien« nannte. Klingt einleuchtend: Wo nichts mehr unter Haaren versteckt wird, kann stärker verglichen werden.

In dem Artikel heißt es weiter: »Durch die vermehrte mediale Darstellung nackter weiblicher Genitalien in Magazinen, Filmen und im Internet wurde die öffentliche Aufmerksamkeit auf diesen bisher weitgehend privaten Körperbereich gerichtet. Dies prägte ein Schönheitsideal für den Intimbereich, das der allgemeinen Schönheitsnorm von Jugendlichkeit folgt: Gefragt ist ein Genital, das wie das eines jungen Mädchens aussieht und der Oberseite eines Brötchens gleicht, wobei die äußeren Schamlippen die inneren verdecken und die Schamlippen in engen Tangas oder Bikinihöschen nicht auftragen sollen. In Lifestylemagazinen werden die inneren Schamlippen oft kaschiert oder geschönt abgebildet. Diese Darstellungen dienen jedoch vielen Frauen als Vergleichsmaßstab. Auch dürften tradierte kulturelle Vorstellungen und Vorurteile eine Rolle spielen, die vergrößerte Schamlippen als eine Folge übermäßigen Geschlechtstriebs und der Masturbation stigmatisieren.« In dem Artikel wird ergänzend eine internationale Studie zitiert, nach der die Mehrheit aller Frauen Bedenken hinsichtlich des Aussehens ihrer Genitalien hat. Wie sich diese Unzufriedenheit auf die Sexualität auswirken kann, hat ein US-Forscherteam 2018 untersucht: Die Expertinnen und Experten kamen zu dem Ergebnis, dass Frauen umso mehr Sex hatten, je zufriedener sie mit dem Aussehen ihrer Geschlechtsorgane waren. Was im Umkehrschluss bedeutet, dass die mit ihrem Intim-Anblick unzufriedenen Frauen im Allgemeinen vermutlich ein weniger intensives Sexleben haben.

Als wäre das nicht traurig genug, propagieren Anbieter die kosmetische Genitalchirurgie sogar als Mittel zur Verbesserung des Lustempfindens. Doch »die Risiken werden dabei in der Regel bagatellisiert«, heißt es weiter in dem Artikel. Komplikationen könnten »schwerwiegende Funktions- und Empfindungseinschränkungen« zur Folge haben. Auch stecke hinter dem Wunsch nach einem anderen Aussehen manchmal eine psychische Erkrankung, die natürlich nicht auf dem Operationstisch behandelt werden kann.

Neben dem vermeintlichen Intim-Ideal haben die meisten Frauen ihre persönlichen Vorstellungen darüber, wie ein schönes

Dekolleté, die Taille und der Po auszusehen haben. Schwangerschaften und die Geburt eines Kindes zählen da nicht als Ausrede für eine vermeintlich vermurkste Figur. Das Problem dabei: Wir werden Mutter und parallel dazu auch noch älter. In Bezug auf meinen Körper kann ich mir also gar nicht sicher sein, ob meine Falten, Augenringe und der Schwabbelbauch etwas mit Schwangerschaft und Kind zu tun haben, ob es daran liegt, dass ich zu wenig Zeit für Sport habe – oder einfach daran, dass ich älter geworden bin. Unbeantwortet bleibt auch die Frage: Geht das wieder weg, oder muss das jetzt so sein?

Offenbar ist die Unzufriedenheit mit dem eigenen Körper etwas typisch Weibliches und hat noch nicht einmal etwas mit Mutterschaft zu tun. Die meisten Frauen sind unzufrieden mit der Größe ihrer Brüste. Ob zu groß oder zu klein – laut dem Fachblatt *Body Image* hat nur etwa jede dritte Frau nichts an ihrem Busen auszusetzen. Nach Zahlen der Vereinigung der Deutschen Ästhetisch-Plastischen Chirurgen (VDÄPC) liegt die Brustvergrößerung darum hierzulande auf Platz eins der Schönheitsoperationen, auf Platz zwei folgt Fettabsaugung.

Meine ganz persönlichen Prioritäten sehen ganz anders aus. Aktuell bin ich einfach froh darüber, überhaupt Brüste zu haben. Vor einiger Zeit ertastete ich einen Knoten in meiner rechten Brust. Nach einem Anruf bei meiner Gynäkologin wurde ich gleich für den darauffolgenden Tag in ihre Praxis bestellt. Sie tastete auch noch einmal mit ihren Händen und per Ultraschall und machte ein besorgtes Gesicht. Ein paar Wochen später wurde im Krankenhaus eine Biopsie gemacht. Diese als »Stanzprobe« bezeichnete genauere Untersuchung war dann am Ende weniger angsteinflößend als befürchtet. Angenehm war die Prozedur natürlich nicht, zumal die Angst vor dem Fünf-Buchstaben-Befund Krebs allgegenwärtig war.

In den darauffolgenden Wochen konnte ich an kaum etwas anderes denken. Als ich einmal auf dem Fahrrad einer Gruppe junger Menschen ausweichen musste, war ich kurz davor zu rufen: »Lasst mich durch, ich habe vielleicht Brustkrebs!« Ich malte mir schon aus, was ich unbedingt noch erleben wollte, begann, eine Art Bucket-List zu schreiben. Inzwischen ist der Tumor raus, und glücklicherweise stand sofort nach der Operation fest, dass es kein Krebs war.

Die Lehre daraus könnte sein: Lieber ein kleiner, großer oder asymmetrischer Busen als gar keiner. Selbst Frauen, die weniger Glück haben als ich und denen eine Brust abgenommen werden muss, können lernen, ihren veränderten Körper anzunehmen und schön zu finden. Denn das hat – vor allem und wieder einmal – mehr mit unserem Kopf zu tun als mit unseren Rundungen selbst.

Interview mit der Sexologin Hanna Krohn

Hanna Krohn ist Sexologin und Gesundheitspraktikerin für weibliche Sexualität in Ahrensburg, nordöstlich von Hamburg. Wir haben gemeinsame Bekannte, kannten uns vorher aber nicht. Das Interview haben wir bei ihr in der Praxis geführt. Während des Gesprächs wanderte mein Blick immer wieder zu dem Regal hinter ihr – dort stehen verschiedene Zeichnungen von Geschlechtsorganen, ein Glaskorpus mit Vagina, Vulven aus Samt und Penisse aus Harz. Hanna Krohn ist zweiundfünfzig Jahre alt und hat drei Kinder.

Hanna, du hast dich auf die weibliche Sexualität spezialisiert. Sprechen nicht Frauen ohnehin untereinander sehr viel detailreicher über Sex als Männer?

Mein Eindruck ist, dass Männer und Frauen sich untereinander zwar darüber austauschen, ob sie Sex haben oder nicht. Aber sobald es um Probleme geht, ist da eine große Scham. Über Probleme wird mit Freundinnen und Freunden offenbar wenig gesprochen.

Das ist schade. Oft hilft es ja schon, sich mitzuteilen.
Das denke ich auch. Aber ich glaube, dass vielen Wörter und Sprache dafür fehlen. Sie haben nicht gelernt, die Dinge zu benennen. Vielen fehlt auch das Wissen um den Körper und seine Funktionen. Zu mir kommen zum Beispiel Frauen um die sechzig in die Praxis, die noch nie etwas von der Vulva gehört haben. Viele haben ihr Geschlechtsteil auch noch nie selbst mit einem Spiegel betrachtet. Kürzlich war eine Klientin hier, die hat mit mir gemeinsam zum ersten Mal ihr eigenes Genital angeschaut. Das war für sie ein sehr bewegender Moment, weil viele verschiedene Gefühle hochkamen.

Warum bietest du solche Spiegelsitzungen an?
Letztendlich ist das eine Form der sexuellen Spätererziehung, die wir eigentlich als Kinder hätten haben sollen. Aber viele Eltern nehmen es mit der Aufklärung nicht so genau, weil große Schamgefühle sie daran hindern. Im Sexualkundeunterricht in der Schule wird ebenfalls kaum über das weibliche Geschlecht gesprochen, da geht es eher um Reproduktion oder Verhütung. Während Männer durch Selbsterfahrung lernen, was sie erregt, nehmen viele Frauen das gar nicht wahr. Da ein Großteil des Genitals bei Frauen innen liegt, ist es auch nicht so einfach zu sehen, wo sich was befindet. Vielleicht gibt es auch deshalb dieses große Mysterium. Die Vulva sieht bei jeder Frau anders aus, von der Klitoris ist nur ein kleiner Teil zu sehen, der G-Punkt ist überhaupt nicht von außen zu erkennen. Ich biete meinen Klientinnen darum auch an, mit einem Spekulum nach drinnen zu schauen.

Dieses Instrument benutzen Frauenärztinnen und -ärzte ja normalerweise bei Untersuchungen, und es ist für manche Frauen eher mit unangenehmen Gefühlen verbunden.
Vielleicht weil damit auch die Angst vor Krankheiten assoziiert wird. So ein Spekulum gibt es aus Metall, aber auch als Einwegprodukt aus Plexiglas. Ich selbst habe das bei mir in meiner Aus-

bildung benutzt und fand es phänomenal. Mir stellte sich damals die Frage: Ich habe drei Kinder geboren – warum sehe ich erst jetzt zum ersten Mal meine Vagina? Dabei könnten Gynäkologen ihre Patientinnen doch während der Untersuchung einfach mal fragen, ob sie mit Hilfe eines Spiegels mitgucken möchten. Es ist wichtig, auch zu diesem Körperteil eine Beziehung aufzubauen. Viele Klientinnen sagen mir, ihr Mann kenne sich bei ihnen »untenherum« besser aus als sie selbst. Das darf nicht so bleiben. Jede Frau sollte Expertin für ihren eigenen Körper sein.

Woran liegt es, dass die Frauen sich hier in deiner Praxis öffnen können, während sie sonst Probleme haben, darüber zu sprechen?
Ich denke, das hat auch mit meiner eigenen Geschichte zu tun, ich bin da sehr offen. Vor ein paar Jahren hatte ich eine große Krise mit Depressionen, Eheproblemen und dem Gefühl, über unser Familienleben hätte ich mich selbst verloren. Mir fehlte eine eigene Mission. Ich war deshalb eine Zeitlang in psychologischer Behandlung. Meine Fragen kreisten um die Themen Trennung und berufliche Neuorientierung. Ich hatte mein Studium abgebrochen, als ich zum ersten Mal schwanger wurde und nachdem mehrere Schicksalsschläge zusammengetroffen waren. Dann folgten zwei weitere Kinder, und ich blieb Hausfrau und Mutter. Überall wurde von Selbstliebe gesprochen, aber ich konnte die nie spüren. Bei einer angeleiteten Meditation flossen dann plötzlich Tränen, in meinem Herzen habe ich meine Kinder gespürt und so viel Selbstliebe. Das war mein Erweckungserlebnis. Auf meinem anschließenden Ausbildungsweg zur Sexologin ging es anfangs für mich gar nicht so sehr um Sex, sondern um Selbstliebe und Selbstfindung.

Was hat guter Sex mit Selbstfürsorge zu tun?

Letztendlich braucht es so wenig, um viel zu bewegen. Mir selbst hat das Wissen in Bezug auf meinen Körper sehr viel Klarheit gebracht. Zu wissen, wie wir aussehen und funktionieren, ist der erste Schritt dahin, zu erkennen, wer wir sind. Früher hatte ich oft das Gefühl, dass ich manche Seiten von mir nicht zeigen darf. In meiner Ehe hatte ich zwar auch nach vielen Jahren noch regelmäßig Sex, aber immer öfter das Gefühl, dass mir etwas fehlt. Ich musste mich erst selbst entdecken, um zu mir zu finden. Jetzt muss ich nicht mehr vorgeben, jemand anders zu sein. Ich weiß, dass ich wunderbar bin, so wie ich bin. Das zu erkennen war für mich ein Geschenk, das ich auch anderen machen möchte. Viele meiner Klientinnen haben jahrelange Psychotherapie hinter sich. Doch auch dort wird das Thema Sexualität oft ausgeklammert, obwohl sie eine große Rolle für unser Wohlbefinden spielt. Die Frauen sind sehr erleichtert, wenn sie bei mir dazu Fragen stellen können und Antworten bekommen.

Die weiblichen Geschlechtsorgane sind nicht nur bei der Empfängnis involviert, sondern auch bei der Geburt. Was bedeutet das für unser Verhältnis zu unserem Körper?

Es ist absurd, dass wir – je nach Situation – zwei verschiedene Namen für denselben Körperteil haben: Vagina und Geburtskanal. Als wenn bei der Geburt kurz mal das Equipment gewechselt würde. Dabei erleben viele Frauen die Geburt auch als etwas Sexuelles. Es gibt sogar Frauen, die währenddessen einen Orgasmus haben. Es hängt ja auch alles zusammen – Empfängnis und Geburt sind keine getrennten Vorgänge. Weil wir diese aber so separiert betrachten, haben viele Frauen ein Problem damit, beides mit ihrem Körper zu verbinden und beispielsweise nach einer Geburt ihre Vagina als sexuelles Organ wahrzunehmen. Für ein Seminar habe ich mal sehr lange nach einer Video-Animation zum Thema Geburt gesucht, in der auch die weiblichen Körperteile, mit denen wir Sex haben, gezeigt werden. Ich habe keine einzige Darstellung gefunden. Immer sah die Vulva aus wie die Öffnung eines Rohres, ohne innere und äußere Lippen, ohne Klitoris. Dass das weibliche Geschlecht so abstrahiert wird, ist ein riesiges Problem. Es ist kein Wunder, dass viele Frauen Probleme haben, die Rolle der Mutter und der Sexpartnerin für sich zusammenzuführen.

Warum ist das so?
Das weiß ich auch nicht. Diese Spaltung in Sprache und Bewusstsein reicht tief und hat eine lange Geschichte. Als Frau bist du entweder eine Heilige, jung und rein, oder eine gute Mutter. Gesellschaftlich und kulturell geprägte Konzepte von Mütterlichkeit gehen einher mit Mythen wie dem, dass der Mann der Frau die Jungfräulichkeit nimmt. Als wäre Sex etwas Beschmutzendes. Sprachlich wird diese Spaltung in vielen Bildern reproduziert. Dabei sind wir alle von Geburt an auch sexuelle Wesen, die schon als Kleinkinder lustvoll ihr Genital entdecken. Es ist alles gemeinsam da, ändert sich aber in dem Moment, in dem eine Frau zur Mutter wird. In ihrem Körper wächst ein Mensch heran, sie ist für die Ernährung des Babys zuständig. Damit ist sie für sich selbst und andere kein sexuelles Wesen mehr. Bei dem Mann hingegen läuft das Leben weiter wie gehabt, außer dass er nun zusätzlich Vater ist.

Eine Geburt ist ein unvergleichliches Erlebnis, aber auf die Gefühle währenddessen und danach scheint es keine genügende Vorbereitung zu geben.
Viele Frauen haben Geburtstraumatisierungen, weil der Verlauf ganz anders war, als sie sich vorgestellt hatten, oder weil es Verletzungen gegeben hat. Fast jede Frau berichtet von dieser Kombination aus Hilflosigkeit und überwältigenden Gefühlen. Auch über Narben und Schmerzen nach der Geburt wird wenig gesprochen. Viele Frauen fühlen sich danach wie von ihrem Körper abgeschnitten. Auf der anderen Seite gibt es Frauen – bei mir ist es zum Bei-

spiel so gewesen –, die sich nach der Geburt sexuell wie wachgeküsst gefühlt haben. Die ihr Sexleben danach als spannender wahrnehmen, weil sie empfindsamer, wacher, lebendiger sind. Viele Frauen schenken ihrem Becken- und Genitalbereich, bevor sie Mutter werden, wenig Beachtung. Männer hingegen berühren sich ihr Leben lang im Alltag ganz viel, beim Urinieren etwa. Ihr Genital liegt außen, es hat automatisch mehr Kontakt mit der Kleidung. Für viele Frauen ist es ein Tabu, sich ständig selbst zu berühren, das darf nur heimlich passieren. Dazu kommt, dass ein Teil ihres Genitals innen liegt. Da wäre mehr echte Aufklärung wünschenswert.

Vielen Eltern fehlt im Alltag Zeit oder Muße für Sex.
Nicht nur das, viele Frauen fühlen sich nach der Geburt einfach »satt«. Sie haben permanent ein Baby am Körper, sie stillen, sie schlafen mit dem Baby in einem Bett oder haben es im Tragetuch ganz nah an ihrem Körper. Die wollen einfach nur ihre Ruhe und nicht auch noch ihren Partner emotional und körperlich versorgen. Ein weiterer wichtiger Aspekt ist der Mental Load: Die Mütter haben so viele Aufgaben, die sie bedenken müssen, das beginnt beim vollen Kühlschrank und endet beim Windelkauf. Dabei geht es gar nicht um die Tätigkeiten an sich, sondern darum, was vorher alles zu bedenken ist. Viele Frauen erzählen, sie liegen im Bett, und die Gedanken hören einfach nicht auf zu kreisen. Wenn ein Kind da ist, wird das Leben komplexer, und die Schere öffnet sich weiter.

Die Schere zwischen Mann und Frau?
Ja. Das ist ein Grund, warum vielen Frauen der innere Freiraum für Sexualität fehlt. Die Tür zur Intimität ist geschlossen. Sie können sich nicht drauf einlassen, weil im Hintergrund ständig die innere To-do-Liste weiterläuft. Dagegen kann helfen, als Paar an einer besseren Aufgabenverteilung zu arbeiten und Zuständigkeiten inklusive der damit verbundenen Planungen zu verteilen.

Also ist das nur eine Phase, die vorübergeht?
Der erste Schritt ist immer, ehrlich mit sich selbst zu sein. Habe ich einfach gerade keinen Kopf für Sex, oder hat sich körperlich oder emotional etwas verändert? Die ganze Welt erwartet, dass wir nach der Geburt glücklich und zufrieden sind. Aber das ist nicht immer so. Wie es der Mutter wirklich geht, danach fragt kaum jemand, Hauptsache, das Kind ist gesund.

Dabei ist die sexuelle Gesundheit Teil unserer Gesundheit. So gesehen sind viele Mütter nach der Geburt nicht völlig gesund.
Sich einzugestehen, wie der Stand der Dinge tatsächlich ist, das ist oft der erste Schritt zur Heilung. Dann können Paare schauen, was sich gut anfühlt, ohne gleich das volle Programm durchzuziehen. Sex ist für viele gleichbedeutend mit Penetration, dabei gibt es ja noch so viel mehr. Für Frauen nach der Geburt ist das oft ein Prozess. Es ist wichtig, nett mit sich zu sein, sich Zeit zu nehmen. Grenzen zu überschreiten ist nicht hilfreich. Paare können zum Beispiel ausprobieren, wie sie sich anders nah sein können. Vielen Frauen hilft ein Zwischenschritt, körperliche Nähe, die nicht sexuell ist.

Was hindert Frauen daran, diese Vorstellungen zu verwirklichen?
Gerade, wenn es nur kurze Zeitfenster gibt, bis das Baby wieder aufwacht, werden manche Männer fordernd und drängen auf schnellen Sex. Gerade dann haben Frauen aber ganz andere Bedürfnisse, wollen möglicherweise lieber überhaupt nicht angefasst werden, weil sie das Gefühl haben, eine harmlose Rückenmassage muss sofort im Bett und mit Sex enden. Vielen Frauen hilft auch, sich mit sich selbst zu beschäftigen. Eine Möglichkeit aus der Frauenheilkunde ist das sogenannte Vagina Steaming, ein Dampfbad für den Intimbereich, das regenerierend und durchblutungsfördernd wirkt und dem Körper die Chance gibt, sich zu erholen. Wichtig ist aber

vor allem, offen zu kommunizieren. Bei der Sexualität in Paarbeziehungen geht es nicht nur um das körperliche Erlebnis, sondern auch um gegenseitige Bestätigung. Wenn Sex also nicht mehr stattfindet, ist es gut, offen über Bedürfnisse zu sprechen.

So nach dem Motto: Geht es tatsächlich um Sex, oder reicht vielleicht schon ein gutes Gespräch?
Ja genau. Paare können sich fragen, was wer gerade vom anderen braucht.

Auch in langen Partnerschaften verändert sich Sexualität meist mit den Jahren, aber als Eltern nochmal anders.
Richtig. Sexualität hat mit unserem Körper zu tun. Dieser unterliegt im Laufe des Lebens vielen Veränderungen. Unser Hormonstatus ändert sich durch Schwangerschaft, Geburt, Wechseljahre, Krankheiten, wechselnde Partnerschaften. Es macht darum Sinn, frühzeitig in die Ressource Sexualität zu investieren. Meine Empfehlung ist, sich möglichst gut selber kennen zu lernen. Wer weiß, was er mag, kann je nach Situation und Partner schauen, was man gemeinsam damit machen kann. Wie ein Baum mit tiefen Wurzeln trägt das durch die verschiedenen Lebensabschnitte und Krisen. Dieser Baum kann auch Dürreperioden oder starken Sturm überstehen. Früher hat sich der Mensch fortgepflanzt und ist bald danach gestorben. Heute werden wir uralt und haben den Anspruch, unser Leben lang eine schöne Sexualität zu erleben. Doch dafür müssen wir selbst aktiv werden, das passiert nicht von allein. Partnerschaften verändern sich und können wechseln – der eigene Körper bleibt. Je besser man den kennt und weiß, was man braucht, was einem guttut und was nicht, desto besser. Vielen Frauen sind beispielsweise die Rahmenbedingungen wichtig: Wenn sie im Urlaub sind, haben sie plötzlich mehr Lust auf Sex, als wenn der Wäscheständer im Schlafzimmer steht und am nächsten Morgen der Wecker um sechs Uhr klingelt.

Also ruhig mal das Setting wechseln und ein Hotelzimmer buchen?

Unsere Idealvorstellung von Sex ist, dass wir in jeder Lebenslage immer heiß aufeinander sind und übereinander herfallen. Das funktioniert aber nur, wenn man frisch verknallt ist, dann ist der Kontext egal. Darum ist der Umgebungswechsel gerade bei Frauen oft der Schlüssel, weil ihr Sex kontextsensitiver ist als der von Männern. Viele Männer können annähernd jeden Kontext für sich sexuell interpretieren. Bei manchen Frauen hingegen ist das ein relativ enger Korridor, in dem sie sich überhaupt Sex vorstellen können. Es ist gut zu wissen, welcher Kontext einem selbst wichtig ist, denn dann ist man autark und kann etwas dafür tun.

Und das reicht?

Nicht ganz. Kompetenz am eigenen Körper ist wichtig. Wer weiß, wie er seinen eigenen Körper am besten einsetzt, kann das auch dem Partner vermitteln, um das Beste für sich herauszuholen, statt darauf zu hoffen, dass der andere intuitiv die richtigen Knöpfe findet und drückt. Für Männer gilt das natürlich ebenso. Viele Männer wissen, was sie visuell anmacht, aber welche Berührungen sie mögen, können sie nicht so genau formulieren. Steht aber ein bestimmter visueller Reiz im Mittelpunkt, ist dieser mitunter schwierig zu realisieren, da sich der Körper der Partnerin nun einmal verändert. Letztendlich ist Sex etwas Gelerntes, das wir uns selbst beibringen. Es ist gut, uns dessen bewusst zu sein. Wir schreiben unser eigenes Skript.

Lässt sich dieses Skript umschreiben?

Das ist die gute Nachricht: Wem klar ist, dass er mit seinem Sexleben in einer Sackgasse gelandet ist, kann sich neu konditionieren. Wer beispielsweise einen bestimmten Fetisch hat, kann es mitunter schwer haben, dazu den passenden Partner zu finden. Auch Menschen, die nur auf eine bestimmte Art zum Höhepunkt kommen, haben es mitunter schwer. Dann hilft Umprogrammierung durch Übung. Es geht darum, sich zusätzliche Möglichkeiten zu eröffnen. Natürlich ist es schön, eine passende Partnerin zu haben. Aber letztendlich sollte sich jeder auch um sich selbst kümmern. Das macht frei. Wenn der Partner irgendwann Erektionsprobleme hat, wäre es jammerschade, wenn damit die Sexualität als Paar beendet wäre.

Wie schafft man es denn, die Veränderungen, die das Leben mit sich bringt, anzunehmen, anstatt Angst vor dem Neuen zu haben oder traurig zu sein, dass eine Phase vorbei ist?
Das ist eine sehr schöne, aber auch schwierige Frage. Ich glaube, auch das ist ein Prozess. Wie immer geht es im ersten Schritt darum, anzuerkennen, dass sich etwas verändert hat. Sich zu fragen, wie es einem damit geht, und nicht zu erwarten, dass alles irgendwie okay ist. Nach meiner Trennung vor etwa sieben Jahren habe ich eine Art zweite Pubertät durchlebt, die etwas Rebellisches hatte und mir sexuelle Freiheit und Autonomie verschaffte. Ich stand am Steuer, und wenn Männer Interesse zeigten, konnte ich souverän entscheiden, ob und wie sich das weiterentwickelt. Mein fünfzigster Geburtstag war dann schwieriger als vermutet. Ich hatte reife Frauen oft bewundert und zu ihnen aufgesehen, aber als ich selbst so weit war, fiel es mir schwer, mich so zu sehen, wie ich sie gesehen hatte. Außerdem merkte ich, wie sich der Blick der Männer veränderte. Ich war Single und hatte in meinen Dating-Profilen mein echtes Alter angegeben. Dass ich damit ins Off geraten würde, so unsichtbar werde beziehungsweise von ganz anderen Männern angeschrieben werde als früher, das hatte ich nicht erwartet, und diese Erkenntnis war schmerzhaft. Nun sind zwei meiner drei Kinder aus dem Haus, und ich werde bald Großmutter. Meine Mutter ist im vergangenen Jahr gestorben, und ich bin die Älteste in der Familie. Damit beginnt ein neuer Lebensabschnitt. Auch körperlich hat sich viel verändert. Ich bin noch da-

bei, da hineinzuwachsen, und lerne, nicht nur das zu sehen, was alles nicht mehr da ist.

Dabei ist das ja die einzige Sicherheit, die es gibt im Leben: Älter werden wir alle.

Ja, aber wir wissen zu wenig darüber. Eine sexy Frau ist für uns eine, die jung und fruchtbar ist, die glatte Haut und keine Falten hat. Das ist ein starkes Narrativ, und das ist ja auch das, worauf viele Männer abfahren. Nicht wenige Frauen sind mit deutlich älteren Männern zusammen. Zwar sind sehr viel jüngere Männer für mich sexuell nicht attraktiv, aber ich hätte auch keinen Erfolg, denn andersherum gilt das selten. Für Frauen gelten andere Standards, so ist das Patriarchat. Tröstlich ist aber, dass die Veränderungen auch viel Gutes bringen können. Ich wittere, dass mit der neuen Rolle auch neue Freiheiten auf mich warten, und darauf bin ich sehr gespannt. Als großes Glück empfinde ich es zum Beispiel, immer weniger Bestätigung und Aufmerksamkeit zu brauchen, um rundum zufrieden mit mir zu sein.

Herzlichen Dank für das Gespräch!

Kapitel 3

Warum es Müttern so schwerfällt, mit sich selbst zufrieden zu sein

Überfrachtete Rollenbilder und überzogene Erwartungen an uns selbst

Ich bin gerne Mutter. Trotzdem wusste ich selbst im Taxi zur Geburtsklinik nicht, ob alles klappen und wie alles werden würde und vor allem – ob ich überhaupt reif genug war für die vielen Aufgaben, die nun kommen würden. Aber natürlich gab es zu dem Zeitpunkt ohnehin kein Zurück mehr, und irgendwie war ich auch ganz froh darüber. Die Würfel waren gefallen. Also versuchte ich, die nächsten Stunden nicht über die Zukunft nachzudenken, sondern einen kleinen Schritt nach dem anderen zu tun.

Natürlich hatte ich mir vorgenommen, eine gute Mutter zu sein. Und das bedeutete auch: eine Mutter, die stillt. Stillen ist die gesündeste Ernährung für Säuglinge, heißt es in vielen Studien und von Expertinnen und Experten. Neben der Muttermilch, die von meiner Hebamme wie eine Art Zaubertrank für das Baby gepriesen wurde, sind auch körperliche Nähe und Wärme während des Stillens wichtig für die Entwicklung. Stillen ist Kontakt, Stillen ist Liebe. Ich wusste also, was eine gute Mutter zu tun hat.

Dass das dann nicht so klappen würde wie erhofft, tut mir bis heute weh.

Andererseits hatte das auch Vorteile: Die Ernährung unseres Kindes wurde dadurch eindeutig gleichberechtigter als bei anderen Paaren, denn mein Freund und ich konnten unser Kind abwechselnd mit der Flasche füttern. So konnte zwar keiner von uns nachts durchschlafen, andererseits musste aber auch niemand alle paar Stunden allein ran. Und wir beide hatten mehr Verständnis füreinander als andere Eltern in dieser anstrengenden Phase. Ich kenne viele Paare, die während der Stillmonate in unterschiedlichen Räumen schlafen – »damit wenigstens der Mann ungestört schlafen kann«, heißt es dann gerne. Nächte wie früher genießen, als gäbe es keinen Säugling im Haus? Ein Privileg, das in vielen Konstellationen ein rein männliches zu sein scheint. »Aber er arbeitet ja auch tagsüber«, so die scheinheilige Begründung. Als wäre es für die Mutter, die das Baby 24/7 versorgt, weniger wichtig, das ausgeschlafen und konzentriert tun zu können. Doch die gängige Meinung ist oft, diese Arbeit ließe sich quasi auch im Halbschlaf erledigen.

Vor einiger Zeit war ich wegen meiner Migräne bei einer Heilpraktikerin und Osteopathin. Sie stellte mir allerlei Fragen. Die erste lautete: »Wie war Ihre Geburt?« Ich setzte gerade an, wie ich mit dem Taxi durch das nächtliche Berlin gefahren sei, da unterbrach sie mich: »Nein, Ihre eigene Geburt.« Für die Antwort musste ich länger nachdenken, denn wer erinnert sich schon an seine eigene Geburt? Gleich die zweite Frage war, ob ich als Baby gestillt worden war. Das musste ich verneinen. Die Dame notierte das eifrig auf einem Zettel, dann sollte ich mich hinlegen, und sie zog abwechselnd an meinen Armen. Angeblich gaben ihr die Reaktionen meiner Extremitäten die nötigen Antworten. Am Ende der Sitzung strahlte sie mich an, sie habe nun die Lösung für meine Migräne gefunden: »Sie wurden nicht gestillt!« Ich wartete darauf, ob noch etwas Substanzielles folgen würde, aber dabei blieb es. Ich solle Kuhmilch in meiner Ernährung weglassen und am besten gleich eine Auswahl homöopathischer Mittelchen kaufen.

Was soll ich sagen – es blieb bei diesem einen Termin.

Was mich bis heute wütend macht, ist nicht bloß das scharlatanartige Gehabe – der Schwachsinn kostete auch noch stolze hundert Euro. Es ist vor allem die völlig aus der Luft gegriffene Schuldzuweisung in Richtung meiner Mutter (nach meinem Vater fragte sie übrigens gar nicht): Na klar, ich wurde als Baby nicht gestillt, habe deshalb als Erwachsene Kopfschmerzen, schuld ist meine Rabenmutter!

Allein das Wort ist schon eine Beleidigung. Interessant ist, dass es in den meisten anderen Sprachen kein Pendant dafür gibt, das Wort »Rabenmutter« ist ein deutsches Phänomen und bezeichnet laut Duden eine »lieblose, hartherzige Mutter, die ihre Kinder vernachlässigt«. Egal, ob auf dem Spielplatz angeblich zu oft auf das Handy geschaut wird oder eine Frau wenige Wochen nach der Geburt wieder in den Job zurückkehrt – der Schmähbegriff schwingt immer dann mit, wenn das Verhalten von Müttern kritikwürdig erscheint. Und das ist oft der Fall – zumal, wenn man bedenkt, dass gerade in Deutschland das Familienleben immer als Privatsphäre und hohes Gut geschützt wird, in das sich niemand einzumischen habe. Das Wort Rabenmutter geht darauf zurück, dass junge Rabenvögel ihr Nest recht früh verlassen. Weil sie jedoch noch nicht fliegen können, hocken sie unbeholfen auf dem Boden und werden dort von ihren Eltern gefüttert. Der Begriff würdigt also letztendlich nicht nur Menschenmütter herab, er wird noch nicht einmal den echten Rabenmüttern gerecht.

Bei einem Verwandtenbesuch in der Provinz war ich erstaunt, als mir eine junge Mutter erzählte, sie habe schon vor der Geburt entschieden, nicht zu stillen, und sich noch im Krankenhaus Medikamente geben lassen, die die Milchbildung unterdrücken. Sie erzählte das ganz selbstverständlich und ohne sich dafür zu entschuldigen. Weder für sie noch für ihren Partner oder das Umfeld war das offenbar eine große Sache gewesen. Ich war baff! Und auch ein wenig neidisch darauf, dass diese Frau tatsächlich eine freie Entscheidung getroffen hatte, die keiner kritisierte und für die sie sich gegenüber niemandem rechtfertigen musste. Unvorstellbar für mich in meiner damaligen Großstadt-Blase, in der alle Eltern alles richtig machen wollten und sogar darüber diskutiert wurde, ob eine Tasse Kaffee am Tag in der Schwangerschaft dem ungeborenen Kind schaden könnte.

Die Erwartungen an moderne Mütter sind hoch: Sie sollen sich in der Schwangerschaft so ernähren, dass es für das Baby das Beste ist. Sie sollen nicht zu jung und nicht zu alt sein. Sie sollen schnellstmöglich wieder in den Beruf einsteigen – aber auch nicht zu früh. Sie sollen im Erwerbsjob performen wie vorher, sich aber gleichzeitig umfassend um ihr Kind kümmern. Sie sollen stillen und genug Milch produzieren – allerdings nicht in der Öffentlichkeit, denn das wiederum gilt vielen als unappetitlich anzusehen.

Mütter sollen sich nicht über Stress beschweren, sondern gut drauf sein und sich glücklich schätzen. Sie sollen ihren Körper möglichst schnell wieder in Form bringen und gut aussehen. Sie sollen ihrem Partner genug Aufmerksamkeit schenken und ständig an sich und ihrer Beziehung arbeiten. Sie sollen etwas für sich und die eigene Entspannung tun, sich aber nicht zu viel um sich selbst kümmern und auch nicht überfürsorglich sein. Sie sollen am gesellschaftlichen Leben teilnehmen, aber um Himmels willen kein schreiendes Baby mit ins Restaurant, Museum, Kino oder Theater bringen. Sie sollen dem Kind nicht nur Manieren beibringen, sondern auch noch all das, was nicht in der Schule gelehrt wird (also vieles). Sie sollen kein egoistisches Einzelkind erziehen. Einerseits sollen sie zur Bevölkerungsentwicklung beitragen, also eine gesellschaftspolitische Aufgabe erfüllen, andererseits aber auch nicht zu viele Kinder bekommen, denn das wäre ja asozial. Sie sollen die Verwandten am Kinderglück teilhaben lassen, ihnen aber nicht vorschreiben, wie sie mit dem Kind umgehen sollen. Die To-do- wie auch die Not-to-do-Liste von Müttern ist lang, und sie ließe sich fortführen.

Logisch, dass es vor diesem Hintergrund schwierig bis unmöglich ist, all diesen ebenso hehren wie teilweise widersprüchlichen Forderungen gerecht zu werden. Das war grundsätzlich sicher schon immer so, aber die Ansprüche haben im Laufe der Zeit zugenommen, weil Mütter heute mehr Aufgaben gleichzeitig erledigen müssen als früher. Der Tag aber hat immer noch lediglich vierundzwanzig Stunden.

Am Ende bin ich mir sicher, dass Mütter es nicht allen recht machen können. Vor allem nicht sich selbst. Das liegt allerdings nicht in erster Linie daran, dass es nun einmal anstrengend ist, ein Kind zu versorgen – es hat vor allem mit den gesellschaftlichen Strukturen zu tun. In vielen Bereichen wird das »Kinderbekommen« einfach nicht mitgedacht und darum zum Teil sogar zum Störfaktor. Kind und Karriere? Lächerlich – die meisten Frauen sind froh, wenn sie ihrem Erwerbsberuf, in den sie vorher viel Zeit und Mühe investiert haben, überhaupt adäquat weiter nachgehen können. Echte Karriere-Steps haben von den Müttern, die ich kenne, die wenigsten geschafft, vor allem nicht in Teilzeit. Nicht von ungefähr machen sich immer mehr Mütter selbständig. Die eigene Chefin zu sein hat viele Vorteile. Und irgendjemand muss sich schließlich um die Kleinen kümmern, wenn diese nicht zwölf Stunden am Tag in Fremdbetreuung sein sollen, denn das wäre gesellschaftlich ebenso geächtet – Stichwort Rabenmutter.

Sigrid Nikutta, im Vorstand der Deutschen Bahn zuständig für das Ressort Güterverkehr und vorher Vorstandsvorsitzende der Berliner Verkehrsbetriebe, hat in einem Interview zum Thema »100 Jahre Frauenwahlrecht in Deutschland« auf die Frage, was sie jüngeren Frauen beim Thema Karriere raten würde, gesagt: »Erstens Technik und Informatik studieren und sich zweitens den

Partner/die Partnerin genau angucken. Die Auswahl des richtigen Menschen an der Seite ist bereits ein entscheidender Karriereschritt.«

Das sehe ich genauso: Ob eine Mutter in ihrem Erwerbsberuf Erfolg hat oder nicht, ist abhängig vom Umfeld. Natürlich gibt es mittlerweile Vorgesetzte, für die Elternschaft oder Teilzeit kein Hinderungsgrund für eine Beförderung und mehr Verantwortung sind. Aber solche Chefs sind leider noch immer die Ausnahme. Die meisten sehen vor allem Probleme: weniger zeitliche Flexibilität, mehr Fehltage wegen kranker Kinder. Nicht zu vergessen die komplizierte Urlaubsplanerei, denn wer kann schon mit seinen Urlaubstagen zwölfeinhalb Wochen Schulferien im Jahr abdecken?

Dass ein Großteil der Gesellschaft auch im Jahr 2021 nicht willens ist, dafür kreative Lösungen zu finden, lässt sich täglich beobachten. Während der Coronapandemie musste in vielen Branchen von heute auf morgen Homeoffice ermöglicht werden. Das führte aber mitnichten dazu, dass weniger gearbeitet wurde, wovor Arbeitgeber alter Schule vorher beim Thema Homeoffice immer gewarnt hatten. Das Gegenteil war der Fall – die allermeisten arbeiteten zu Hause mehr als vorher im Büro. Ich würde mir wünschen, dass Möglichkeiten, von überall aus arbeiten zu können, erhalten blieben, auch nach dem Ende der Pandemie. Das würde auch mehr Gleichberechtigung möglich machen.

Allerdings müsste sich dafür auch im Privaten einiges ändern. Ich kenne lediglich zwei Paare, die ihre Elternzeitmonate paritätisch untereinander aufgeteilt haben und bei denen erst der eine, dann der andere mit dem Kind zu Hause geblieben ist. Die meisten Freunde, bei denen nicht nur die Mutter, sondern auch der Mann Elternzeit nahm (in den meisten Fällen zwei Monate), nutzten die Zeit für einen gemeinsamen langen Familienurlaub im Ausland. Auch schön – aber unter dem Gesichtspunkt Mütter-Karriere völlig ohne Wirkung.

Bundesweit sind gerade mal fünfundzwanzig Prozent der Elterngeld-Beziehenden Männer, und nur wenige beantragen mehr als zwei Monate. Das hat viele Gründe, oft finanzielle, weil Männer im Schnitt mehr verdienen als Frauen und im Familienbudget nicht auf das höhere Gehalt verzichtet werden kann. Mit Gleichberechtigung hat das allerdings so oder so überhaupt nichts zu tun, denn der Elternzeit-Vater ist nur kurzfristig und nicht monatelang mit dem Neugeborenen auf sich gestellt. Ich weiß lediglich von einem einzigen Vater, der seine Arbeitszeit seit der Geburt des ersten Kindes auf nur noch zwanzig Stunden in der Woche reduziert hat, während seine Frau direkt nach Ende des Mutterschutzes wieder in Vollzeit durchstartete. Auch bei meinem Freund und mir war es so, dass er mehr oder weniger weiterarbeitete wie vor der Geburt unseres Kindes, während ich mich beruflich komplett umorganisieren musste.

Das Problem: Dieser Cut im Berufsleben der Mutter ist nach jahrelanger Ausbildung nicht nur gesamtgesellschaftlich ökonomisch fragwürdig, der Schritt katapultiert die Betroffenen auch von heute auf morgen ins Abseits und damit in eine gewisse Bedeutungslosigkeit. Zumal die Rolle der Mutter zwar als selbstverständlich angesehen wird, aber mit der Einschränkung, dass dabei in den Augen der Gesellschaft wenig richtig, aber viel falsch gemacht werden kann. Anerkennung gibt es für eine besonders gut gewechselte Windel oder einen ausgiebigen Spaziergang mit dem Kinderwagen jedenfalls nicht.

Das Familienleben so zu gestalten, dass sich niemand ausgebremst oder benachteiligt fühlt, gehört zu den schwierigsten Aufgaben, die eine Elternschaft mit sich bringt. In der Folge führt das zu den häufig ebenso verzweifelten wie letztlich vergeblichen Versuchen, irgendwie alles gleichzeitig zu schaffen.

In einem Onlineforum für technikaffine Frauen stellte eine Userin die durchaus ernst gemeinte Frage, ob jemand eine Smartphone-App empfehlen könne, mit deren Hilfe sie mit ihrem Partner »kurzfristig Dinge rund um das Familienleben absprechen« könne. Für mich trieb diese Überlegung die Absurdität des Themas auf die Spitze. Wie wäre es denn, ganz oldschool, mit einem kurzen, analogen Gespräch? Wenn noch nicht einmal dafür genug Zeit übrig ist, sondern auch dort digital nach zeitsparenden effizienten Lösungen gesucht werden muss – was macht denn dann überhaupt noch »Familienleben« aus?

Für mich ist schon der tatsächliche Nutzen synchronisierter Familienkalender-Apps fraglich, auch wenn ich den Sinn dahinter durchaus anerkennen kann. In ihnen tragen einige meiner Freundinnen und ihre Partner sowohl berufliche als auch private Termine ein, dazu Einkaufslisten, Abholzeiten der Kita, deren Schließtage, Schulausflüge, Kindergeburtstags-Einladungen und vieles mehr. Bei akutem Kinderwunsch kann der elektronische Kalender sogar mit einer Fruchtbarkeits-App kombiniert werden, um ein passendes Zeitfenster für Sex an den relevanten Tagen zu reservieren. Grotesk! Bei vielen führt diese Art der Absprache leider dazu, dass die Erwachsenen immer mehr getrennt unternehmen und selten spontan gemeinsam Zeit verbringen. Ohne konkreten und geplanten Anlass gibt es kein Match für Familienleben.

Aber vieles rund um die Elternschaft ist eben nicht planbar. Wer sich darauf nicht einlassen kann, wird das zwangsweise als Frustration erleben.

Die Schwierigkeit: Aus der Arbeitswelt sind wir einfache Regeln gewohnt. Zum Beispiel die, dass es für Probleme Ursachen und Lösungen gibt. Wer die Regeln verstanden hat und befolgt – dazu fleißig und gut vernetzt ist, selbstbewusst auftritt und verhandelt –, kommt weiter. Natürlich gibt es auch unberechenbare Vorgesetzte und Ereignisse, aber meistens funktioniert die Erwachsenenwelt nach dem Wenn-dann-Prinzip. Wenn man alles richtig macht, dann gibt es Anerkennung in Form von Lob, Gehaltserhöhungen oder neuen Jobtiteln. Beim Elternwerden kann man sich zwar im Vorfeld informieren, Ratgeber lesen und sich mit anderen Eltern austauschen. Aber in der Situation selbst ist es dann oft alles doch ganz anders als gedacht. Kinder funktionieren eben nicht nach dem Problem-Ursache-Lösungs-Prinzip.

Auch deshalb fühlte ich mich nach der Geburt zum ersten Mal in meinem Leben komplett fremdbestimmt, ohne dass ich daran etwas ändern konnte. Da das Leben eines kleinen Menschleins von mir abhing, gab es nicht einmal eine Exit-Strategie, kein »Dann schmeiß ich eben hin und such mir einen anderen Job«. Äußerlich schien bei allen anderen Familien immer alles Friede, Freude, Eierkuchen. Deshalb plagten mich Schuldgefühle, weil es sich verboten anfühlte, etwas anderes als »pures Mutterglück« zu fühlen. Wie viele Paare versuchten schließlich vergeblich, ein Kind zu bekommen? Ausgerechnet mir wurde dieses Wunder zuteil. Auch war meine Entbindung objektiv betrachtet eher unkompliziert, und mein Baby das, was andere »pflegeleicht« nennen.

Aus dem Bekanntenkreis hatte ich da ganz andere Dinge gehört. Das Kind einer Freundin schrie in den ersten Monaten zum Beispiel so viel und so laut, dass sie und ihr Partner nur noch mit Ohrenstöpseln oder Kopfhörern herumliefen. Anfangs unternahmen sie außer Spaziergängen im Wald so gut wie nichts, da sie anderen den permanenten Geräuschpegel nicht zumuten mochten und sich selbst im Restaurant oder in der U-Bahn genervte Blicke ersparen wollten. Also verabschiedeten sie sich für mehrere Monate aus dem gesellschaftlichen Leben.

Unsere Umwelt hat bestimmte Rollenerwartungen, insbesondere an Mütter. Suggeriert wird, dass wir permanent verfügbar sein müssen – für das Kind, für die Partnerin oder den Partner, für Kita oder Schule. Die meisten Mütter, die ich kenne, sind weniger durch ihre Kinder gestresst als von den Erwartungen, denen sie gerecht werden wollen, ohne sie erfüllen zu können. Wir selbst haben ebenfalls den hohen Anspruch an uns, so viel wie möglich allein zu schaffen und in allem möglichst perfekt zu sein.

Da geht es einerseits um Äußerlichkeiten, also um alles, was die heile Fassade aufrechterhält: niedliche und stets saubere Kinderklamotten zum Beispiel, selbst gebastelte Einladungskarten und kreative Torten für den Kindergeburtstag. Und andererseits geht es um die Partnerschaft. Obwohl die meisten Paare allein schon aufgrund der neuen Konstellation zwischendurch Probleme haben, sprechen die wenigsten darüber, sondern kümmern sich lieber um das perfekte Buffet für die nächste Grillparty. Wer das nicht rechtzeitig erkennt und zu ändern vermag, landet spätestens nach ein paar Jahren in einem Zustand, wo aus anfänglich kleinen und harmlosen Unzufriedenheiten ernsthafte Beziehungsprobleme geworden sind. Denn auch unsere Erwartungen an die Partnerschaft sind hoch.

Die Hamburger Paar- und Sexualtherapeutin Nele Sehrt sagte mir in einem Interview: »Das Bild, das wir von Sex haben, der immer grandios sein muss, ist Blödsinn. Die Vorstellung davon, wie Sexualität zu sein hat, ist etwas, das uns bremst. Mittelmäßiger und schlechter Sex gehören auch dazu.« Wir beide kringelten uns vor Lachen über dieses Statement und das daraus resultierende Bild, in dem ein Paar nach dem Sex im Bett liegt und einer von beiden so etwas sagt wie: »Das war jetzt so richtig schön mittelmäßiger Sex.« Worauf Nele Sehrt tatsächlich aufmerksam machen wollte: Das elendige Leistungsprinzip macht auch vor der Tür zum Schlafzimmer nicht halt.

Was ich aus dem Gespräch mitnahm, war, dass Paare entweder versuchen sollten, sich davon frei zu machen und mit dem Mittelmaß zufriedenzugeben – oder eben nach anderen Lösungen suchen müssen. Abwarten und Teetrinken, so viel ist aber sicher, macht die Sache schlimmer. Probleme lösen sich selten von allein.

Ich selbst bin ein Scheidungskind. Auch als Erwachsene sage ich das immer noch so: Scheidungskind. In der Beziehung zu den eigenen Eltern bleibe ich ja auch mein Leben lang das Kind. Trotz der Trennung meiner Eltern habe ich Elternschaft immer als etwas Verbindliches wahrgenommen. Trotz aller Probleme und

Trauer, die jahrelang präsent waren, war immer klar, dass meine Mutter und mein Vater für uns Kinder da sein würden. Paarbeziehungen lernte ich in jungen Jahren hingegen als etwas Fragiles und insgesamt eher Unverbindliches kennen. Mittlerweile sind wir eine große Patchworkfamilie, die sich im Zweifelsfall immer noch aufeinander verlassen kann.

Während heute jedes zweite Elternpaar getrennt lebt, waren wir in den 1980er Jahren noch eine Ausnahme. Und so war auch das Bild der alleinerziehenden Mutter kein positives. Ich erinnere mich an unschöne Situationen, in denen meine Mutter wie eine unfähige Aussätzige und ich wie die Brut von Asozialen behandelt wurden.

Das Schlimmste am Elternsein sind die anderen Eltern, sagte mal jemand. Tatsächlich kann der Vergleich mit anderen nerven und unter Druck setzen, wenn etwa die (deutschen) Eltern nebenan Englisch mit ihren Kindern sprechen, die gegenüber schon ihrer Zweijährigen Klavierstunden beim Pianisten des örtlichen Opernhauses finanzieren und im Stockwerk drüber bereits im ersten Lebensjahr des Sprösslings die besten weiterführenden Schulen der Stadt kontaktiert werden.

Niemand möchte weniger kluge oder schlecht erzogene Kinder oder eine weniger funktionierende Partnerschaft. Alle wollen — berechtigt — nur das Beste für die eigene Familie. Mein Eindruck ist allerdings, dass dieser Druck vor allem auf den Müttern lastet, dass es vor allem die Mütter sind, die sich miteinander vergleichen und dadurch unter Druck setzen.

Tatsächlich ist es schwierig, sich von all den Informationen, die heute über gesunde Ernährung, gesundes Aufwachsen, Erziehung und die globalisierte Welt zur Verfügung stehen, nicht verrückt machen zu lassen und stattdessen weiter den eigenen Weg zu gehen. Natürlich möchten alle ihren Kindern den gesündesten Brei, menschenwürdig hergestelltes Spielzeug, nachhaltige Kleidung und überhaupt die besten Chancen für ein glückliches

Leben bieten. Was man dabei nicht vergessen sollte: Dieses Streben stresst und prädestiniert dafür, auf allen möglichen Ebenen an den eigenen Ansprüchen zu scheitern.

Daran hat sich trotz der ständigen Diskussionen über Emanzipation und Parität in der Praxis weniger geändert als erhofft. Gerade in der Coronapandemie haben die Schul- und Kitaschließungen die traditionellen Geschlechterrollen eher nochmals verstärkt, wie eine Studie des Deutschen Instituts für Wirtschaftsforschung in Berlin zeigt: Während 2016 noch sechsundfünfzig Prozent der Väter mit kleinen Kindern egalitäre Einstellungen vertraten, waren es ein Jahr nach Ausbruch der Pandemie nur noch neunundvierzig Prozent. Familien mussten quasi von jetzt auf gleich viel mehr Bildungs-, Betreuungs- und Erziehungsarbeit leisten – oft zulasten der Erwerbstätigkeit der Mütter. Das wiederum veranlasste – zumindest die westdeutschen – Väter offenbar dazu, wieder zu ihrem traditionellen Rollenverständnis zurückzukehren.

Tatsächlich sind viele Eltern, die sich für progressiv und modern halten, weniger aufgeschlossen, als sie denken. Ein Beispiel: Ich kenne niemanden, der Pippi Langstrumpf nicht cool findet. Eltern mögen das aufmüpfige, mutige Mädchen. Bei ihren eigenen Kindern erwarten sie jedoch letztendlich Gehorsam: Die sollen beim Essen oder Zähneputzen gefälligst nicht herumdiskutieren, sondern einfach tun, was ihnen gesagt wird. Oder, apropos Pippi Langstrumpf und deren unkonventionelles Rollenverhalten: Eltern finden Mädchen, die lieber Fußball statt mit rosa Barbies spielen, grundsätzlich super. Aber bei Jungen, die im Kleidchen in die Kita kommen, reagieren viele immer noch irritiert. Die Vorstellungen davon, was angeblich typisch für das jeweilige Geschlecht sein soll, sind selbst bei Eltern, die sich als modern empfinden, nach wie vor ziemlich traditionell.

Ganz ähnlich verhält es sich mit der Rollenverteilung zwischen Müttern und Vätern. Im Wesentlichen basiert sie auch heute noch auf den in der zweiten Hälfte des achtzehnten Jahrhunderts gültigen Vorstellungen. Im Zuge der industriellen Revolution ging der Vater morgens zur Arbeit in die Fabrik, während die Frau zu Hause blieb und so zur Haupterziehungsperson für die Kinder wurde. Unter den Nationalsozialisten erhielt dieses Mutterbild weiteren Auftrieb, wurde gar überhöht: Frauen sollten im Dienste des »Führers« viele Kinder gebären und erziehen und wurden dafür sogar mit dem »Mutterkreuz« belohnt.

Die Sexualpädagogin und Geschlechterforscherin Katja Grach betont in ihrem Buch *Milf-Mädchenrechnung* allerdings, dass dieser Muttermythos noch nicht lange genug existiere, um als unumstößlicher Standard zu gelten. Er sei »wie ein abgetragener Schuh, in dem wir schon viel zu lange stecken und den wir durchaus mal in der Ecke liegen lassen könnten«. Seit gerade mal dreihundert Jahren sei das heute vorherrschende Mutterbild gültig. »Ganz ehrlich, was wissen wir denn über Mutterschaft vor zwei Millionen Jahren? Gar nichts. Höhlenmalereien darüber, was es bedeutet, eine gute Mutter zu sein, sind nicht überliefert«, so Grach. Trotzdem werden Widerstände gegenüber Veränderungen gern mit dem Satz »das war schon immer so, hat uns auch nicht geschadet« begründet.

Dementsprechend heftig waren die Reaktionen auf das 2016 von der israelischen Soziologin Orna Donath auf Deutsch veröffentlichte Buch *#regretting motherhood – wenn Mütter bereuen*. Sie hatte an der Ben-Gurion-Universität des Negev untersucht, welche gesellschaftlichen Erwartungen an Frauen – ob Mütter oder Nicht-Mütter – gestellt werden. Die befragten Mütter zwischen Mitte zwanzig und Mitte siebzig hatten auf die Frage »Wenn Sie die Zeit zurückdrehen könnten, würden Sie mit dem Wissen von heute noch einmal Mutter werden wollen?« alle mit einem klaren »Nein« geantwortet. Sie liebten ihre Kinder, hassten aber gleichzeitig die damit verbundene Mutterrolle.

Die Ambivalenz ihrer Gefühle so offen zu artikulieren löste hierzulande gemischte Reaktionen aus: Die einen priesen die ehrlichen Aussagen der befragten Frauen als mutig, die anderen reagierten verständnislos bis vorwurfsvoll. Ich selbst finde die Statements und die Diskussion, die sie auslösten, gut und hilfreich. Auch bei mir erzeugt die Mutterschaft nicht nur das eine, alles überbordende Gefühl des Glücks, dafür sind die veränderte Lebenskonstellation und die neue Rolle viel zu komplex. Mein ganz persönlicher Umgang mit dem Thema: Dass ich mein Kind über alles liebe, in manchen Momenten aber trotzdem überfordert oder genervt bin oder mit Wehmut an mein Leben vorher denke, ist okay. Weder muss ich mich dafür schämen, noch bedeutet das, Verrat an meinem Kind zu begehen.

Dass auch negative Gefühle kein Tabu im öffentlichen Diskurs bleiben, hält Autorin Donath entscheidend für einen gesellschaftlichen Wandel – und wirbt für Verständnis: »Wir wurden alle von einer Frau geboren, aber keine Frau wird als Mutter geboren.« Die Gesellschaft halte »hartnäckig an einer Aufteilung der Geschlechterrollen fest, die weithin als erwiesen gilt. Dabei beruht sie lediglich darauf, dass die weibliche Biologie, die Frauen in die Lage versetzt, Kinder zu bekommen, mit Mutterschaft gleichgesetzt wird.« Daraus ergibt sich ein Problem: Die verzerrte Darstellung der weiblichen Natur werde nämlich nicht nur stillschweigend dazu benutzt, Frauen zur Mutterschaft zu drängen, sie unterstelle zugleich, Frauen besäßen einen angeborenen Mutterinstinkt und eine Art natürlichen Werkzeugkasten, der sie zur Erziehung von Kindern befähigt. Für Donath ist Mutterschaft ein kulturelles und historisches Konstrukt. Erschwerend kommt ihrer Meinung nach hinzu, dass Mütter in ihrer Rolle permanent unter Beobachtung stehen.

Ich habe zig Situationen erlebt, die das bestätigen. Mich hat auf der Straße mal eine ältere Dame angepflaumt, als ich mit dem Handy am Ohr den Kinderwagen an ihr vorbeischob, ich solle mich doch lieber mal richtig um mein Kind kümmern, anstatt zu telefonieren. Sie wusste natürlich weder, mit wem ich gerade am

Telefon sprach, noch, worüber: Tatsächlich war es eines von unzähligen Telefonaten, die ich monatelang täglich zum Thema Kinderbetreuungsplatz führen musste.

Noch bevor das Geschlecht unseres Kindes feststand, hatten mein Freund und ich uns bereits um einen Kitaplatz bemüht. Wir standen auf mehreren Wartelisten, unter anderem auf der der Betriebskita meines damaligen Arbeitgebers. Drolligerweise stellte sich heraus, dass in der Regel nur zum Schulanfang Plätze frei wurden – wenn die ältesten Kinder die Kita verließen. Da ich ein Jahr Elternzeit nehmen wollte, hätte es also am besten gepasst, wenn unser Kind im Spätsommer zur Welt gekommen wäre. Ich kann also Paaren mit Kinderwunsch nur raten, die Empfängnis entsprechend zu planen. Eine Garantie ist das allerdings auch nicht, denn zum Start des Schuljahres gab es trotz des rechtlichen Anspruchs keinen Kitaplatz weit und breit. Selbst in den angrenzenden Stadtteilen lachten mich die Einrichtungsleitungen aus, wenn ich dort anrief und auf eine Chance hoffte.

Für mich zeigt sich darin die ganze Verlogenheit des Systems: Einerseits wird von Eltern – in den allermeisten Fällen von Müttern, da sie den Hauptteil der Elternzeitmonate in Anspruch nehmen – erwartet, dass sie möglichst schnell nach der Geburt ihres Kindes wieder in den Beruf einsteigen. Andererseits werden ihnen jede Menge Steine in den Weg gelegt. Wo soll das Kind hin, während ich arbeite? Selbst das IKEA-Kinderparadies Småland ist keine Lösung, denn die nehmen Kinder erst ab drei Jahren und lassen die Eltern ausrufen, wenn sie zu lange weg sind oder das Kind keine Lust mehr hat.

Nach unzähligen Telefonaten, Tagen der offenen Tür und Infoabenden, mit denen ich gefühlt einen Großteil meiner Elternzeit verbrachte, hatten wir – mit Hilfe einer lieben Fürsprecherin und einer Präsentkiste Wein – endlich einen Kitaplatz ergattert. Später als geplant, aber immerhin in einer schönen sanierten Einrichtung mit großem Garten. Die Auswahl danach zu treffen, welches Konzept am besten zum Kind passen könnte oder zumindest uns Erwachsene überzeugt, daran war überhaupt nicht zu denken. Wir waren froh, dass wir überhaupt eine Betreuung gefunden hatten.

Die ältere Dame, die mich wegen des Telefonierens angemeckert hatte, wusste das natürlich alles nicht – und vermutlich wäre es ihr auch egal gewesen. Mir stiegen damals – hormonbedingt und aufgrund der aussichtslosen Situation – die Tränen in die Augen. Am liebsten hätte ich ihr mein Handy hinterhergeworfen. Stattdessen entlud sich meine Wut im anschließenden Gespräch mit der Kitaleiterin, die natürlich auch nichts dafürkonnte.

Über »Mental Load« – also die vielen Gedanken, Planungen, Termine, Listen, die permanent im Hinterkopf mitlaufen – wusste ich damals noch nichts. Dabei war er natürlich da und wurde mehr, je schneller und vollgepackter mein Leben wurde. Zum Familienmanagement gehören viele Aufgaben, die gar nicht wahrgenommen werden, weder von der Gesellschaft noch von den Eltern selbst. Zur Arbeit zu Hause gehören neben Einkaufen, Kochen, Waschen, Aufräumen und Putzen auch solche Aufgaben wie etwa Geschenke für Kindergeburtstage zu organisieren, dafür zu sorgen, dass genügend Geschenkpapier vorhanden ist, und vorher herauszufinden, was sich das Kind wünscht.

Für kleine Kinder müssen Verabredungen getroffen und organisiert werden, man muss festlegen, wer wann mit wem nach Hause geht und wann von wem wieder abgeholt wird. »Mental Load« umfasst die geistige Belastung, die bei der Organisation von Alltag und Haushalt entsteht. Diese Verantwortung, an alles denken zu müssen, wächst mit der Zahl der Familienmitglieder und ist eine unsichtbare Aufgabe. In seiner ursprünglichen Bedeutung meint der Begriff die gedankliche, oft unsichtbare Arbeit, die insbesondere im Familienkontext anfällt und vor allem Mütter häufig an den Rand des Burn-outs bringt. Ich erinnere mich an viele Nächte, in denen meine Gedanken nicht aufhörten zu kreisen und ich innere Checklisten und Notizzettel erstellte: daran denken, die aktuelle Schuhgröße meines Sohnes zu messen, um neue Winterstiefel zu bestellen – frische Wechselkleidung für die Kita mitgeben – ihn auf die Warteliste für den Schwimmkurs setzen und so weiter. Morgens wachte ich gerädert auf und hatte trotzdem die Hälfte der Dinge vergessen, über die ich nachts nachgedacht hatte.

In der Zusammenfassung der Studie des Deutschen Instituts für Wirtschaftsforschung zum Wohlbefinden von Müttern heißt es, in Deutschland herrsche ein »relativ stark« ausgeprägtes Mutterschaftsideal. »Das Leitbild intensiver Mutterschaft wird durch das ebenfalls virulente Ideal der erwerbstätigen (beziehungsweise -fähigen) Mutter kontrastiert. Dieses postuliert die uneingeschränkte Verfügbarkeit der Mutter für den Arbeitsmarkt und den Arbeitgeber.« Die Mutter bediene dadurch einerseits das soziale Ideal von Eigenständigkeit, andererseits erfülle sie die mütterliche Vorbildfunktion durch persönliche Erfüllung und Verwirklichung. Das Ideal verstärke sich zusätzlich durch »arbeitgeberspezifisches Sanktions- und Gratifikationsverhalten«.

Im Spannungsfeld dieser beiden konkurrierenden Leitbilder von Mutterschaft bewegt sich also die Mutter von heute – und kann letztendlich natürlich keiner Erwartungshaltung gerecht werden und sich nur gescheitert fühlen. Die Folgen sind mentaler Stress, sozialer Rückzug, depressive Verstimmungen und Angstgefühle.

Etwa ein Viertel der Frauen mit Kindern zwischen vier und sieben Jahren berichtete in der Studie sogar von Einschränkungen in ihrer Leistungsfähigkeit aufgrund von emotionalen Problemen. Auch leiden viele Frauen unter fehlender Energie. Die Belastungssymptome nehmen im Laufe der Jahre sogar weiter zu. »Es ist also weniger die starke physische Belastung der ersten Jahre, die den größten negativen Effekt auf das mentale Wohlbefinden der Mütter hat. Vielmehr sind es möglicherweise Spannungen zwischen verschiedenen gesellschaftlichen Mutterschaftsidealen, die mit den Jahren zunehmen«, heißt es beim DIW.

Wir zogen in eine andere Stadt um, als mein Sohn vier Jahre alt war. Ich hatte einen neuen Vollzeitjob angenommen, für die Eingewöhnung in die neue Kita kam mein Vater ein paar Tage zu uns. Während ich zwischen Umzugskartons und Innenstadt-Büro pendelte und nicht einmal wusste, wann ich überhaupt noch Einkäufe, Arzttermine oder gar mal ein bisschen Sport schaffen sollte, bombardierte mich mein neuer Chef bis spätabends mit Anrufen. Mein Sohn litt sichtbar unter der neuen Situation: Abends konnte er nur eng an mich gekuschelt einschlafen. Ein paar Tage später nahm mich seine Erzieherin beim Abholen zur Seite: Dass bei der Eingewöhnung mal ich, mal der Opa dabei sei, wäre keine gute Idee. »Ihr Sohn braucht Kontinuität.« Am nächsten Morgen fiel mir erst die Haustür versehentlich ins Schloss – natürlich steckte der Schlüssel innen – und dann mein Smartphone in die Bürotoilette. Auf dem Heimweg konnte ich nicht anders, ich war fix und fertig und heulte Rotz und Wasser. Ich hatte das Gefühl, für alles alleine verantwortlich zu sein und sowohl als Mutter als auch als Kollegin komplett zu versagen. Dazu das unfertige Zuhause, die ungewohnte Umgebung – ich merkte, dass ich vor Erschöpfung kurz vor dem Burn-out stand. Mein Mann – wir hatten mittlerweile geheiratet – war in dieser Phase ebenfalls keine Hilfe. Er war wegen eines neuen Jobs zeitgleich in eine andere Stadt gezogen und dort selbst damit beschäftigt, sich neu zu sortieren.

Der dänische Familientherapeut Jesper Juul schrieb in einem Essay mit dem Titel »Frau und Mutter«, dass ihn Beschreibungen von Frauen und Müttern in den Medien oft irritierten, weil »sie als isolierte Individuen beschrieben werden, als ob ihr Verhalten und ihre Unzulänglichkeiten eher Persönlichkeitsmerkmale als soziale beziehungsweise systemische Reaktionen wären«. Mutterfixierung sei aber oft das Ergebnis »der physischen und emotionalen Abwesenheit der Väter«. Die Frauen sollten also ermutigt werden, ihren Partner »aufzurütteln«.

Doch das klingt einfacher, als es ist. Zwar rechneten wir damit, dass mein Mann nicht ewig in seiner neuen Wirkungsstätte bleiben würde, und hatten uns für zwei Wohnsitze entschieden, um unserem Sohn nicht alle paar Jahre wieder einen neuen Umzug zuzumuten. Also lebten wir de facto getrennt, was natürlich auch nicht gut war. Aber ich wollte weder meine eigenen Ansprüche an Umfeld und Job hintanstellen, noch wollte ich ihm bei seiner Karriere im Weg stehen. Ihm ging es offenbar ähnlich. Hätte einer von uns den anderen aufrütteln sollen? Und wenn ja, hätte das funktioniert? Ich weiß es bis heute nicht. Wenn es um die Lebensentwürfe von Menschen geht, lässt sich die Theorie nicht immer in die Praxis umsetzen, auch wenn alle Seiten willens dazu sind. Trotzdem litt ich auch unter dem Gefühl, ihm eine schlechte, weil abwesende Ehefrau und meinem Kind wegen der Trennung zum Vater eine schlechte Mutter zu sein. Es war ein Teufelskreis.

Laut Juul, der etliche Bücher zu Erziehung und Beziehungen innerhalb der Familie geschrieben hat, ist die Einsamkeit von Müttern »offensichtlich«. »Und alles, was aus ihr resultiert, ist, dass Kinder entweder übermäßig beschützt und verwöhnt – oder vernachlässigt und überfordert werden.« Unabhängig vom sozialen Status habe er dieselbe Beobachtung gemacht: »Wann immer eine frustrierte, unglückliche und unzufriedene Frau anfing, ihr wahres Selbst zu entdecken, wurde sie von der Angst überwältigt, egozentrisch zu sein und als egozentrisch abgestempelt zu werden.« Womit sich inhaltlich der Kreis schließt, denn auch Egozentrik ist vermutlich eine Eigenschaft der »Rabenmutter«.

Juul, der 2019 im Alter von einundsiebzig Jahren starb, war der Auffassung, dass die Art und Weise, wie Eltern miteinander umgehen, streiten und Konflikte austragen, entscheidend ist für die Entwicklung der sozialen Kompetenzen von Kindern. Mütter würden enorm profitieren, wenn sie mehr über sich selbst lernen könnten und die Möglichkeit bekämen, ihre persönlichen Grenzen und Möglichkeiten zu definieren, befand er. Nur auf diese Weise würden sie in der Lage sein, gesunde Beziehungen zu ihren Kindern aufzubauen. Sich gut um sich selbst und um die Paarbeziehung zu kümmern sei das wertvollste Geschenk, das Eltern ihren Kindern geben können.

Aber was, wenn die Wünsche so sehr auseinanderklaffen, dass sie sich kaum vereinbaren lassen?

Weiter schrieb er: »Ich sehe Mütter, die nicht in der Lage sind, ihre persönlichen Grenzen zu definieren und auszudrücken. Dabei sind sie oft so frustriert, dass sie wissen wollen, wie sie Grenzen für ihre Kinder setzen sollen. Als ob Regeln für Kinder persönliche Grenzen ersetzen könnten. Die Logik hinter diesem Denken scheint zwei Ursprünge zu haben: Der eine ist die alte Idee, dass Kinder Grenzen in Form von festen und konsequent ausgeführten Regeln brauchen. Der andere Ursprung liegt darin, dass es für diese Frauen einfacher zu sein scheint, zu verlangen, dass Regeln ernst genommen werden, als zu fordern, dass sie selbst ernst genommen werden.«

Ich selbst zog meine Grenze kurz nach der tränenreichen Heimfahrt: Ich kündigte den neuen Job noch in der Probezeit und arbeite seither selbständig.

So deprimierend Juuls Aussagen sind, so mutmachend sind andere. Er war auch der Meinung, dass es letztendlich unmöglich ist, als Eltern perfekt zu sein – und das würde auch die Kinder viel zu sehr unter Druck setzen. Er plädierte für Authentizität statt übertriebener elterlicher Fürsorge: Es sei nicht gut, wenn Eltern immerzu versuchten, das Verhalten ihrer Kinder zu kontrollieren und ihre Umwelt so zu gestalten, dass die Kleinen keine Enttäuschungen erleben. »Dieser Kokon schließt das echte Leben mit all den Konflikten und Rückschlägen aus. Ein Kind, das so aufwächst, wird meist ein schüchterner und ängstlicher Mensch«, so Juul in einem Interview. Er empfahl, stattdessen Orientierung zu bieten und Kindern die Welt wie eine Art Fremdenführer zu zeigen. Zeiten der Frustration und des Unglücklichseins seien normal. »Beide Eltern sind wichtig für das Kind. Und wenn jeder seine Rolle akzeptiert, kann die ganze Familie davon profitieren.« Die Erwachsenenrollen bilden im besten Fall das Spektrum zwischen Bindung und Autonomie ab. Die Psychologin Julia Tomuschat schreibt in ihrem Buch *Nestwärme, die Flügel verleiht*: »Wenn Paare Eltern werden, sind die Frauen zunächst die Hüterinnen des Nestes. Das Kind wächst im Mutterleib heran und gewöhnt sich schon dort an die Stimme, den Herzschlag und die Bewegungen der Mutter.«

Mütter übernähmen meist die fürsorgliche Rolle, die dem Kind die überlebenswichtige Wärme und Zuneigung gibt. Der Vater hingegen agiere oft als Spiel- und Förderpartner, der es auch besser aushält, wenn sich die Kinder ausprobieren und die Welt erkunden. »Wenn es gut läuft, können sich Vater und Mutter bereits bei der Betreuung des Babys und des Kleinkindes optimal ergänzen«, schreibt Tomuschat.

Wenn diese Arbeitsteilung nicht immer gelingt, muss das nicht nur die Schuld der Väter sein. Tomuschat zeigt in ihrem Buch Beispiele auf, in denen Mütter manchmal mehr Probleme hatten, loszulassen. Um die extreme Form des mütterlichen Kontrollbedürfnisses dreht sich die Diskussion um das sogenannte »Maternal Gatekeeping«. Seit Jahrzehnten wird an dem Thema geforscht, etwa jede fünfte Frau blockiert Studien zufolge ein größeres väterliches Engagement im Familienleben. Die psychologische Erklärung dafür ist, dass solche Mütter in ihrem Partner keinen gleichberechtigten und kompetenten Elternteil sehen. Also nehmen sie ihm das Baby ab, sobald es weint, kritisieren ihn ununterbrochen, er habe den Brei zu warm gekocht oder die Windel zu locker gebunden. Sie verteidigen ihre Domäne der Care-Arbeit wohl auch deshalb, weil sie einen großen Teil ihres Selbstbewusstseins daraus ziehen, zumindest in den eigenen vier Wänden am besten zu wissen, wie es funktioniert. Ich habe selbst erlebt, wie Frauen ihre Männer vor versammelter Mannschaft wegen Kleinigkeiten rüffelten, weil sie mit dem Baby angeblich irgendetwas falsch gemacht hatten. Allerdings fallen mir mehr Männer ein, die eine innere Verweigerungshaltung zu haben scheinen, wenn es beispielsweise darum geht, rechtzeitig Abendbrot zu servieren, damit die nötigen Schlafenszeiten eingehalten werden können. Übermüdete Kinder sind kein Drama, schon klar, aber wenn die Ausnahme zur Regel wird, tut man niemandem einen Gefallen.

Bei dem beschriebenen »Maternal Gatekeeping«-Phänomen geht es aber offenbar weniger um die Beziehung zum Kind, sondern eher um eine Bindungsstörung zum Partner: Die Frau ist aufgrund eigener frühkindlicher Erfahrungen unfähig, sich auf mehr als eine Beziehung einzulassen, und drängt deshalb eine Person aus der Dreierkonstellation – in den meisten Fällen den Vater. In Wirklichkeit sind diese Extremfälle aber sehr selten. Viel häufiger resultiert die ungleiche Aufgabenverteilung laut Studien aus den traditionellen Rollenbildern, die gelebt werden. Immerhin arbeiten dreiundneunzig Prozent der Väter mit Kindern unter sechs Jahren Vollzeit, während das nur siebenundzwanzig Prozent der Mütter tun.

Ein anderes psychologisches Phänomen beschreibt die Angst, nicht gut genug zu sein – ob nun im Job oder als Mutter. Bei dem »Impostor-Phänomen« fühlen sich Betroffene wie Hochstaplerinnen und leiden unter massiven Selbstzweifeln in Bezug auf die eigenen Fähigkeiten, Leistungen und Erfolge. Ein Erklärungsversuch geht zurück in die Kindheit, in der der Betroffenen von ihren Eltern nicht genug Selbstwert vermittelt wurde. Dieses Defizit führt bei der Mutter letztendlich zu der Überzeugung, sie könne sich Liebe und Anerkennung nur über Leistung verdienen. In mehr oder weniger abgeschwächter Form kommen solche Gefühle relativ häufig vor.

Als Fazit bleibt die Erkenntnis, dass Elternsein letztlich ein endloses Learning by Doing bedeutet. Wer sich das klarmacht, spürt auch weniger Druck: Ich muss nicht perfekt sein, ich bin kein Roboter.

Es gibt einen Song, den mein Sohn gerne und oft hört, mittlerweile kann ich ihn selbst auswendig: »Keine Maschine« von Tim Bendzko. Darin heißt es: »Ich bin doch keine Maschine, ich bin ein Mensch aus Fleisch und Blut. Und ich will leben, bis zum letzten Atemzug.« Dann geht es weiter: »Ich brauche die Kontrolle zurück, kann nicht mehr nur funktionieren.« Auch wenn das Lied erschienen ist, lange bevor der Sänger selbst Vater wurde – wenn mein Sohn und ich es laut durchs Wohnzimmer grölen, dann hilft das.

Ebenso wichtig wie mein Kind zu ernähren, für seine Bildung und die Fähigkeit zur Autarkie zu sorgen, empfinde ich es, ihm Selbstachtung und Selbstfürsorge vorzuleben. Dazu gehört auch, die eigenen Grenzen zu testen und zu verteidigen, für sich selbst und die eigenen Bedürfnisse einzustehen. Nein heißt nein, das lernen die Kleinen bereits im Kindergartenalter. Und das gilt genauso für Erwachsene gegenüber den eigenen Kindern – auch für mich gegenüber meinem Sohn. Wenn ich merke, dass ich mit meiner Kraft am Ende bin, dann ist es in Ordnung, wenn ich sage: »Bis hierhin und nicht weiter.«

Eine Freundin von mir, Mutter zweier Töchter, sagte mal: »Auch wenn ich keine Frau war, die ihr ganzes Leben gedacht hat, es ist ihre Erfüllung, Mutter zu werden – jetzt finde ich es toll! Ich habe so viel Spaß mit meinen Kindern und bin stolz auf sie. Und ich möchte, dass sie immer wissen, dass ich Bock hab, ihre Mama zu sein. Aber es gab und gibt immer wieder Momente, da bin ich so fix und fertig, dass ich gerade niemand für irgendwen sein möchte – weder Ehefrau noch Partnerin noch Tochter noch Mutter. Da will ich doch nur schlafen und in Ruhe gelassen werden, damit dieses Gefühl einfach nur vorbeigeht.«

Mit sich selbst zufrieden zu sein ist schwierig. Tradierte Vorstellungen davon, wie die ideale Beziehung, die perfekte Familie, der Traum vom Eigenheim aussehen sollten, stehen uns im Weg. Die Welt dreht sich jeden Tag einmal um sich selbst, Beziehungen definieren sich immerzu neu, Gesellschaften verändern sich. Niemand muss sich schuldig fühlen, weil er oder sie den überfrachteten Erwartungen nicht entspricht. Niemand muss sich fragen, ob irgendetwas mit ihr oder ihm nicht stimmt, nur weil die gängigen Rollenbilder nicht passen.

Die Inszenierung perfekter Körper und Leben auf Social Media

Gut ein Viertel der Vierzehn- bis Einundzwanzigjährigen in Deutschland macht jeden Tag Selfies. Was daran besonders interessant ist: Fünfundvierzig Prozent der Frauen knipsen mehr als fünfzig Stück, bevor sie eines davon auf Social Media posten. Männer sind da offenbar weniger wählerisch oder selbstkritisch, nur jeder fünfte macht so viele Versuche für ein Posting. Diese Zahlen hat das Magazin *Brand 1* für ein Schwerpunktheft zum Thema »Körper« zusammengetragen. Offen bleibt, ob Frauen einfach schlechter fotografieren – oder ob sie allgemein unzufriedener mit dem Ergebnis sind. Ich vermute, es ist Letzteres.

Ich bin keine gute Selfie-Knipserin. Mir fehlen die Übung und vermutlich auch die richtigen Filter, um eine für mich akzeptable Auswahl zu treffen. Wenn ich Fotos von mir betrachte, fällt mir aber sofort alles auf, was ich nicht an mir mag: Augenringe, große Nase, Falten. Als Kind der 1980er und 1990er bin ich mit Analogkameras aufgewachsen, bei denen es dauerte, ehe der Film voll war, und dann musste man mitunter noch wochenlang auf die Abzüge warten. Es gab weder eine Art Selfie-Kultur noch Modelshows im Fernsehen. Die einzigen Posen, die ich kannte, stammten aus der *Bravo* und der *Bravo Girl*.

Meine Referenz heute ist trotzdem nicht das gleichaltrige Lieschen Müller von nebenan, sondern es sind die perfekten Porträts unbekannter Schönheiten auf Instagram, Snapchat, TikTok und Co. Dass die abgebildeten Personen in der Realität vermutlich ganz anders, viel normaler und nicht perfekt aussehen, weiß ich zwar, aber ich kann das als Erklärung, warum ich mit meinem eigenen Abbild unzufrieden bin, nicht gelten lassen.

Hinzu kommt, dass ich – wie vermutlich die meisten Menschen – keine Zeit und Muße habe, mein schulterlanges Haar stundenlang mit Glätteisen oder Lockenstab und mein Gesicht mit mehreren Schichten Make-up zu bearbeiten. Ich bin froh, wenn ich es schaffe, mir alle zwei Tage die Haare zu waschen. Trocknen müssen sie von allein, während ich schon wieder mit anderen Dingen beschäftigt bin – Arbeiten zum Beispiel. Je älter ich werde und je mehr Aufgaben in den Tag passen müssen, desto stärker fällt mir auf, zu welcher Dauerbaustelle mein Körper inzwischen geworden ist. Ständig muss irgendetwas präventiv getan oder repariert werden. Kaum habe ich meine Fingernägel frisch gefeilt und lackiert, schreit das Haar mal wieder nach einer Kur. Und ist die Hornhaut von den Füßen entfernt, müssen diverse Körperstellen von Stoppelhaaren befreit werden.

Natürlich *muss* ich das alles nicht machen, es gibt ja keine Körperpolizei. Aber dann lässt sich das Kopfhaar irgendwann überhaupt nicht mehr ordentlich durchkämmen, und womöglich passieren an anderen Körperteilen noch viel schlimmere Dinge: eingewachsene Zehennägel zum Beispiel, die dann operiert werden müssen. Selbst wenn ich auf die täglichen Schönheitsreparaturen bei mir verzichten würde, blieben immer noch die vielen Körperaufgaben, die mir beim Arztbesuch, beim Frisör oder der Kosmetikerin als unbedingt nötig verkauft werden: regelmäßig die Brust abtasten, alle paar Wochen Spitzen schneiden, den Beckenboden trainieren, das Gesicht tiefenreinigen, einmal die Woche Peeling und so weiter und so fort. Schon die Liste an Dingen, die an meinem Körper unter allen Umständen gemacht werden müssen, um wenigstens das Nötigste für seine Erhaltung getan zu haben, erscheint mir endlos. Meine Zahnärztin belüge ich inzwischen schon eiskalt: Natürlich benutze ich täglich Zahnseide, na selbstverständlich.

Alle naselang gibt es einen Trend auf Social Media, sich ausnahmsweise mal ganz natürlich zu zeigen – ohne Make-up und ohne Fotofilter. Vor allem Frauen posten dann Bilder von sich mit Hashtags wie #nomakeup oder #wokeuplikethis, die sie angeblich morgens direkt nach dem Aufwachen und ohne Bearbeitung von Foto oder Gesicht zeigen. Alles Lüge: Beim genaueren Hinsehen sind dann mindestens die permanenten Fake Lashes zu erkennen, die gebladeten Augenbrauen, tätowiertes permanent Make-up und aufgespritzte Lippen. »Natürlich« im eigentlichen Sinne ist da nichts, stattdessen wurde kräftig nachgeholfen. Ähnliches ist beim Trend der Body-Positivity zu beobachten: Frauen zeigen sich, »wie sie sind« – aber eben inklusive manikürten Gelnägel, gefärbtem Haar und Selbstbräuner-Teint.

Was ist so schlimm an unserem tatsächlich natürlichen Aussehen, dass wir ständig nachbessern, uns von Kopf bis Fuß optimieren wollen und uns ohne all das Zeug nicht mehr wohlfühlen? Zum Teil merken wir nicht einmal mehr, wie sehr wir nach den vielen Treatments von unserem naturgegebenen Körper abweichen. Dürfen wir überhaupt ganz wir selbst sein, wenn dieses Selbst aufgefüllt ist mit Silikon und Fillern, glattgezogen mit Botox, in Form gebracht durch diverse Geräte und überdeckt mit Schminke?

Auch ich kann mich nicht davon frei machen. Seit meiner Jugend ziehe ich mir meine hellen Augenbrauen nach und benutze Mascara. Es gab Tage, an denen ich mich zu hässlich fühlte, um das Haus zu verlassen. Zum Beispiel, weil ich Pickel hatte oder wahrscheinlich einfach schlecht drauf war. An diesen Tagen überdeckte mein Make-up mehr als Hautunreinheiten. Meine Theorie ist: Wer nicht hundertprozentig im Reinen ist mit sich selbst, hat den Drang, nachhelfen zu müssen, um sich einigermaßen vorzeigbar zu fühlen. Das kann ich jedenfalls für mich selbst so bestätigen.

Als ich mal vergessen hatte, meine Augenringe zu überdecken, erntete ich mitfühlende Blicke und wurde gefragt, ob ich krank sei. Schminke, um gesund auszusehen? Ist das also der Zustand mit Mitte vierzig? Die Frage dahinter ist: Ist diese ständige Selbstoptimierung noch gesund? Die Antwort ist nein. Schlimmstenfalls können die selbst bei größter Anstrengung lückenhaft bleibenden Optimierungsversuche zu Essstörungen führen, zu Selbstzweifeln und Depressionen.

Ob auf Instagram, TikTok oder YouTube – mit Hilfe von perfekter Beleuchtung, Make-up, Kamerafiltern und unzähligen Möglichkeiten der Nachbearbeitung zeigen Fotos und Videos in den sozialen Netzwerken selten die Realität, sondern in den meisten Fällen stark geschönte, perfekt gestylte Inszenierungen. Die ständige Konfrontation mit vermeintlichen Schönheitsidealen und dem dazugehörigen glamourösen Leben in Saus und Braus kann vor allem für junge Nutzerinnen und Nutzer schwerwiegende Folgen haben. Mit weltweit einer Milliarde Userinnen und Usern ist Instagram derzeit eines der am schnellsten wachsenden sozialen Netzwerke. Bei Jugendlichen in Deutschland war es 2018 nach WhatsApp das meistgenutzte Netzwerk, das gilt für Mädchen noch mehr als für Jungen. Viele sind täglich mehrere Stunden online – das führt zwangsläufig zu einer verzerrten Wahrnehmung.

Zu den Auswirkungen dieses suchtähnlichen Verhaltens wird bereits seit mehreren Jahren geforscht, etwa mit Blick auf Essstörungen und Depression. Das Internationale Zentralinstitut für das Jugend- und Bildungsfernsehen (IZI) des Bayerischen Rundfunks und die MaLisa Stiftung haben untersucht, was die Bilder von Influencerinnen und die eigene Selbstinszenierung auf Instagram mit den Jugendlichen machen. Das Ergebnis: Die befragten

Mädchen (etwa die Hälfte aller Vierzehnjährigen nutzt Instagram zur Selbstpräsentation) haben das Gefühl, dadurch Teil einer größeren Gemeinschaft zu werden. Durch Fotos und Videos können sie das von sich präsentieren, was andere von ihnen sehen sollen. Undenkbar ist es für sie, sich nicht optimiert zu zeigen, beispielsweise mit fettigem Haar oder dreckiger Kleidung. Vor allem bei Mädchen steht der Wunsch, sich gut gelaunt und von ihrer besten Seite zu zeigen und dabei »möglichst natürlich« auszusehen, an erster Stelle.

»Möglichst natürlich« hat mit »naturgegeben« allerdings so gut wie nichts zu tun. Für die angebliche Natürlichkeit werden Filter und Bearbeitungsprogramme genutzt: um Haut und Haare zu färben, Zähne aufzuhellen oder den Bauch flacher zu machen. Es sei »eine Verschiebung des Begriffs *natürlich*« zu beobachten, schreiben die Autorinnen und Autoren der Studie. Bearbeitete Bilder werden von den Jugendlichen als schöner und natürlicher beurteilt, parallel sinkt ihr eigenes Selbstwertgefühl: »Das innere Bild der Mädchen ist hier vermutlich schnell bereit, sich einem verzerrten neueren Ideal anzupassen.«

Die verzerrte Wahrnehmung beginne mitunter früh und fange bereits bei kleinen Kindern an, die groteske Körperbilder in Zeichentrickfilmen zu sehen bekommen: Da gibt es Eiskönigin Elsa mit überlangen Beinen oder Arielle, die die typische Disney-Wespentaille, dazu Kurven an Busen und Po sowie Riesenaugen und dickes, langes Haar hat. Es wurde mal ausgerechnet, dass eine Frau rund zwei Meter groß sein und sich eine Rippe entfernen lassen müsste, um überhaupt die Chance zu haben, die Figur von Barbie zu erreichen. Dann jedoch hätte sie wohl mit allen möglichen Krankheiten zu kämpfen. Ich vermute, sie würde außerdem nach wenigen Schritten umkippen, da die Füße im Verhältnis zu ihrem restlichen Körper mini sind. Jeder von uns braucht Vorbilder – und so, wie diese sich präsentieren, prägt das unsere Vorstellungen von Normalität, in die wir uns selbst versuchen einzuordnen. Wer sich täglich stundenlang – auch nur virtuell – mit Models und Influencerinnen umgibt, sucht mitunter vergeblich nach dem eigenen Platz in dieser Scheinwelt.

Denn »statistisch hat nur eine von 40 000 Frauen die Körpermaße eines Laufsteg-Models, dennoch sind sie visuell für Jugendliche die dominante Erscheinungsform von Frauen und nicht zuletzt auf Instagram als Influencerinnen diejenigen, denen sie folgen«, heißt es in der Studie weiter. Analysen zeigen, dass Frauen vor allem im Beauty-, Lifestyle- und Modebereich bloggen. Bei Männern gibt es eine größere Bandbreite, was sich auch auf der Nutzerseite widerspiegelt.

Die repräsentative Studie zeigt, dass Selbstoptimierung in Social Media ein geschlechterspezifisches, vornehmlich weibliches Thema ist. IZI-Leiterin Maya Götz schreibt darin vom »Phänomen der Selbstobjektivierung«: Mädchen und Frauen sehen »die eigene körperliche Erscheinung distanziert als Objekt und richten ihren Blick auf Details, was zu einem gesteigerten Unwohlsein mit dem eigenen Aussehen führt«. Im ständigen Vergleich mit den Influencerinnen nehmen sie ihren eigenen Körper als unvollkommen und weniger schön wahr.

Die eigene Inszenierung ist zwar theoretisch selbstbestimmt, aber natürlich immer davon beeinflusst, was uns prägt und an welchen Vorbildern wir uns orientieren. »Kritische Fragen, ob es beispielsweise überhaupt sinnvoll und ihrer Identität zuträglich ist, einem so stereotypen Schönheitsideal genügen zu wollen, werden nicht gestellt«, monieren die Autorinnen und Autoren der Influencer-Studie. Auf die Idee, dass es per se frauenfeindlich ist, ausschließlich das Aussehen in den Fokus zu stellen, kämen die Nutzerinnen nicht. Im Gegenteil, sie seien »perfekt angepasst und formulieren ihre Selbstinszenierung ausgesprochen kompetent im Sinne eines neoliberalen Frauenbildes, bei dem die Selbstoptimierung und das sich und anderen Gefallen im Mittelpunkt stehen«.

An einem weinseligen Abend unter Freundinnen sprachen wir

vor ein paar Jahren über Schönheitsoperationen. Eine sagte, sie würde sich gerne die Brust vergrößern lassen. Nicht für die Männer, die ihrer Meinung nach alle auf große Brüste stehen, sondern für ihr eigenes Gefühl, sagte sie. Daraufhin fragte sie eine andere, ob sie sich auch dann Silikonbrüste machen lassen würde, wenn sie auf einer einsamen Insel leben würde. Die Antwort war eindeutig – und damit auch der wahre Beweggrund.

Anderen um (fast) jeden Preis gefallen zu wollen ist offenbar eine vornehmlich weibliche Eigenschaft – unter Jugendlichen, aber auch unter Müttern. Eigentlich wollen wir uns alle authentisch zeigen, doch »Likes« sind eine messbare Anerkennung – und die gibt es bei Instagram nun einmal überwiegend für gute Optik. So entstehe »eine postfeministische Maskerade, in der die Mädchen sich bewusst als weiblich inszenieren«. Allerdings nicht, um männliche Anerkennung zu erlangen, sondern vielmehr Beifall von ihresgleichen. Wo die Mädchen zu gnadenlosen Richterinnen ihrer selbst werden, verzerrt sich das Verständnis von »natürlich« oder »spontan« immer mehr.

Influencerinnen haben eine nachweisbare Bedeutung als Vorbilder. Studienleiterin Götz schreibt: »Den Zwang zur Selbstbeschränkung, den früher das Patriachat ausübte, hat heute die Mode- und Schönheitsindustrie übernommen, und Mädchen (und Frauen) fügen sich heute diesen Zwang freiwillig selbst zu.« Für akzeptabel hält Götz das nicht. Sie schlägt pädagogische Maßnahmen vor wie etwa Psychoedukation, wo über Körperbilder gesprochen und bei der Einordnung geholfen würde. Auch sollten sich Influencerinnen ihrer Rolle bewusster werden, Gegenbeispiele und eine Erweiterung des Frauenbildes seitens der Medien könnten ebenfalls helfen und sollten darum gezielt gefördert werden. »Aufgabe sollte es sein, Mädchen heute vom Perfektionsdruck, der auf ihrer Selbstinszenierung liegt, mehr zu entlasten und sie in der Entwicklung ihrer eigenen Individualität zu unterstützen.«

Aber nicht nur, wie Influencerinnen sich stylen, bestimmt die Maßstäbe. Was Männer an Frauen schön finden, spielt weiter eine wichtige Rolle und wird ebenfalls durch die sozialen Medien beeinflusst. Wer viel Zeit dort verbringt, legt mehr Wert auf Schönheitsideale beim anderen Geschlecht: Für zweiundsechzig Prozent der Männer, die Instagram, YouTube und Co intensiv nutzen, sollte eine Frau vor allem schlank und hübsch sein, zeigt eine Studie der Kinderhilfsorganisation Plan International über Rollenbilder in den sozialen Medien. Bei Männern, die dort seltener online sind, sind es nur sechsundvierzig Prozent. Dieser Hang zu Äußerlichkeiten geht offenbar einher mit einem stark traditionellen Rollenverständnis.

Während in den klassischen Medien seit Jahren über Gleichberechtigung, Frauenquote, die paritätische Besetzung politischer Ämter und ungleiche Lohnstrukturen diskutiert wird, kommen diese Themen in den sozialen Medien kaum vor. Laut Plan International verstärkt die Nutzung von Instagram und Co sogar traditionelle und stereotype Ansichten über die Rollenverteilung zwischen Mann und Frau. Erschreckend: Rund ein Drittel der in der Studie von 2019 befragten Nutzerinnen findet es völlig in Ordnung, dass Frauen bei gleicher Arbeit weniger verdienen als Männer. Bei den Frauen, die seltener in den sozialen Netzwerken unterwegs sind, sind das nur siebzehn Prozent. Ähnliche Tendenzen zeigen sich bei männlichen Nutzern. Was die Schlussfolgerung nahelegt, dass ein Zusammenhang zwischen der Nutzung sozialer Medien und Vorstellungen über Geschlechterrollen besteht.

Warum sollte auch jemand, der sich täglich stundenlang mit längst überwunden geglaubten Stereotypen der 1950er Jahre umgibt, aus diesem Denken ausbrechen? Nur etwa ein Drittel der Befragten stört sich an den vermittelten Rollenklischees. Das Fazit von Plan International fällt entsprechend vernichtend aus: Die sozialen Medien hätten eigentlich großes Potenzial, Veränderungen anzustoßen und die Ansichten zu Geschlechterrollen positiv zu beeinflussen – immerhin nutzt fast die Hälfte der Weltbevölkerung soziale Netzwerke –, doch de facto bremsen Instagram und Co die Gleichberechtigung aus.

Trotzdem gewinnt das Influencer-Marketing auch bei Eltern-Bloggern und Kindern an Einfluss. Abgesehen davon, dass Eltern, die im Sinne des »Sharenting« (*share + parenting*) Fotos ihrer minderjährigen Kinder auf Social Media zeigen, damit gegen deren Persönlichkeitsrechte verstoßen, weiß niemand, was mit den Bildern im Netz passiert. Organisationen wie das Deutsche Kinderhilfswerk warnen regelmäßig davor, so leichtfertig mit den Konterfeis der eigenen Kinder umzugehen. Hinzu kommt: Jede Mutter und jeder Vater weiß, wie schwierig es mitunter ist, überhaupt ein schönes Foto vom Nachwuchs hinzubekommen. Wie viel Zeit und Mühe hinter den perfekten Bildern mancher #Instakids stecken, lässt sich nur erahnen– in jedem Fall Zeit, die die Kinder vielleicht lieber mit Spielen verbracht hätten.

Der Wahnsinn beginnt immer früher. Mamabloggerinnen liefern Content von Schwangerschaft und Geburt, Schlaf-, Still- und Ernährungstipps bis hin zu Rezepten und Dekotipps für Geburtstagstorten oder Einschulungstüten – wie andere Influencerinnen auch oft in Kooperation mit Werbepartnern. Gebloggt wird vor allem für andere Mütter, dafür werden dieselben Stilmittel der optischen Selbstoptimierung angewandt wie bei anderen Themen.

Längst nicht immer ist das Ausdruck eines optischen Mitteilungsdrangs. Eine von der Konrad-Adenauer-Stiftung herausgegebene Studie spricht von mindestens zweitausendvierhundert deutschsprachigen Familienblogs, die eine Form von »Gemeinschaft und Solidarität in einer herausfordernden Lebensphase« bieten. Die meistgelesenen Blogs werden demnach von Müttern in urbanem, akademisch gebildetem Umfeld geschrieben, enthalten werbliche Inhalte und verfolgen insofern auch ökonomische Interessen.

Interessant finde ich immerhin, dass laut der Untersuchung in vielen Familienblogs die Mutterrolle »neu verhandelt« wird, »indem auch die Schattenseiten des Lebens mit Kindern thematisiert werden«. Wenn Elternblogs auch den wenig perfekten Alltag präsentieren, könnte das der Stiftung zufolge Mutterschaft neu definieren, und zwar jenseits der idealisierten Vorstellungen. Bloggen als Ermächtigung insbesondere von Müttern, die die Definitionsmacht über ihre Rolle übernehmen und sich in ihren widersprüchlichen Facetten zeigen: Das sei auch eine Chance, die altbekannte Dichotomie zwischen »guten Müttern« und »schlechten Müttern« zu überwinden, indem die Vielschichtigkeit von Mutterschaft heute sichtbar wird.

Was die nach dem christlich-konservativen Kanzler benannte Stiftung in diesem Zusammenhang unter Vielschichtigkeit versteht, klingt vernünftig. »Intensive Elternschaft« sei das dominante Erziehungsprinzip und verstehe sich »in ihrer Bedürfnisorientierung am Kind als Gegenentwurf zu traditionellen Erziehungsprinzipien«, schreiben die Studienautorinnen und -autoren.

Tatsächlich ist die inhaltliche Bandbreite ziemlich groß und reicht von spezialisierten Blogs, beispielsweise über das Leben als Regenbogenfamilie mit homosexuellen Eltern, bis hin zu sehr allgemein gehaltenen Kanälen und Webseiten. »Familie ist keine Identitätsschablone, in die sich Individuen einfügen, sondern für Familien ist es notwendig, eine Familienidentität immer wieder neu zu erschaffen.« Oft seien die Blogs daher Ausdruck der jeweiligen Familienidentität.

Ob die Blogs dazu beitragen können, Familien- und Rollenideale von gestern zu überwinden, lässt sich aktuell kaum abschätzen. Die Frage nach dem Nutzen für Leserinnen und Leser beurteilen die Forschenden widersprüchlich: Demnach führt das Lesen auf Facebook zum Beispiel gerade bei jungen Eltern zu erhöhtem Stress, andererseits könnten interaktive Internetaktivitäten bei der Bewältigung der Herausforderungen helfen.

Ein dahingehend nach meiner Meinung besonders empfehlenswerter Blog ist »Echte Mamas«, die nach eigenen Angaben »größte Community für Mütter in Deutschland, Österreich und der Schweiz« mit allein auf Instagram weit über dreihundertdreißigtausend Followerinnen und Followern. In ihrer Selbstbeschreibung notieren sie: »Jede Mama ist anders. Und jede von ihnen ist echt. Wir von Echte Mamas wissen aus eigener Erfahrung, dass das Leben mit Kindern jeden Tag anders aussieht – aber ganz sicher nie so wie im Hochglanz-Magazin.«

Unter dem Slogan »Wir sitzen alle im selben Boot« posten die Macherinnen Fotos und Geschichten auch über unglamouröse Themen wie unerfüllte Kinderwünsche, Wehenschmerzen, das Leben mit Kindern mit Behinderung oder Momente der Überforderung im Familienalltag. Natürlich gibt es auch hier perfekt ausgeleuchtete »Happy Family«-Bilder, aber immerhin überwiegen die authentischen Fotos und Storys ohne Filter, was die Protagonistinnen und deren Geschichten nahbar macht.

Ich fände es schön, wenn es mehr davon gäbe. Mehr Authentizität – und weniger Filter. Einiges von dem, was früher im Fernsehen stattfand, hat sich in die sozialen Medien verlagert. Insgesamt ist aber ein Paradigmenwechsel zu beobachten: Wir befinden uns in einem permanenten sozialen Vergleich, der mittlerweile in eine neue Phase eingetreten ist. Gerade in den vergangenen zwei Coronapandemie-Jahren, die viele überwiegend in den eigenen vier Wänden und vor dem Bildschirm verbrachten, blieb als Orientierung zu großen Teilen nur noch das Internet.

Die äußere Erscheinung des eigenen Körpers und des Lebens lässt sich mit ein wenig Medienkompetenz und entsprechendem Aufwand verändern. Instagram ist dafür die perfekte Plattform. Was hinter der Fassade des schönen Scheins passiert, bleibt aber außer Sichtweite. Und deshalb neigen wir – neigt unser Unterbewusstsein – zu der (natürlich irrigen) Überzeugung, das Leben der anderen sei stets viel toller, glücklicher und ereignisreicher als unser eigenes. Was wir dabei ausblenden: Meist sind die hübschen Bilder nicht mehr als perfekt inszenierte Illusionen.

Soziale Medien können wie eine Droge wirken und sogar Depressionen und Angstgefühle auslösen. Was in Frankreich bereits seit mehreren Jahren Pflicht ist, wurde in Norwegen im Juni 2021 ebenfalls beschlossen: Retuschierte Fotos in der Werbung – egal, ob von Influencerinnen, Influencern oder großen Konzernen – müssen künftig gekennzeichnet werden. Was wir uns aber auch klarmachen sollten: Für eine ehrlichere Darstellung der Realität – auch des Familienalltags –, für substanziellere Inhalte und diversere Körperideale können nicht die Plattformen sorgen. Dafür sind wir als Gesellschaft selbst verantwortlich.

Interview mit dem Marketingexperten Prof. Dr. Andreas Baetzgen

Andreas Baetzgen ist Professor für Wirtschaftskommunikation mit Schwerpunkt Marketing an der Hochschule für Technik und Wirtschaft Berlin (HTW Berlin). Nach dem Studium der Gesellschafts- und Wirtschaftskommunikation an der Universität der Künste Berlin promovierte er an der Filmuniversität Potsdam-Babelsberg im Fach Audiovisuelle Medienwissenschaften zum Thema »Kontextbasierte Markenkommunikation«. Von 2010 bis 2020 lehrte Andreas Baetzgen an der Hochschule der Medien Stuttgart Strategische Kommunikation und Branding, bevor er an die HTW Berlin wechselte. In Stuttgart untersuchte er unter anderem die Darstellung von Frauen in Fernsehwerbespots. Andreas Baetzgen ist Vater von drei Kindern. Wir kennen uns privat, das Interview haben wir per Telefon geführt.

Andreas, mich interessiert der Einfluss der Industrie auf die Vorstellungen von Schönheit. Eine von dir geleitete Studie an der Hochschule der Medien Stuttgart zur Darstellung von Frauen in der Werbung zeigte 2016, dass Frauen zwar häufiger in TV-Spots zu sehen waren als 20 Jahre zuvor. In zwei Dritteln der Fälle spielten sie die Hauptrolle, die Zahl der weiblichen Hintergrundsprecherinnen verdoppelte sich, gleichzeitig stieg der Anteil der Spots, die aus Frauenperspektive erzählt werden. Echte Parität herrscht aber trotzdem nicht, oder?

Vermutlich ist die quantitative Parität gar nicht so wichtig. Uns hat vor allem interessiert, wie Frauen in der Werbung dargestellt werden. Wir konnten feststellen, dass viele Frauen Anzeichen der sozialen Unterordnung zeigen, das heißt, sie sind in der Relation kleiner dargestellt als Männer: eher passiv in ihrer Rolle als Familienmutter oder Ehefrau, sie weichen Blicken aus und sind eher schüchtern und zurückhaltend. Traditionell dominieren zum einen das Leitbild der Familienmutter, Ehe- und Hausfrau und zum anderen die Darstellung der jungen, schönen und unabhängigen Karrierefrau. Die »Freizeitfrau«, die neben Kindern und Beruf noch zum Tennis oder Yoga geht und »alles im Griff hat«, kommt immer häufiger vor.

Aber das ist natürlich auch stark abhängig von der Branche. Hohe Werbebudgets fließen in klassisch männlich dominierte Branchen wie Finanzdienstleistungen oder Automobilwirtschaft. Gerade dort ist man lange davon ausgegangen, dass mehrheitlich Männer die Kaufentscheidung treffen. Und daran orientiert sich dann der Inhalt. Die Strategie basiert auf der Annahme, dass der Zuschauer das eigene Selbstbild mit dem Protagonisten vergleicht. Männliche Models oder Schauspieler dienen anderen Männern darum als Role-Model, also als Orientierungsfigur. Wenn Werbung männlich dominiert wird, können also einfach pragmatisch-strategische und nicht unbedingt wertend-normative Überlegungen dahinterstehen. Im Automotive-Bereich wird zum Beispiel immer vom Fahrer-Image gesprochen, und das ist für die Marken wichtig: Wen stelle ich mir vor, wenn ich an eine Marke wie Audi oder BMW denke?

Ich denke da eher an die alten Floskeln: Jeder Rowdy fährt Audi, Popel fahren Opel, und Mercedesfahrer haben immer Vorfahrt.
Die männliche Dominanz wird dann zu einem Problem. Marken wie BMW werden deshalb schon länger und stärker mit sympathischen Familien und Frauen beworben, um dem negativen Image des testosterongesteuerten Dränglers entgegenzuwirken und die Marke zugänglicher zu machen. Fernsehwerbung ist, salopp gesagt, relativ dumm beziehungsweise limitiert in ihren Möglichkeiten. Sie funktioniert nach dem Gießkannenprinzip. Alle, die gerade eingeschaltet haben, sehen den Werbespot, und wenn es gut läuft, sind viele Männer darunter, die potenziell über die Anschaffung eines Autos entscheiden. Dass Frauen den Spot dann auch sehen und sich nicht angesprochen fühlen, wird billigend in Kauf genommen.

Aber bei Werbung in Social-Media-Kanälen läuft das anders?
Ja, dort kann man die Inhalte sehr genau auf einzelne Zielgruppen zuschneiden, weil man als Werbender sehr genau steuern kann, wer eine Story oder einen Post sieht – ob Mann oder Frau, in welchem Alter, mit welchen Interessen. Deshalb drehen Automobilhersteller heute immer weniger Spots, die in allen Kanälen laufen und gleich sind, sondern sie steuern die Bilder und Inhalte je nach Medium und Zielgruppe passgenau und manchmal sogar personalisiert aus.

Fernsehen scheint ohnehin für viele keine wichtige Rolle mehr zu spielen, stattdessen werden Werbefilme gestreamt oder in den Mediatheken gezeigt und geschaut.

Richtig, im Grunde spielt Fernsehwerbung deshalb heute keine große Rolle mehr. Anders als die älteren Generationen haben viele jüngere Menschen gar keinen Fernseher mehr im Wohnzimmer stehen, vor dem sie allabendlich sitzen. Vor allem von jungen Frauen wissen wir, dass sie sich in Bezug auf Marken eher an Influencerinnen in den sozialen Medien orientieren. Deshalb spielen Influencerinnen und Influencer heute strategisch für Marken eine zentrale Rolle.

Eure Studie kam zu dem Ergebnis, dass in TV-Spots vor allem ganz junge, vermutlich kinderlose Frauen gezeigt werden. Frauen ab fünfunddreißig Jahren kamen genauso selten vor wie in den 1990er Jahren. Über-sechzig-Jährige spielten fast keine Rolle – bei einem gleichzeitig alternden Fernsehpublikum. Wie erklärst du dir das?

In der Gesamtheit der TV-Spots, die wir untersucht haben, war das so. Wenn man die Werbeblocks zu bestimmten Uhrzeiten betrachtet, sieht es anders aus: Vor der *Tagesschau* laufen sehr wohl die einschlägigen Pharma-Spots mit sogenannten Silver Agern und Themen wie Verstopfung oder Inkontinenz. Die dort gezeigten Darstellerinnen und Darsteller sind allerdings nicht Mitte siebzig, sondern eher Mitte fünfzig. Das liegt daran, dass körperliche Attraktivität in der Werbung eine sehr wichtige Rolle spielt, da sie einerseits emotional ansprechend ist und sie andererseits Werbebotschaften glaubwürdiger erscheinen lässt. Eine ähnliche Entwicklung sehen wir in der Influencer-Forschung: Auch dort spielt körperliche Attraktivität eine wichtige Rolle, weil sie neben Kompetenz und Vertrauenswürdigkeit die Glaubwürdigkeit einer Influencerin erhöht. Viele Studien zeigen dies.

In Bezug auf den Frauenkörper werden in TV-Werbespots wie auch auf Social Media überwiegend Stereotype gezeigt: Die meisten sind schlank, kaum eine Frau übergewichtig, nie sind Dehnungsstreifen oder Ähnliches sichtbar. Die Darstellerinnen werden perfekt inszeniert – und vor allem im Bereich Kosmetik werden Frauen sehr freizügig gezeigt.

Werbung ist immer eine perfekte Inszenierung. Dennoch konnten wir feststellen, dass es eine Tendenz zu mehr Natürlichkeit und weniger auffälligem Make-up gibt. Aber auch diese scheinbare Natürlichkeit ist am Ende eine große Inszenierung. Die Models der Fernsehwerbung sehen auch so perfekt aus. Das hat vermutlich damit zu tun, dass sich unsere Vorstellungen davon, was einen Menschen attraktiv erscheinen lässt, nach wie vor an schlanken, gut trainierten Körpern und symmetrischen Gesichtern orientieren. Auch von Eigenschaften wie beruflichem Erfolg, Sportlichkeit oder Zielstrebigkeit fühlen sich die meisten Menschen im Allgemeinen angezogen.

Wie bewertest du Body-Positivity-Influencerinnen auf Social Media, also Botschafterinnen, die für Akzeptanz, Zufriedenheit mit dem eigenen Körper und ein positives Lebensgefühl werben. Sind sie eine echte Gegenbewegung, weil sie dazu beitragen, einen diverseren Schönheitsbegriff zu vermitteln?

Das ist tatsächlich eine Gegenbewegung, die auch ökonomisch relevant ist. Letztendlich reden wir bei Influencerinnen und Influencern über einen Markt, in dem es darum geht, mit Aufmerksamkeit und Reichweite Geld zu verdienen – dafür sind auch sie auf Glaubwürdigkeit angewiesen und inszenieren sich entsprechend. Die Industrie hat diese Entwicklung teilweise schon sehr früh erkannt. Die Kosmetikmarke Dove hat schon vor knapp zwanzig Jahren mit Models mit weiblichen Rundungen sehr erfolgreich geworben. Dove stellt nicht das Produkt, sondern die Selbstakzeptanz der Verwenderinnen als gesellschaftlichen Wert ins Zentrum. Nichts anderes ist »Body Positivity«.

Ist das heute insgesamt ein Trend, den du in der Werbung erkennst?

Immer mehr Kosmetikmarken verfolgen eine ähnliche Strategie wie Dove. Auch Douglas oder L'Oréal geben die Devise aus, Frauen in ihrer natürlichen Schönheit zu bestärken. Sie glauben, damit relevanter für die Konsumentinnen und Konsumenten zu sein. Und natürlich schaffen sie damit auch mehr Differenzierung. De facto gibt es ja zig Körperpflegeprodukte, die weniger Falten versprechen. Da zu sagen, uns geht es nicht um Faltenreduzierung, sondern um dich und deine natürliche Persönlichkeit und Schönheit, das schafft Relevanz. Es fällt auf, dass immer mehr Unternehmen und Marken ihre Produkte mit einem solchen gesellschaftlichen Wert und höheren Sinn aufladen. Selbst eine Marke wie Always redet nicht mehr über Monatshygiene, sondern möchte stattdessen junge Mädchen in ihrem Selbstbewusstsein bestärken. Die Always-Filme mit dem Titel #LikeAGirl wurden von Millionen Menschen auf YouTube angeklickt. Die Marke hatte zwischenzeitlich Popularitätswerte unter Teenagern wie Spotify, Apple oder andere Lifestyle-Marken. Das ist bemerkenswert und zeigt, wie groß der Einfluss vieler Marken auf die Konsumentinnen und Konsumenten ist. Was man nicht vergessen sollte: Die meisten Marken und Influencerinnen tun das weniger aus Gutmenschentum, sondern weil sie sich Marktpotenzial versprechen.

Das klingt, als gäbe es eine Sehnsucht unter Konsumentinnen und Konsumenten nach Werteorientierung und Wahrhaftigkeit.

Absolut. Es gibt ein großes Verlangen nach Bedeutung, nach Sinn und Werten. Zu beobachten ist das auch am Erfolg der sogenannten Sinnfluencerinnen – Influencerinnen, die in den sozialen Medien über das Leben philosophieren. Manche posten wie virtuelle Diddl-Mäuse täglich mehr oder weniger sinnvolle Sprüche. Eindeutig ist, dass es einen starken Wunsch nach Selbstfindung gibt, nach mehr Achtsamkeit und Aufmerksamkeit für die Natur und den Menschen selbst, für den Einklang von Körper und Natur. Viele Beauty-Brands haben das erkannt und setzen auf das Thema. Für sie geht es um ein neues Image, da gerade ihrer Branche oft vorgeworfen wird, sie sei besonders oberflächlich, weil es bei Kosmetik lediglich um Fassade geht.

Dieser Wandel in der Werbung und der Gesellschaft bedingt sich vermutlich gegenseitig?

Auf jeden Fall. Einerseits hat die werbliche Kommunikation immer eine gewisse Vorbild- und Sozialisationsfunktion – der Mensch vergleicht sich mit den Werbedarstellern, er orientiert sich an ihnen. Andererseits orientiert sich Werbung immer auch daran, was in der Gesellschaft bereits vorhanden ist. Selbst wenn eine Marke den Anspruch erhebt, Meinungsführer oder dem Trend voraus zu sein – am Ende versucht Werbung immer, ein Stück weit das zu spiegeln, was bereits da ist. Dieses wechselseitige Spiel erzeugt Nachfrage. In dem Feld zwischen Spiegel- und Vorbild spielen Influencerinnen eine wichtige Rolle. Sie sind die Mittler zwischen Marke und Konsument. Marken nutzen die Attraktivität, Reichweite und Sympathie des Influencers für die eigene Sache und sind damit eigentlich Trittbrettfahrer. Denn viele Influencer sind für ihre Follower wichtiger als die Marken selbst.

Was bedeutet das konkret?

Früher glaubten Unternehmen, die Kunden fänden ihre Marke so toll, dass man eine eigene Community um sie herumbauen könnte. Diese Strategie funktioniert vielleicht noch für Mega-Marken wie Nike oder Apple. Tatsächlich aber haben viele Marken weniger Follower als die Influencerinnen, mit denen sie zusammenarbeiten. Dies gibt den Influencern natürlich deutlich mehr Einfluss und Macht. Seit unserer TV-Werbespot-Studie

2016 hat sich dahingehend einiges geändert. Damals war es noch so, dass die Models anonyme Püppchen waren. Werbeagentur und Kunde konnten festlegen, wann die Püppchen wie zu lächeln hatten oder wie sie inszeniert werden.

Das ist jetzt anders?

Heute bringen Influencerinnen ihre eigene Followerschaft mit und stehen bereits für etwas, das sie sich aufgebaut haben. Selbst wenn sich eine Influencerin immer nur im Bikini postet und sonst keinen anderen Content kreiert, bringt sie ein ganz anderes Selbstbewusstsein und eine gewisse Macht mit ins Spiel, denn sie könnte ja auch ablehnen, für ein bestimmtes Produkt zu werben, und sich für ein anderes entscheiden. Die Influencerin als Markenbotschafterin ist gesetzt, das Produkt, für das sie wirbt, nicht, das ist austauschbar. Natürlich sind auch Influencerinnen am Ende des Tages abhängig von der Werbewirtschaft, aber sie können sich stärker als Person einbringen. Wichtig bei der Werbung mit Influencerinnen ist, dass sie sich nicht bloß perfekt inszenieren, sondern für etwas stehen – und wenn das einfach nur Sexyness ist, dann wollen die Follower das offensichtlich so.

Influencerinnen, die ihr gesamtes Leben inklusive Familienleben auf Social Media zeigen, machen sich auch verletzlich. Ich denke da an Fiona Erdmann, die ihre Followerschaft monatelang an ihrer Schwangerschaft hat teilhaben lassen und dann eine späte Fehlgeburt hatte. Was passiert, wenn die perfekte Fassade in sich zusammenfällt, weil das Schicksal dazwischengrätscht?

Das ist sicherlich ein tragisches Beispiel, weil es zeigt, dass sich unser Leben eben nur bis zu einem gewissen Grad inszenieren lässt. Es ist nicht neu, dass private Schicksale in die Öffentlichkeit getragen werden. Instagram schafft aber eine Unmittelbarkeit und Intimität in der Beziehung, die schon eine andere Qualität hat als ein Text in der *Bild* oder der *Bunten*. Die Grenzen der Privatheit verschwimmen, damit müssen wir alle lernen, umzugehen.

Was fasziniert überhaupt an den – inhaltlich oft banalen – Beiträgen der vielen Influencerinnen und Influencer?
Kürzlich habe ich untersucht, was Userinnen und User überhaupt motiviert, sich Instagram-Storys anzuschauen – insbesondere, wenn darin Produkte beworben werden. In der wissenschaftlichen Literatur wird ein Phänomen beschrieben, das man als eine Art »Als-ob-Konsum« beschreiben könnte: Als Konsument erfreut man sich am Leben der anderen. Man hat mitunter gar nicht den Anspruch, das Gesehene auch selbst zu erleben, empfindet aber eine Befriedigung, dabei zuzuschauen, wenn andere an tollen Stränden surfen oder zu glamourösen Events eingeladen werden. Das eigene Konsumbedürfnis wird ein Stück weit dadurch gestillt, dass es die Influencerin gestillt hat. Ich als User kann dabei zusehen, wie sie das Kleid anprobiert und kauft, das ich selbst schön finde, mir aber vielleicht niemals leisten könnte oder das nicht zu meiner Figur passt. Das ist ein erstaunliches Phänomen, was aber beispielsweise so etwas wie »Foodporn« auf Instagram erklärt. Warum sollte uns interessieren, was andere im Restaurant essen?

Ist den Userinnen und Usern denn klar, dass das Leben auf Social Media inszeniert und in vielen Fällen gar nicht echt ist?
Die meisten Studien zeigen, dass schon Jugendliche dieses Spiel durchschauen und wissen, dass da letztendlich eine große Inszenierung stattfindet und die Influencerinnen und Influencer von Werbepartnern Geld bekommen. Aber obwohl sie das rational durchblicken, sind sie dennoch emotional in hohem Maße empfänglich dafür, was gezeigt wird. Dazu kommt, dass Influencer in vergänglichen Medien wie den Instagram-Storys oder auf Snapchat – also in Beiträgen, die nach einer kurzen Zeit wieder verschwinden – oft Backstage- oder Behind-the-Scenes-Material pos-

ten. Dort zeigen sie sich auch mal nicht ganz so perfekt und geben dosiert echte Einblicke. Wenn User sehen, dass es ihrem Vorbild auch manchmal schlecht geht, dass selbst meine Lieblingsinfluencerin Schicksalsschläge erlebt, dann stärkt das die emotionale Bindung. User honorieren es, wenn sie auch mal negative Erlebnisse aus dem Leben der Menschen, denen sie auf Social Media folgen, miterleben können.

Perfekt unperfekt sozusagen – oder unperfekt perfekt.
Ja, Unperfektheit macht die Person ein Stück menschlicher, nahbarer. Auch, wenn User zum Beispiel direkte Antworten von den Influencern bekommen, stärkt das die emotionale Bindung sehr stark. Das sind ja parasoziale Beziehungen, die eigentlich einseitig sind: Die Followerin denkt, sie kennt die Influencerin, weil sie die teilweise tatsächlich häufiger sieht als ihre Nachbarin aus dem dritten Stock. Aber das ist letztendlich eine eingebildete Beziehung, denn die Influencerin weiß im Gegenzug nichts von der Followerin.

Gibt es in der Influencer-Forschung Parallelen zur TV-Werbung? 2016 hattet ihr herausgefunden, dass Frauen in der Fernsehwerbung zwar seltener als früher sexualisiert gezeigt wurden, aber, was die Sexualisierung angeht, immer noch auf einem »für eine emanzipierte Gesellschaft bedenklich hohen Niveau«, wie ihr es damals formuliert habt.
Gerade Instagram ist ein in hohem Maße sexualisiert aufgeladenes Medium, das von Anfang an fast ausschließlich visuell geprägt war. Das zeigt schon der Erfolg der vielen Fitness-, Lifestyle-, Beauty- und Fashion-Influencerinnen. Bei ihnen spielen körperliche Attraktivität und sexy Inszenierungen eine wichtige Rolle. Jede Form der sexualisierten Darstellung, die dort im Rahmen des Regelwerks möglich ist, findet sogar noch sehr viel stärker statt als in der TV-Werbung. Ich glaube dennoch, dass die Art der Sexu-

alisierung eine andere, weil selbstbestimmter ist. In der TV-Werbung bestimmen Regisseur, Agentur und Auftraggeber, was gezeigt wird. Auf Social Media geht es meist um eine sexualisierte Selbstdarstellung. Man darf außerdem nicht vergessen, dass viele dieser Influencerinnen durchaus respektable Unternehmerinnen sind, die viel Geld verdienen und eigene Produktlinien auf den Markt bringen. Die Wirkung der sexualisierten Darstellung – gerade auf junge Mädchen – ist allerdings dieselbe: eine veränderte Wahrnehmung des eigenen Körpers und des Selbstbildes. Die Folgen der Darstellung vermeintlich perfekter Körper und Leben sind also bei TV-Werbung und Influencer-Marketing gleich bedenklich.

Es hat sich also eines überhaupt nicht geändert – egal, ob klassische TV-Werbung, Werbung auf Social Media oder mit Influencerinnen: Die Attraktivität der Botschafterin oder des Botschafters ist das einzig verlässliche Kriterium, wenn es um die Glaubwürdigkeit von Werbung geht.
Das würde ich so nicht sagen. Ein schöner Körper spricht Menschen zweifelsohne an. Aber die Welt und Werbewelt bestehen ja zum Glück nicht nur aus Beauty- und Fashion-Produkten, die eben sehr körpernah sind. Auch Wissen, Fähigkeiten, emotionale Intelligenz oder soziale Verantwortung machen Menschen in hohem Maße attraktiv. Und natürlich weiß die Werbung auch dies für sich zu nutzen.

Herzlichen Dank für das Gespräch!

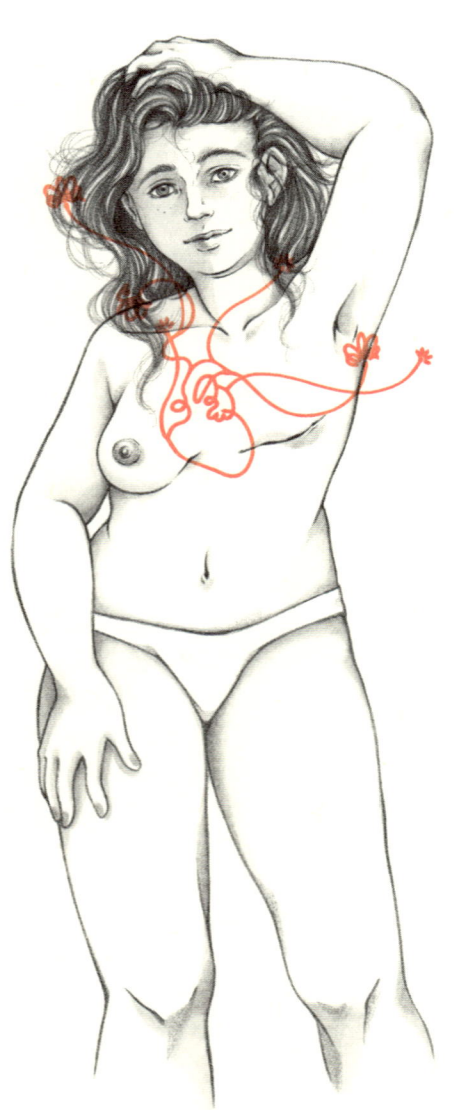

Kapitel 4

Die Eltern als Vorbilder ihrer Kinder

Wie unser Verhalten und unsere Haltung unsere Kinder beeinflussen

Kürzlich sortierte mein Sohn morgens beim Anziehen einen Pullover aus. Auf die Frage, was an dem Pulli falsch sei, antwortete er: »Darin sehe ich fett aus!« Ich war perplex. Fett – dieses dünne Kerlchen?

Den ganzen Tag arbeitete diese Aussage in mir weiter. Wie kam er denn bloß auf so etwas? Hatte ich womöglich mal in seiner Anwesenheit vor dem Spiegel gestanden und mich selbst als »fett« bezeichnet? Ich konnte mich nicht daran erinnern. Und eigentlich neige ich ohnehin nicht dazu, beim Anziehen Selbstgespräche zu führen – aber wer weiß, gänzlich ausschließen kann ich es auch nicht.

Fest steht: Ob es um den Umgang mit anderen Menschen geht oder um den mit dem eigenen Körper – Kinder lernen durch Nachahmung. Als ich im Straßenverkehr über einen Autofahrer, der mir die Vorfahrt genommen hatte, schimpfte, pflichtete mir mein Sohn, damals vier Jahre alt, von hinten bei: »Ja genau, Arschloch.« In dem Moment war das zwar urkomisch. Aber wer will schon die Mutter ausgerechnet des Kindes sein, das seinen Kita-Kumpels Kraftausdrücke beibringt? Seither versuche ich, meinen Ärger in solchen Situationen herunterzuschlucken oder zumindest nicht auffällig zu werden, wenn er dabei ist.

Natürlich ist nicht alles, was unsere Kinder tun oder lassen, ein Spiegel unserer selbst. Ich kann mich zum Beispiel nicht daran erinnern, mich jemals zornig tobend auf den Asphalt geworfen zu haben. Mein Sohn jedoch war eine Zeitlang sehr ausdauernd darin. Es gab eine Phase, in der ich mich mit ihm zusammen nicht weiter als im Umkreis von zwei Kilometern von unserer Wohnung bewegte – eine Entfernung, die ich ihn gerade noch zappelnd und um sich schlagend nach Hause tragen konnte.

In dieser Zeit lernte ich viele Mieter im Erdgeschoss unseres Kiezes kennen. Wenn es mal wieder so weit war, setzte ich mich oft vor einen der Läden in die Sonne und achtete lediglich darauf, dass sich mein Sohn in seiner Wut nicht selbst verletzte. Einmal reichte mir jemand einen Kaffee heraus. Es war vielleicht der beste Kaffee, den ich je getrunken habe, eine Geste des Verständnisses.

Natürlich war es mir anfangs peinlich, wenn diese Wutanfälle im Supermarkt passierten oder mein Sohn im Flugzeug alles zusammenbrüllte, auf dem Weg zu seinem Vater, der für ein Projekt in einem anderen Land arbeitete. Doch die erste Regel des Elternseins lernt man in solchen Situationen schnell: Distanziere dich von den ständigen Bewertungen anderer! Stattdessen sagte ich mir mantramäßig das, was letztendlich immer gilt: Es ist nur eine Phase. Und auch sie wird vorübergehen.

Viele Eltern verlassen sich nicht mehr darauf, dass ihre Intuition ausreicht, um ihre Kinder zu erziehen. Vielleicht liegt das daran, dass heutzutage kaum mehr jemand in einer Großfamilie mit mehreren Generationen zusammenlebt und die wenigsten sich im direkten Umfeld abgucken können, wie Elternsein funktioniert – und wie nicht. Stattdessen müssen Mütter und Väter ganz allein entscheiden, wie sie ihre Kinder erziehen wollen.

Was erschwerend hinzukommt: Aus anderen Bereichen sind wir es gewohnt, für gute Arbeit belohnt zu werden. Darum warten wir auf spürbare Erziehungserfolge, freuen uns über das Lob wildfremder Menschen im Restaurant, wenn unser Kind schön brav am Tisch sitzt und keinen Lärm macht. Erfährt das Kind Anerkennung durch andere, fühlen sich auch Mütter und Väter bestätigt: Ich kenne Eltern, die sich mehr über Seepferdchen, Judo-Gürtel und andere bestandene Sportprüfungen freuen als ihre Kinder selbst.

Das bleibt nicht ohne Wirkung auf den Nachwuchs. Kinder, deren Eltern mit guten Leistungen angeben, lernen, dass Auszeichnungen wichtig sind und gute Stimmung verbreiten, weil die Eltern stolz sind. Im Studium fand ich Kommilitoninnen unangenehm, die vor anderen mit ihren Punkten und Zensuren prahlten. Ich schätze, sie waren es gewohnt, Lob zu bekommen, und mussten nun, da ihre Eltern nicht vor Ort waren, im Freundeskreis »Fishing for Compliments« betreiben, um sich gut und wertvoll zu fühlen.

Fordern und fördern – das klingt einfach, aber im Familienalltag ist es mitunter schwer, das richtige Maß zu finden. Gerade wenn beide Elternteile in Vollzeit arbeiten und mehrere Kinder da sind, funktioniert Familie fast wie ein kleines Unternehmen, dessen Abläufe und Strukturen durchoptimiert und voneinander abhängig sind. Im Extremfall ist alles so eng getaktet, dass jedes Familienmitglied in seiner Rolle unbedingt zu »funktionieren« – sich also einzufügen – hat, da sonst das gesamte System fehleranfällig wird oder sogar zusammenbricht. Das ist eine große Verantwortung, für spontane Wutanfälle und Frust-Kaffee ist da kein Raum.

Ein befreundetes Paar beschrieb die Organisation ihres Familienalltags mal als »maximale Logistik«: Es wurde penibel im Voraus geplant, wer von den Erwachsenen wann auf Dienstreise oder zu abendlichen Netzwerk-Treffen gehen kann, wer von beiden an welchen Wochentagen Einkäufe und Wäsche zu erledigen hat, wann die Putzkraft vorbeikommt, welches Kind wann zum Sportturnier oder Instrumentenunterricht gebracht und abgeholt werden muss, wann welcher Babysitter für welchen Zeitraum gebucht wird. Schon ein einfacher Magen-Darm-Infekt sorgte für ein heilloses Durcheinander. Nicht umsonst ist Projektplanung in Unternehmen ein Job, den niemand nebenher machen kann.

Was dabei oft auf der Strecke bleibt, ist ein Leben abseits des bloßen Funktionieren-Müssens: eines mit Auszeiten, Genuss, Unbeschwertheit und Spontanität. Und das ist schade, denn ich bin überzeugt, dass diese Dinge vorzuleben ebenso wichtig ist. Wenn Kinder durch das Vorbild ihrer Eltern lernen, dass »Funktionieren-Müssen« das Wichtigste ist, weil sonst alles zusammenbricht, verpassen sie die schönsten Seiten des Lebens. Daran muss auch ich mich oft genug erinnern, damit zwischen Deadlines, Terminen und Stundenplänen nicht vieles untergeht. Während ich bei beruflichen Terminen stets versuche, alles andere drum herum zu organisieren, habe ich private Verabredungen früher schnell mal abgesagt und verschoben. Ein Fehler, wie ich heute weiß!

Mittlerweile versuche ich zum Beispiel, die abendlichen Telefonate mit Freundinnen auch dann wahrzunehmen, wenn ich eigentlich müde bin. Denn hey, das Leben besteht – Überraschung – nicht nur aus Arbeit. Und vor allem weiß niemand, wann es zu Ende ist. Darum habe ich für mich beschlossen, jeden Tag, so gut es geht, zu nutzen. »Sie hat immer alle Deadlines eingehalten«, soll bitte nicht später auf meinem Grabstein stehen. Schöner wäre etwas wie »Sie war immer eine gute Freundin«. Das versuche ich auch meinem Sohn zu vermitteln: Das Wettrennen hat ein anderes Kind gewonnen? Was soll's! Dafür hattest du einen schönen Tag auf dem Spielplatz mit deinen Freunden.

Beziehung ist wichtiger als Erziehung, so steht es in vielen aktuellen Ratgebern. Unser Verhalten als Eltern beeinflusst das unserer Kinder mehr als Worte. Wenn ich mir wünsche, dass mein Kind nett zu seinen Mitmenschen ist, muss ich das vorleben. Das bringt langfristig mehr, als ihm zu sagen: »Nun sei doch mal nett!«

Dieses situative Lernen ist nicht einmal dann vorbei, wenn das Kind erwachsen ist. Es gibt also kein Ziel, in das unsere Kinder mit achtzehn einlaufen, das eine in Bestzeit, das andere mit dem olympischen Gedanken »Dabei sein ist alles«. Ich bin vierundvierzig Jahre alt und lerne immer noch jeden Tag dazu.

Hilfestellungen seitens der Eltern sind im Leben übrigens erlaubt, zum Beispiel, wenn der Weg zwei verschiedene Optionen zulässt oder wenn wichtige Weichenstellungen anliegen. Dann können die Eltern mit ihren Kindern gemeinsam abwägen und die verschiedenen Möglichkeiten erörtern.

Eine authentische Beziehung zwischen Eltern und Kind funktioniert laut Kinder- und Jugendpsychiater Michael Schulte-Markwort nur über eine »liebe- und respektvolle Basis«. Er rät: »Achten Sie auf Ihre Beziehung zu Ihrem Kind und weniger auf Ihre Erziehungsstrategien.« Dabei sei es normal, dass auch diese Beziehung ambivalente Phasen durchlebe. Eigene Erfahrungen, die wir in unserer Kindheit gemacht haben, fließen in unser Verhalten als Mutter oder Vater ein. Gerade unter Druck oder in besonders stressigen Situationen ist es normal, in erlernte Muster zu verfallen und sich plötzlich wie die eigenen Eltern zu verhalten, obwohl man natürlich nie so werden wollte wie sie.

Was tröstlich ist: Je bewusster wir uns dieser Prägungen sind, desto geringer ist die Gefahr, diese an die eigenen Kinder weiterzugeben. Zudem ist jeder Mensch unterschiedlich, und während das eine Kind mehr Zuwendung benötigt, braucht das andere mehr Freiheit. Um das eigene Kind mit der nötigen Geborgenheit auf der einen und Autonomie auf der anderen Seite erziehen zu können, lohnt also der Blick in die eigene Kindheit. Denn auch, wie wir Beziehungen gestalten, hat viel mit der Prägung durch unsere Eltern zu tun. »Als Kinder erlernen wir durch die Interaktion mit unseren Vätern und Müttern, wie wir uns zwischen den

Polen Bindung und Autonomie bewegen können«, schreiben die Psychologinnen Stefanie Stahl und Julia Tomuschat in *Nestwärme, die Flügel verleiht.*

Kinder, die bedingungslos geliebt werden und zugleich Fürsorge und Freiheit erleben, lernen, dass sie völlig in Ordnung sind, so, wie sie sind. Sie können lieben, ohne das Gefühl zu haben, immer gefallen zu müssen. Liebevolle Kindererziehung erfordere, so Stahl und Tomuschat, »dass wir es wagen, uns unserer Geschichte und unseren Kindheitsprägungen zu stellen«. Wenn wir allerdings gerade »mitten in einer emotionalen Situation stecken, aufgewühlt, wütend oder traurig sind, ist es uns kaum möglich zu analysieren, was die wahren Gründe für unser Verhalten sind. Reflexion gelingt deshalb häufig erst im Nachhinein.«

Wer erlebt, dass Gefühle – auch negative – zugelassen werden dürfen und darüber auch in der Familie gesprochen wird, erfährt, dass er auch mit all seinen Schattenseiten geliebt wird. Er muss nichts vorspielen, was nicht da ist. Über Gefühle reden zu lernen ist wichtig für alle möglichen späteren Beziehungen und passiert ebenfalls nur durch eigenes Erleben.

Der englische Kinderarzt und Psychoanalytiker Donald Woods Winnicott zählt zu den bedeutendsten Wegbereitern der Kinder-Psychotherapie. Auf ihn geht der Begriff der »good enough mother« zurück, der »ausreichend guten Mutter«. Kinder brauchen keine Supermütter, keine Supereltern. Niemand von uns ist perfekt. Und ich gehe grundsätzlich davon aus, dass alle Eltern ihr Bestes geben.

Mein Kind lernt mich als authentisches Wesen kennen. Ich versuche, zumindest immer ehrlich zu sein. Egal, ob es um die Frage geht, wie alt sein Meerschweinchen wird oder warum ich gerade traurig, gestresst oder glücklich bin. Genau das haben mir auch meine Eltern vorgelebt.

Interview mit der Psychologin Julia Tomuschat

Julia Tomuschat ist Diplom-Psychologin, Supervisorin und Heilpraktikerin für Psychotherapie mit einer eigenen »Praxis für Gesundheitsförderung« in Lauf an der Pegnitz im Nürnberger Land. Die vierundfünfzigjährige zweifache Mutter hat mehrere Bücher geschrieben, unter anderem gemeinsam mit der Psychologin und Therapeutin Stefanie Stahl *Nestwärme, die Flügel verleiht: Halt geben und Freiheit schenken – wie wir erziehen, ohne zu erziehen* und *Finde die Liebe, die dir als Kind gefehlt hat.* Das Interview haben wir telefonisch geführt.

Frau Tomuschat, wohl alle Eltern wünschen sich, dass ihre Kinder zu starken und glücklichen Persönlichkeiten heranwachsen. Das klingt aber einfacher, als es ist.
Wir stellen uns vor, dass wir unser Kind vom ersten Tag an von Herzen lieben und sich alles andere von selbst ergibt. Tatsächlich ist die Fähigkeit, sein Kind so anzunehmen, wie es ist, die Grundvoraussetzung dafür, dass es seine eigene Persönlichkeit entwickeln und zu einem innerlich starken und zufriedenen Menschen heranwachsen kann. In der Praxis funktioniert das meist nicht ganz reibungslos, weil sich Eltern mit vielen Herausforderungen konfrontiert sehen. Unbewusst folgen wir in der Erziehung häufig nicht unseren eigenen Vorstellungen, sondern geben die Erfahrungen weiter, die wir selbst als Kind gemacht haben. Schlimmstenfalls stehen wir im unaufgeräumten Kinderzimmer und brüllen die gleichen Worte wie einst unser Vater oder unsere Mutter: »Was für ein Saustall hier!« Obwohl wir das als Kind furchtbar fanden, kommen plötzlich haargenau die gleichen Worte aus unserem Mund. Der Grund ist unsere Prägung. Wir Psychologinnen und Psychologen nennen das transgenerationale Übertragungsphänomene. Wir sind sozusagen im alten Film gefangen und kopieren das Verhalten unse-

rer Eltern, obwohl wir uns vorgenommen hatten, nie so zu werden wie sie.

Warum passieren solche Situationen trotzdem?

Vor allem in stressigen Situationen schnappt die Prägungsfalle zu. Dann torpedieren wir manchmal sogar unser Erziehungsideal, schreien unsere Kinder an oder sagen Dinge, die wir nie sagen wollten. Unsere Emotionalität steht dann unserem rational geprägten Willen im Weg. Die wenigsten Menschen haben ein ungetrübtes Verhältnis zu ihren Eltern. Die meisten erinnern sich an besonders schöne Momente, aber auch an Kränkungen, Zurückweisungen und fehlende Zuneigung. Die wenigsten Eltern lieben ihre Kinder tatsächlich bedingungslos. Das liegt daran, dass viele Eltern aufgrund ihrer eigenen Biografie selbst ihr Päckchen zu tragen haben und nur eingeschränkt liebesfähig sind. Hinzu kommen selbst erlittene Erziehungsideologien aus alten Zeiten wie etwa die, dass Eltern ihr Baby schreien lassen sollen. Das war bei meiner Oma schon so, und als meine Kinder klein waren, stand das Buch *Jedes Kind kann schlafen lernen* in den Bestsellerlisten. Dessen Begleitbotschaft ist ebenso klar wie problematisch: Schon sehr kleine Kinder sollen sich gefälligst fügen, Liebe und Zuwendung gibt es nur bedingt, nämlich für »richtiges« Verhalten.

Wie können Eltern aus dieser Falle herausfinden?

Das ist nicht ganz einfach. Ich erlebe bei meinen Klientinnen und Klienten oft, dass sie zwar die Verletzungen ihres inneren Kindes entdeckt und verstanden haben, inwiefern sie durch ihre eigenen Eltern geprägt wurden. Trotz dieser Erkenntnis ist es schwierig, das eigene Verhalten zu ändern, weil man bei sich selbst ansetzen und das innere Kind in sich trösten muss. Grundsätzlich ist es ganz normal, dass Eltern irgendwann an ihre Grenzen stoßen. Wenn wir Kinder beim Aufwachsen begleiten, kommt immer auch unsere eigene Geschichte hoch. Wenn wir ein weinendes

Baby trösten, werden wir unbewusst an das Baby erinnert, das wir selbst mal waren. Wir tragen gute und schlechte Erfahrungen in uns, die wir als Kinder gemacht haben. Geraten wir in eine ähnliche Situation, werden diese innerlich aktualisiert, und schon stecken wir in unseren alten Prägungen fest. Unsere Kinder in ihrer eigenen Persönlichkeit zu akzeptieren gelingt nur, wenn wir unsere alten Prägungen kennen. Nur dann können wir sie durchbrechen, indem wir uns beispielsweise selbst die Liebe schenken, die uns als Kind gefehlt hat.

Wie erkennen wir denn eigene Prägungen?
Manche Psychologen sprechen vom »verletzten inneren Kind«. Meine Co-Autorin Stefanie Stahl und ich nennen es lieber »Schattenkind«: Die Erfahrungswelt von Schattenkindern ist geprägt von Situationen, die wir selbst erlebt, unter denen wir gelitten und uns hilflos gefühlt haben – meistens mit unseren Eltern, aber auch mit anderen engen Bezugspersonen. Besonders prägend sind negative Aussagen der Eltern dem Kind gegenüber. Daraus entstehen leicht negative Glaubenssätze, die sich unbewusst manifestieren und auch im Erwachsenenalter unser Verhalten beeinflussen. Ein typisches Beispiel ist die Erfahrung, dass sich ein Kind nicht willkommen fühlt. Die Gefühle, die das auslöst, führen dazu, dass es im Erwachsenenalter zu Schutzstrategien neigt: Um das schmerzhafte Gefühl, nicht willkommen zu sein, nicht spüren zu müssen, gerät dieser Mensch schnell in Angriffsstimmung, oder er geht vorsichtshalber gar keine Beziehung mit anderen ein.

Das Gegenteil vom »Schattenkind« ist das »Sonnenkind«, das positive Prägungen und Glaubenssätze symbolisiert.

Können sich Glaubenssätze vererben?
Ja, manchmal sogar über mehrere Generationen hinweg. Der Bindungsstil von Menschen ist sehr gut erforscht, er wird über bis zu drei Generationen vererbt. Menschen mit einem vermeidenden

Bindungsstil betonen zum Beispiel die Autonomie häufig so stark, dass sie Schwierigkeiten haben, sich zu binden. Diejenigen mit ängstlichem Bindungsstil vertrauen nicht in Beziehungen, sondern haben immer das Gefühl, sich sehr anstrengen zu müssen, damit der Partner bei ihnen bleibt. Sie zweifeln an den Gefühlen der Partnerin oder des Partners. Diese Bindungsstile geben Eltern an ihre Kinder sehr leicht weiter – unbewusst natürlich.

Was kann ich gegen diese negativen Glaubenssätze tun, die ich bei mir identifiziert habe, und wie kann ich verhindern, sie an mein Kind weiterzugeben?

Die Frage ist nicht ganz einfach zu beantworten. Entscheidend ist die Selbstreflexion. Die Glaubenssätze zu erkennen ist der erste Schritt. Sich selbst dafür nicht auch noch zu bestrafen ist der zweite und genauso wichtig. Stattdessen sollte man liebevoll auf sich selbst schauen, sich sozusagen selbst die idealen Eltern sein. Dafür gibt es psychologische Techniken. Die einfachste besteht darin, den negativen Glaubenssatz umzukehren und sich beispielsweise statt »Ich genüge nicht« immer wieder zu sagen: »Ich genüge.« Und sich zu fragen, was sich dann in meinem Leben verändern würde. Gerade wenn es um Selbstliebe geht, können auch körpernahe Übungen helfen. Wichtig ist, sich eine positive oder ideale innere Elternstimme zuzulegen, etwa eine Mutter, die liebevoll mit mir spricht. Oder einen Vater, der mich ermutigt, damit ich mir eine neue, ermutigende und positive Struktur aufbauen kann.

Die liebende Mutter und der Vater, der das Kind ermutigt, die Welt zu entdecken – das klingt ziemlich altbacken.

Ich möchte damit keine Geschlechterklischees schaffen. Es geht eher um väterliche und mütterliche Energie. Darum, dass beide wichtig sind, von wem auch immer sie kommt. Es gibt mütterliche Väter und väterliche Mütter. Unser inneres Kind aber hat

Sehnsucht nach beiden Qualitäten. Damit lässt sich der innere Kritiker leise stellen. Das innere Schattenkind wird getröstet, es werden Ängste genommen und Mut gemacht. Wir müssen versuchen, die innere elterliche Stimme zu stärken, die uns nicht kritisiert, sondern ermutigt und ermuntert, uns freundlich und liebevoll zuspricht und warmherzig bleibt, auch wenn es mal nicht gut läuft. Wir nehmen uns sozusagen selbst an die Hand. Hilfreich kann auch sein, sich an schöne Momente aus der eigenen Kindheit zu erinnern und sie regelmäßig zu visualisieren. Wir müssen nicht die perfekte Mutter sein, es reicht, wenn wir es gut genug machen. Kleinere Frustrationserlebnisse unserer Kinder – beispielsweise kurz warten müssen, bis die Mutter sich kümmern kann – tragen dazu bei, eine gewisse Frustrationstoleranz zu entwickeln, und das ist ganz gesund.

Die Welt da draußen ist ja auch nicht immer fair und empathisch.
Genau. Und je älter ein Kind ist, desto länger kann es beispielsweise auch mal warten. Ich bin der Meinung, dass wir letztendlich alle mehr Wärme und Unterstützung gebrauchen können. Lasst uns nicht geizig sein, sondern elterliche Liebe in die Welt tragen. Dazu kann jeder beitragen!

Von Personen, die das berufliche Optimieren von Prozessen auch für sich privat verinnerlicht haben, kenne ich den Satz: »Mein Kind soll die beste Version seiner selbst werden.« Für mich klingt das nach wahnsinnig hoher Erwartungshaltung und einem Perfektionsanspruch.
Da äußert sich vermutlich eher der Anspruch an die Person selbst. Ich glaube, die besten Eltern sind die, die entspannt sind. Das bedeutet auch, mal nicht durchgetaktet zu sein und manches, was man sich vorgenommen hatte, nicht zu schaffen. Wenn wir unser eigenes Leben betrachten, dann wissen wir: Wir brauchen eine Ba-

lance aus Tun und Sein. Gerade in einer Zeit, in der wir uns übermäßig selbst optimieren, wird das Tun überbetont, und das Sein kommt zu kurz. Ich kenne Kinder, die sich bei mir beklagen, dass sie immer verplant werden – für jeden Nachmittag und auch für das Wochenende gibt es Aktivitäten. Dabei wollen sie einfach nur mal mit ihren Freundinnen spielen. Inseln des Nichtstuns und der Langeweile sind wichtig, daraus entsteht Neues. Kinder brauchen solche Ruhezeiten genauso wie wir selbst. Das Schlimmste, was Eltern machen können, ist sich ständig einzumischen.

Dazu passt der Titel Ihres Buches, der verrät, worum es in der Erziehung von Kindern geht: einerseits Wurzeln und Halt geben, andererseits Flügel verleihen und Freiheit schenken. Wie ist dieser Spagat zu schaffen?

Das ist eine schwierige Balance zwischen Zuwendung und Bindung, Nestwärme, Kuscheln und Harmonie einerseits – und Autonomie und Abgrenzung andererseits. Als Eltern wollen wir ja, dass unser Kind irgendwann auf eigenen Beinen stehen kann. Dafür muss die Autonomie aber die Chance haben, sich zu entwickeln und zu wachsen. Häufig haben die beiden Elternteile verschieden stark ausgeprägte Tendenzen: Ein Elternteil kann besonders gut Nestwärme geben, der andere kann eher loslassen und die Kinder damit ermutigen, eigene Schritte zu gehen. Sich selbst zu beobachten und zu überlegen, welcher Typ man ist, kann hilfreich sein. Dann kann man darauf achten, auch die andere Seite zu leben.

Wie wichtig ist es, authentisch zu sein? Wie wirkt es auf Kinder, wenn sie Schwächen und Unzulänglichkeiten ihrer Eltern erleben?

Kinder können damit im Allgemeinen sehr gut umgehen. Es kommt natürlich darauf an, wie groß diese Schwächen sind. Alkoholiker haben natürlich keinen guten Einfluss auf ihre Kinder.

Aber mit den ganz normalen Schwächen, die jeder von uns hat, kommen Kinder super klar. Wenn ich mich selbst dabei erwische, dass ich anders reagiere, als ich es eigentlich richtig finde, kann ich mich bei meinem Kind dafür entschuldigen. Auch das ist für Kinder eine wichtige Lektion. Kinder lernen durch Vorbilder. Eine Balance aus Tun und Sein vorzuleben ist aber ebenso wichtig. Selbstfürsorge ist Fürsorge, auch für Kinder. Je weniger ich als Mutter selbst unter Druck stehe, desto weniger schlagen meine Schattenseiten durch. In einem stressigen, durchgetakteten Alltag passiert es viel eher, dass ich zu Verhaltensmustern neige, die mir hinterher leidtun. Da sollten Eltern etwas an den Rahmenbedingungen verändern, damit der Alltag weniger stressig wird. Stress überträgt sich auf Kinder und behindert sie in ihrer Entwicklung.

Hat das auch etwas mit Intro- und Extrovertiertheit zu tun? Gibt es da besonders schwierige Eltern-Kind-Kombinationen?
Zunächst sollte man wissen, dass bei vielen Menschen – es sind circa fünfundvierzig Prozent – die Intro- beziehungsweise Extrovertiertheit gar nicht so extrem ausgeprägt ist. Sie liegen im Mittelfeld und sind etwas extrovertiert oder etwas introvertiert. Trotzdem wirkt es sich aus, wenn die Eltern introvertiert sind und das Kind extrovertiert oder umgekehrt. Wenn beispielsweise die ganze Familie eher extrovertiert ist, ein Kind aber introvertiert, dann wird das Kind darunter leiden. Ich kenne Beispiele, wo Kinder fix und fertig waren, weil die anderen immer ganz viel unternehmen wollten und das Bedürfnis des introvertierten Kindes, sich auch mal zurückzuziehen und einfach im Zimmer zu sitzen und nichts zu machen, übersehen oder ignoriert haben. Extrovertierte neigen ja dazu, gut mit Trubel und vielen Kontakten zurechtzukommen. Introvertierte hingegen brauchen ihre Ruheinseln. In solchen Kombinationen kann es schon mal schwierig werden – umgekehrt natürlich ebenso. Wenn zwei introvertierte Elternteile ein extrovertiertes Kind bekommen, das ihnen ständig zu laut und zu leb-

haft ist, und ihnen das Verständnis fehlt – das macht unter Umständen beide Seiten unglücklich.

Verwöhnen oder helikoptern, Grenzen setzen oder Autonomie gewähren – zum Thema Erziehung hat jeder eine Meinung. Wie lässt sich der richtige Weg finden?
Ich glaube, es ist wichtig, immer mal wieder sich selbst zu reflektieren und auf die eigene Intuition zu vertrauen. Eltern können sich zusammensetzen und besprechen, was ihnen als Familie wichtig ist: Was sind unsere Werte? Da setzt jeder Mensch andere Schwerpunkte. Nach diesem Wertekanon kann man den eigenen Erziehungsstil ausrichten – und sollte sich nicht so sehr von der Meinung anderer beeinflussen lassen. Die Verunsicherung ist auch deshalb so groß, weil wir, anders als früher, nicht mehr in Großfamilien aufwachsen, wo jeder viele Rollenvorbilder hatte. In Kleinfamilien ist diese Rollenvielfalt verloren gegangen, da fehlt so ein ausgeprägtes intuitives Wissen. Was man selbst erlebt hat, verinnerlicht man einfach stärker. Umso wichtiger ist es, als Vater oder Mutter mit sich im Reinen und sich der eigenen Prägungen und Glaubenssätze bewusst zu sein. So können Eltern ihre Kinder nicht nur durch die Brille der eigenen Ansprüche und Bedürfnisse sehen, sondern sie können erkennen, was ihre Kinder tatsächlich brauchen. Ich denke, je besser Eltern sich selbst kennen und beobachten, umso besser gelingt es ihnen, stressfrei gute, authentische und liebevolle Eltern zu sein. Es geht weniger darum, etwas zu tun, als vielmehr bewusster zu sein.

Herzlichen Dank für das Gespräch!

Ein realistisches Körperbild entwickeln: Die Bedeutung von Nacktheit

Wir sind umgeben von unrealistischen Körperbildern – auf Instagram, TikTok, in Magazinen, der Werbung und selbst in Zeichentrickfilmen für kleine Kinder. Kein Wunder, dass sich längst nicht mehr nur reiche Promis aus Hollywood Haut und Lippen aufpolstern oder Falten wegspritzen lassen – wer in solche mehr oder weniger dauerhaften Optimierungsmaßnahmen investieren kann und will, macht es einfach.

Eine große Auswahl an Schminke, die selbst für Fotos in HD-Qualität jede unerwünschte Unebenheit überdeckt und Gesichtsformen durch Hell-dunkel-Contouring umgestaltet, ist ebenfalls mittlerweile für jeden und jede erschwinglich. Wie optimal das Ergebnis dann tatsächlich im Tageslicht aus nächster Nähe aussieht, sei mal dahingestellt. Aber Natürlichkeit im Sinne von naturgegeben scheint in Bezug auf das Aussehen ohnehin nicht mehr erstrebenswert. Und wer Angst vor Spritzen hat oder wem das handwerkliche Talent beim Make-up fehlt, kann seine Fotos wenigstens im Nachhinein mit einfachen Mitteln aufhübschen.

Denn dem gängigen Schönheitsideal zu entsprechen ist nahezu unmöglich: Der gemeinhin perfekte Frauenkörper hat auf dem Kopf, an den Augenbrauen und Wimpern möglichst dichtes Haar, ist aber ansonsten blank wie der sprichwörtliche Babypopo. Auch das Gesicht entspricht dem Kindchenschema mit Stupsnase, großen Augen, vollen Lippen und porenfreier Haut. Die Brüste sollten rund und voll, die Taille sollte schlank, der Bauch trainiert, aber nicht zu muskulös sein. Der ideale Po schließlich ist ebenfalls rund, aber nicht breit, die Beine müssen lang und schlank und die Füße nicht zu groß und perfekt pedikürt sein.

Das Problem dabei: Wir kommen als das Produkt unserer Eltern auf die Welt, die Form vieler Körperteile und auch deren Eigenschaften sind genetisch vorgegeben und lassen sich selbst durch plastische Chirurgie nicht einfach so verändern. Am Ende bleibt darum doch nur die Akzeptanz. Und das ist mitunter eine schwierige Aufgabe.

Ich habe mir als Jugendliche braune Augen gewünscht. Mittlerweile gibt es sogar eine OP zur Iris-Pigmentierung – so weit wäre ich allerdings niemals gegangen, eine ekelhafte Vorstellung. Ohnehin würde ich mir nicht freiwillig eine Narkose geben lassen, um irgendwo etwas andersfarbiger, runder oder flacher machen zu lassen. Mit einer Ausnahme: Hätte ich damals Brustkrebs gehabt und amputiert werden müssen, dann wäre ich froh gewesen, dass es die Möglichkeit zur Rekonstruktion durch Operation gegeben hätte.

Am Ende entscheidet jeder Mensch für sich selbst und muss dabei bedenken, dass auch Schönheitsideale nur temporär und das Ergebnis von Zeitgeist-Trends sind. Wenn übermorgen plötzlich wieder kleine Popos angesagt sind – was dann? Wieder raus mit den Silikonpolstern?

Ab und an gibt es zaghafte Ansätze, dass Markt und Werbung sich verändern. Die Marke Dove hat es vor fünfzehn Jahren mit ihrer »Real Beauty«-Bewegung vorgemacht. Die Fotos und Clips mit Frauen unterschiedlicher Körpergrößen und -formen, Hautfarben und Haaren gingen viral und sorgten für positive PR. Doch tatsächlich geändert hat sich in der Wahrnehmung von Frauen in Social Media und Werbeindustrie seither wenig. Es sind also lediglich Babysteps in Richtung Diversität.

Im Frühjahr 2021 kündigte Dove an, einen Teil der Werbekosten von Unternehmen zu übernehmen, wenn diese möglichst unterschiedlich aussehende Frauen für ihre Kampagnen buchen. Die Kosmetikmarke geht damit den nächsten Schritt und will aktiv die Werbeproduktion anderer Brands beeinflussen. Tatsächlich haben bereits mehrere Unternehmen, darunter Magnum und Nedbanks, das Angebot in Anspruch genommen. »Indem wir Marken und Unternehmen die Möglichkeit geben, eine vielfältigere Darstellung von Schönheit zu zeigen, tragen wir dazu bei, die Art und Weise, wie Frauen dargestellt werden, zu verändern, was sich nachweislich positiv darauf auswirkt, wie selbstbewusst sich Frauen in ihrem Aussehen fühlen«, wird die Dove-Topmanagerin Sophie van Ettinger zitiert.

Auch einige Influencerinnen springen auf den Trend der Achtsamkeit und Selbstakzeptanz auf. Dabei handelt es sich allerdings meistens eher um nette Versuche und weniger darum, ein ehrliches Abbild der Wirklichkeit zu vermitteln – Stichwort Fotofilter, Nachbearbeitung, Botox, Filler.

Der Internet-Plattform EchteMamas.de, die nach eigener Auskunft mit mehr als dreihundertdreißigtausend Abonnentinnen und Abonnenten auf Instagram die »größte Community für Mütter« ist, gelingt es dagegen ganz gut, ein umfassenderes und damit ehrlicheres Bild von Müttern zu zeigen. Die Macherinnen posten Fotos von Schwangeren mit Dehnungsstreifen, von verschrumpelten postnatalen Bäuchen und Sectio-Narben. Regelmäßig sind auf dem Account Mütter zu sehen, die vor Freude, Trauer oder Überlastung weinen und ihre Geschichten erzählen.

Das Angebot wird dankbar angenommen – Frauen tauschen sich unter den Beiträgen aus und machen sich gegenseitig Mut. Oft geht es um unerwartete Ereignisse, um Gefühle des Scheiterns und Unsicherheiten. Und letztendlich auch darum, sich gegenseitig Zuversicht zu geben, zum Beispiel mit Sprüchen wie diesem: »Denkt immer daran: Unsere Kinder interessiert es nicht, wie wir im Badeanzug aussehen. Sie wollen nur, dass wir mit ihnen im Wasser spielen und Spaß haben.«

Daran muss ich auch mich selbst immer wieder erinnern. Denn sosehr ich den Strand liebe, so sehr hasse ich Schwimmbäder. Nicht nur wegen der stickigen Luft, der engen Umkleidekabinen, der Gruppenduschen, der nassen Badelatschen, wegen des pipiwarmen Nichtschimmerbeckens und des eiskalten Schwimmerbeckens, der Plastikrutschen, des hallenden Lärms und der gnadenlosen Beleuchtung – auch meine Nacktheit inmitten vieler anderer fremder Nackter stört mich. Mich stört allein der Gedanke, beim unfreiwilligen Schwimmbad-Mutti-Schönheits-Contest nicht mithalten zu können. Ich sage es nochmal: Ich hasse das. Aber weil Kinder Schwimmbäder mögen, habe ich zähneknirschend schon etliche Sonntagnachmittage damit verbracht, in einem dieser »Spaßbäder« (in denen der Name definitiv nicht mein Programm ist) meinem Sohn hinterherzulaufen, an der Rutsche auf ihn zu warten und die meiste Zeit halbnass im Trockenen zu frieren. Nackt unter Neonlicht mit Gänsehaut – für mich ein Albtraum. Ich bin jedes Mal froh, wenn ich wieder draußen bin und niemanden getroffen habe, den ich kenne.

Meinem Sohn gegenüber bemühe ich mich, mir meine Unlust nicht anmerken zu lassen. Meine Schwimmbad-Vermeidungsstrategie besteht darin, ihn zumindest nicht aktiv auf die Idee zu bringen, schwimmen gehen zu wollen. Vermutlich ist das einer der Gründe dafür, dass er erst vergleichsweise spät schwimmen gelernt hat. Dabei war es mir eigentlich wichtig gewesen, dass er sich schon als Kleinkind im Zweifelsfall hätte über Wasser halten können, wenn er irgendwo hineingefallen wäre. Gott sei Dank ist es nie dazu gekommen.

Außerhalb von Hallenbädern habe ich kein Problem mit dem Nacktsein. Zu Hause laufe ich selbstverständlich vor oder nach dem Duschen ohne Kleidung herum und finde es schön, dass kein großes Gewese darum gemacht wird. Ich bin auch aus meiner eigenen Kindheit einen selbstverständlichen Umgang mit Nacktheit gewohnt. Was nicht bedeutet, dass es natürlich Phasen gab, in denen ich als Jugendliche das Badezimmer abgeschlossen habe, wenn ich auf die Toilette musste. Privatsphäre muss bei aller Offenheit immer möglich sein, weil auch Schamgefühle normal sind.

In der Regel entwickelt sich das Schamgefühl bei den meisten Kindern etwa um das siebte Lebensjahr. Die Bundeszentrale für gesundheitliche Aufklärung (BzgA) betrachtet die Entwicklung von Regeln und Standards zum Thema »Körperscham« als gesellschaftliche Aufgabe. Gerade vor dem Hintergrund von Themen wie sexueller Missbrauch oder der steigenden sexuellen Freizügigkeit in den Medien sieht die BzgA darin eine drängende Frage, die einer Antwort bedarf.

Bei meiner Arbeit als Journalistin habe ich viel zum Thema sexueller Missbrauch von Kindern recherchiert und oft mit Betroffenen und Hilfsorganisationen gesprochen. Diese Eindrücke immer im Hinterkopf, war es mir als Mutter von Anfang an wichtig, meinem Kind einen gesunden Umgang mit seinem eigenen Körper, Selbstbewusstsein und Vertrauen auf sein Bauchgefühl mitzugeben. Ich bin überzeugt: Wer sich seines Körpers bewusst ist und darauf hört, was dieser für Zeichen sendet, hat bessere Chancen, nicht selbst zum Opfer von Übergriffen zu werden – oder im schlimmsten Fall wenigstens darüber reden zu können.

Deshalb habe ich mit meinem Sohn früh geübt, laut und deutlich Nein zu sagen. Deshalb darf er selbst bestimmen, wen er zur Begrüßung küssen oder umarmen will oder ob er lieber auf Abstand bleibt. Deshalb weiß er, dass bei jeder Entscheidung auch das Bauchgefühl eine Rolle spielen sollte – auch gegenüber Personen, die sich autoritär geben und alle möglichen vermeintlichen Argumente liefern. Wenn das eigene Bauchgefühl dagegenspricht, dann ist es wichtig, es nicht zu ignorieren und Nein zu sagen. Dazu gehört umgekehrt auch, dass ich selbst ausspreche, wenn mir etwas peinlich oder unangenehm ist. Wenn mein achtjähriger Sohn mit mir in die Badewanne steigen möchte, ich mich damit aber nicht wohlfühle, muss ich ihm das sagen. Andernfalls würde ich ihm mit dem Unterdrücken meines eigenen Schamgefühls vermitteln: Es ist okay, etwas zu ertragen, das einem unangenehm ist.

Körperbezogene Scham ist nicht grundsätzlich etwas Negatives. Gründe dafür gibt es viele: Außer, dass wir uns vielleicht nicht zeigen mögen, weil wir unseren Körper als hässlich empfinden, gibt es soziale Regeln – beispielsweise die, nicht nackt im Supermarkt aufzutauchen und in der Öffentlichkeit nicht an seinen Genitalien herumzuspielen. Scham ist historisch, kulturell und familiär geprägt. Für die Vermittlung dieser »Scham-Regeln« sind wir Eltern zuständig.

Auch bei offenherzigem Umgang innerhalb der Familie gibt es sinnvolle Tabus. Beispielsweise die sexuelle Beziehung der Eltern. Die ist ein intimer Bereich, von dem Kinder ausgeschlossen sind und bleiben sollten. Die BzgA hat Einflussfaktoren auf das kindliche Schamgefühl wie etwa den elterlichen Umgang mit intimen Situationen untersucht. Familien, in denen die Eltern bei der Geburt ihrer Kinder schon relativ alt waren, zeigten sich demnach weniger schamhaft. Auch gibt es Unterschiede zwischen den zuerst und später geborenen Kindern. Letztere verhalten sich offenbar schamhafter. Die Erklärung: »Erstgeborene und später geborene Kinder unterliegen anderen sozialisatorischen Einflüssen.«

Die Gefahr dabei: Mit Schamgefühl belegte Körperteile wie die Genitalien, die schon früh und im Alltag ständig unter Kleidung verborgen werden, können eher als hässlich empfunden werden als andere. Denn ein Kind erfahre »keine Rückmeldung durch andere, wird unsicher über ihren Wert, was wiederum die Notwendigkeit verstärken könnte, sie zu verbergen«, heißt es bei der BzgA.

Eltern wird darum geraten, die Körperwahrnehmung ihrer Kinder, die Neugier und das Erkundungsverhalten liebevoll und verantwortungsbewusst zu begleiten. Denn auch die Sexualität ist eine Dimension des Menschen, die sich entwickelt und verändert. Wobei sich Sexualität für die kindliche Entwicklung auf Geschlechterrollen, Identitätsfindung, Schamgefühl und eigene Grenzen bezieht. Dazu gehören vertrauensvolle und verlässliche Bindungen, eine angemessene Sprache und das Akzeptieren von Intimität. Jedes Kind entwickelt sich auch auf diesem Gebiet in seinem eigenen Rhythmus und zeigt individuelle Eigenheiten. Interessant finde ich den Befund der Expertinnen und Experten, dass die sexuelle Entwicklung vor allem von nichtsexuellen Erlebnissen geprägt wird, etwa, inwiefern das Kind darauf vertrauen kann, dass seine Grundbedürfnisse wie Hunger oder Geborgenheit befriedigt werden.

Ich selbst habe mich von Anfang an bemüht, sachlich auf alle Fragen meines Sohnes zu antworten – was schon mal schwierig werden kann. Da ich das Badezimmer nicht abschließe, wenn ich auf die Toilette gehe, platzte er einmal just in dem Moment herein, als ich gerade meinen Tampon wechselte. Als er das Blut sah, war er zunächst erschrocken. Ich habe dann versucht, ihm zu erklären – hoffentlich altersgerecht –, dass diese Art von Blut etwas Gutes ist, weil es zum weiblichen Körper gehört. Einige Wochen später hörte ich zufällig mit, wie er einer gleichaltrigen Freundin erklärte, dass wir im Bad »spezielle Stöpsel aus Watte« hätten, die Frauen einmal im Monat benutzen, wenn sie bluten. »Falls du mal einen brauchst, weiß ich, wo die sind.«

Meine Hoffnung ist, dass mein Sohn später zu den Erwachsenen gehören wird, die sich nicht vor der Periode ekeln und den menschlichen Körper mit all seinen Funktionen als das sehen, was er ist: ein Wunder.

Eine Freundin von mir hat seit der Geburt ihrer Tochter mit diversen Unterleibsproblemen zu kämpfen. Unter anderem trainiert sie deshalb seit einiger Zeit ihre Beckenbodenmuskulatur mit Liebeskugeln. Als ich nach einem Übernachtungsbesuch zusammen mit meinem Sohn morgens Zähne putzte, entdeckte er das pinkfarbene Kunststoffding im Regal des Badezimmers, nahm es in die Hand und betrachtete es neugierig von allen Seiten. Natürlich wollte er wissen, was für eine merkwürdige Kugel das sei. »Damit können Frauen ihre Scheide trainieren«, versuchte ich mit Zahnpasta im Mund und unterdrücktem Kichern möglichst sachlich zu antworten. Augenblicklich hängte er das Ding an seinen Platz zurück und verzog in einer Mischung aus Ekel und Verlegenheit das Gesicht. Später aber lachten wir alle zusammen über die Situation.

Ich finde es wichtig, in solchen Dingen möglichst ehrlich zu sein und mein Kind altersgerecht aufzuklären. Dazu gehört auch, dass ich die Geschlechtsorgane bei ihren Namen nenne und versuche, Verniedlichungen zu vermeiden. Auch den Begriff »Schambereich« versuche ich zu vermeiden, auch wenn mir das schwerfällt. Laut der Familien- und Kindertherapeutin Renate Blum-Maurice ist es wichtig, Kindern positive Begriffe für den Körper und die Geschlechtsteile beizubringen. Das sagt sie in einer BzgA-Broschüre zur kindlichen Entwicklung. Wie schon an anderer Stelle gesagt: Sprache schafft Realität. Und die Genitalien sind nichts, wofür wir uns schämen müssten, im Gegenteil.

Auch ein gutes halbes Jahrhundert nach Einführung des Sexualkundeunterrichts in bundesdeutschen Schulen – in der ehemaligen DDR gehörte das Thema »Fortpflanzung« schon seit 1947 zum Lehrplan – sind junge Menschen heute offenbar nicht besonders gut aufgeklärt, was vermutlich auch am nach wie vor rudimentären Sexualkundeunterricht liegt. Der ist bei mir zwar schon ein paar Jahrzehnte her, aber ich kann mich nicht erinnern, dass zum Beispiel jemals über Details des weiblichen Geschlechts gesprochen wurde. Den Begriff Vulva habe ich erst als Erwachsene gehört. Eine gleichaltrige Freundin von mir war bis vor kurzem der felsenfesten Überzeugung, Frauen würden aus der Scheide pinkeln.

»Die Erfahrungen von Offenheit, aber auch von Scham und Grenzen spielen in der Familie und in der kindlichen Sexualentwicklung eine zentrale Rolle«, schreibt die BzgA in einer Broschüre zur kindlichen Entwicklung. Scham sei grundsätzlich etwas Wichtiges, da sie signalisiere, wann im menschlichen Miteinander Grenzen übertreten werden. Kinder lernen dank dieses Gefühls, sich abzugrenzen, die Scham ist quasi die Hüterin der Privatsphäre. Ich finde, das ist ein ebenso zutreffendes wie schönes Bild.

Mit dem eigenen Kind über Sexualität und den Körper zu sprechen fällt vielen Eltern schwer. Auch da ist es in Ordnung, hineinzuwachsen. Je nach Alter des Kindes ändern sich die Themen, nach denen es fragt. Ich glaube, am wichtigsten ist es, keine Fragen unbeantwortet zu lassen, das Kind also nicht allein zu lassen mit seinen Fragen. Denn dann wäre viel Platz für Ängste und Unsicherheit. Außerdem ist Sprachlosigkeit nie gut. Das Vermeiden bestimmter Themen ist schließlich auch eine Form des Umgangs und der Erziehung – aber sicher keine hilfreiche. Laut Familien- und Kindertherapeutin Blum-Maurice können Mütter und Väter dann gute Vorbilder sein, wenn sie ihr Kind in einer freundlichen, zugewandten und respektvollen Atmosphäre aufwachsen lassen. Das Kind sollte mit seinen Eltern über alles sprechen können und keine Angst vor Bestrafung haben müssen, weil das Thema heikel ist.

Mein Sohn hat sich schon mehrmals beim Spielen verletzt. Mal waren es harmlose Kratzer, mal mussten Platzwunden im Krankenhaus geklebt werden. Heute ist er acht Jahre alt und hat schon einige Narben. Einmal saß er mit einem Freund im Garten, deutete nacheinander auf mehrere Stellen an seinen Beinen und erzählte die Geschichten dazu. Ich beobachtete die Szene und fand das einen bewundernswerten Umgang: Welche Erfahrungen wir in unserem Leben machen, was wir erleiden, was uns weh tut, was wir fühlen und worüber wir hinweggekommen sind, das macht uns aus. Manche Erlebnisse hinterlassen Narben – innere und äußere. Unser Äußeres ist bloß ein kleiner Teil von dem, was uns ausmacht.

(Gemeinsam) essen lernen: Essstörungen und eine gestörte Wahrnehmung des eigenen Körpers

Essen war in meiner Familie meist etwas eher Pragmatisches, aber immer Gemeinsames, Regelmäßiges, das zu festen Uhrzeiten stattfand. Und es gab Regeln wie etwa die, dass alle bis zum Schluss sitzen bleiben mussten und nicht geschmatzt oder gerülpst wurde. Je älter wir wurden, desto mehr wurde geredet, diskutiert und gescherzt. Beim Essen erzählten wir uns gegenseitig, was gerade so los war oder demnächst anstand. Mit dem gemeinsamen Frühstück fing der Tag an, und mit dem gemeinsamen Abendessen endete er.

So ähnlich handhabe ich es jetzt auch als Mutter. Obwohl die Schultage sehr früh beginnen und ich ein Morgenmuffel bin, finde ich es wichtig, den Tag gemeinsam zu beginnen. Ich selbst bekomme zwar erst vormittags richtigen Hunger, frühstücke aber trotzdem bewusst zusammen mit meinem Sohn. Mir ist es wichtig, dass er vor der ersten Schulstunde etwas im Magen hat. Dabei reden wir über das, was ansteht, oder wir telefonieren mit seinem Papa, der in einer anderen Stadt wohnt. Am Abend wiederholt sich das Ritual, nur kommt dann statt Brot etwas Warmes auf den Tisch.

Seit er sitzen kann, hat mein Sohn seinen festen Platz am Esstisch. Schon mit wenigen Monaten zeigte er Interesse an fester Nahrung, griff bei den Mahlzeiten mal nach einer Nudel, dann wieder nach einem Brokkoliröschen und lutschte genussvoll daran herum. Genau wie ich isst auch mein Sohn gerne – wie die meisten Kinder zwar nicht alles, aber die Bandbreite wird mit jedem Lebensjahr immer vielfältiger, und er traut sich, auch ihm Unbekanntes zu probieren. Wir essen selten Fertig- oder Tiefkühlprodukte, sondern kochen fast jeden Tag frisch. Natürlich gibt es auch oft Nudeln, aber dann machen wir zumindest die Sauce selbst. Frei nach dem Motto der »good enough mother« habe ich da mittlerweile kein schlechtes Gewissen mehr, sondern stelle einfach noch ein Schälchen Rohkost auf den Tisch, die dazu gegessen wird.

Eine echte Diät habe ich – außer in der Schwangerschaft aufgrund des Gestationsdiabetes – noch nie gemacht. Ich hatte auch noch nie Übergewicht im Sinne des Body-Mass-Indexes, also des Verhältnisses zwischen Körpergröße und -gewicht. Eher im Gegenteil, ich kratze immer mal an der Marke zum Untergewicht. Während andere in stressigen Zeiten alles essen, was ihnen in die Quere kommt, schlägt Stress bei mir auf den Appetit – und wenn mein Sohn nicht da ist, vergesse ich manchmal einfach das regelmäßige Essen.

Ich erinnere mich, wie ich vor meiner Konfirmation mit meinem Vater zusammen ein feierliches Outfit kaufen wollte. Mit meinen vierzehn Jahren war ich gerade ein ganzes Stück in die Höhe geschossen, hatte lange, dünne Beine und schmale Schultern. Für meine Figur einen passenden Blazer zu finden war nahezu unmöglich. Am Ende entschied ich mich für einen schwarzen Rock mit weißer Bluse. Die kurze Jacke hatte – passend zum Jahr 1991 – Schulterpolster, die meine Mutter heraustrennte. Auf den Fotos von damals sehe ich trotzdem etwas unproportioniert aus.

Zwar war ich immer dünn, aber gegessen habe ich trotzdem stets gerne. Ich probiere gerne Neues, gehe gerne in Restaurants essen und lasse mich gerne bekochen.. Mir ist es allerdings nicht egal, was auf den Teller kommt, ich esse lieber nichts als etwas, das mir überhaupt nicht schmeckt. Essen ist für mich nicht satt werden um jeden Preis, sondern Genuss. Im Gegensatz zu dem Pragmatismus aus meiner Kindheit.

Seit meinem fünften Lebensjahr bin ich Vegetarierin und habe das schon in jungen Jahren eisern durchgehalten – was sich in den 1980er Jahren und in einer Familie, in der ich die erste Vegetarierin war, nicht annähernd so einfach gestaltete wie heute: Ich erinnere mich an etliche Restaurantbesuche, bei denen sich andere ihre Schnitzel oder Moussaka schmecken ließen, während ich mal wieder nur zwischen den einzigen rein pflanzlichen Optionen »kleiner gemischter Salat« oder Tomatensuppe wählen konnte. Es gab, vor allem in meiner Jugend, etliche Arztbesuche, bei denen ich gefragt wurde, ob ich genug esse, und auch, ob ich magersüchtig sei. Viele hielten mich für zu dürr. Ratschläge wie »Du brauchst mal ein ordentliches Steak, das gibt Kraft und ist gut für die Knochen« brachten mich aber eher dazu, weiter meinen eigenen Weg zu gehen und beim Thema Essen nicht auf andere zu hören. Mittlerweile bin ich mir allerdings nicht sicher, wie frei von Zwang mein Essverhalten heute tatsächlich ist.

Denn, wenn ich ehrlich bin, läuft bei allem, was ich zu mir nehme, eine innere Bewertungsskala mit: gesund, ungesund, kalorienreich, ballaststoffreich, fettig und so weiter. Diese Überlegungen bestimmen nicht mein Leben, aber schon das, was zum Beispiel auf meinem Teller landet. Habe ich nach meinen Maßstäben zuvor gesündigt, gleiche ich das anschließend wieder aus, indem ich zum Beispiel weniger esse, weniger Fett oder Kalorien. Die Grenzen zwischen normalem und zwanghaftem Essverhalten sind vermutlich fließend.

Dazu kommt, dass ich in meinem tiefsten Inneren immer überzeugt davon war, dass eine schlanke Figur genauso wie Nichtraucher-Sein oder Vegetarier-Sein letztendlich eine Frage des Willens ist. So in der Art: Wer dick ist oder es nicht schafft, mit dem Rauchen aufzuhören, der will es nur nicht wirklich. Erst während der Recherche zum Thema Essstörungen bin ich ins Nachdenken gekommen, ob diese Haltung falsch sein könnte. Borniert ist sie wohl in jedem Fall, deshalb werde ich ab sofort versuchen, daran etwas zu ändern.

Tatsächlich ist es ja so: Unsere Gesellschaft feiert den Rausch, aber verachtet Zügellosigkeit und Sucht. Die Zeiten, in denen Übergewicht Ausdruck von Wohlstand war, sind hierzulande vorbei. »In dieser Welt regieren die Makellosigkeit und der schöne Schein«, schreibt Kinder- und Jugendpsychiater Schulte-Markwort in seinem Buch *Kindersorgen*. Und das gilt für Klein und Groß.

Als geübte Küchenpsychologin würde ich sagen, dass mein Verhalten eventuell etwas damit zu tun haben könnte, dass ich nicht gestillt wurde. Nein, Spaß beiseite.

Als Scheidungskind habe ich lange unter der Trennung meiner Eltern gelitten. Meine Mutter hat die ersten Jahre viel geweint, und ich versuchte früh, ihr möglichst nicht noch mehr Kummer zu machen, übernahm Verantwortung und kümmerte mich mit um meinen jüngeren Bruder. Mein Vater wiederum war jedes Mal traurig, wenn er uns Kinder nach einem gemeinsamen Papa-Wochenende oder, noch schlimmer, nach dem Urlaub wieder nach Hause brachte, das spürte ich und fühlte mich auch deswegen schlecht. Ich versuchte, nach außen stark zu sein und so zu tun, als würde zumindest mir das Ganze nichts ausmachen. So lernte ich, meine Gefühle zu kontrollieren, mich zusammenzureißen und auch, meine Bedürfnisse manchmal hintanzustellen. Ich war streng zu mir, davon scheint bis heute etwas geblieben zu sein.

Die Nahrungsaufnahme ist eines der wenigen Dinge, die der Mensch quasi von Beginn an selbst kontrollieren und im Extremfall verweigern kann. Vielleicht hat sich das kontrollierte Essen bei mir zu einer Art Ausgleich entwickelt zu der Ohnmacht, die ich ansonsten zum Teil gefühlt habe.

Bis heute habe ich – auch in anderen Bereichen – kein Problem damit, Entscheidungen zu treffen. Im Gegenteil, ich entscheide lieber selbst, als dass über meinen Kopf entschieden wird. Das ist einerseits eine Stärke, aber gleichzeitig auch eine Schwäche, da mancher Entschluss dadurch vielleicht angstgetrieben ist oder zu schnell erfolgt. An Magersucht oder anderen Essstörungen habe ich aber trotzdem nie gelitten.

Davon Betroffene haben nicht nur eine gestörte Wahrnehmung in Bezug auf ihren eigenen Körper. Sie verbinden darüber hinaus Mahlzeiten mit negativen Gefühlen, wie zum Beispiel Angst. Diese Angst kann sich auf viele weitere Bereiche übertragen, sodass sie im Extremfall irgendwann Angst vor allen möglichen Alltagssituationen haben, nicht mehr in die Schule oder zur Arbeit gehen können und sich von Freunden isolieren.

Essstörungen sind psychosomatische Erkrankungen mit Suchtcharakter, heißt es beim Verein Waage e. V., einem Fachzentrum für Essstörungen in Hamburg. Neunzig Prozent aller Menschen mit Essstörungen sind Mädchen oder Frauen. Von den drei Grundformen ist laut Bundeszentrale für gesundheitliche Aufklärung die Binge-Eating-Störung (Esssucht) mit 2,8 Prozent aller Mädchen und Frauen die häufigste, gefolgt von Bulimie (Ess-Brech-Sucht) mit 1,9 Prozent. Die bekannteste Form – Magersucht oder Anorexie – tritt mit 1,4 Prozent am seltensten auf. Außer diesen drei Mustern gibt es viele weitere atypische Erkrankungen, die mit dem Essen verbunden sind. Adipositas, also ein durch Fettleibigkeit verursachtes, starkes Übergewicht, zählt bislang offiziell nicht zu den Essstörungen, obwohl bei Betroffenen häufig ebenfalls psychische Ursachen und starker Leistungsdruck zu beobachten sind.

Ursachen für Magersucht und Co gibt es viele. »Gesellschaftliche Faktoren wie gängige Schönheits- und Schlankheitsideale tragen ebenso dazu bei wie die vielfältigen teils widersprüchlichen Ansprüche an die Rolle der modernen Frau«, heißt es bei Waage e. V. Auch ein hoher Perfektionsanspruch, ein geringes Selbstwertgefühl, familiäre Überlastungserfahrungen und sogar biologische Faktoren können eine Rolle spielen.

Wer magersüchtig ist, beschäftigt sich permanent mit dem eigenen Gewicht, manche Betroffene wiegen sich zigmal am Tag. Für viele wirkt die Kontrolle über ihren eigenen Körper wie eine Droge. Fünfzehn Prozent der Magersüchtigen sterben sogar an der Krankheit.

In der größten Kinderklinik Hamburgs, dem Katholischen Kinderkrankenhaus Wilhelmstift, kämpfen Expertinnen und Experten dagegen an. Schwere Fälle, bei denen eine ambulante Behandlung nicht ausreicht, werden stationär aufgenommen, behandelt und auf ein Leben ohne die Krankheit vorbereitet. Die Überwindung der Magersucht könne allerdings sehr langwierig, anstrengend und herausfordernd sein, sagt Imke Neemann. Sie ist Leitende Ärztin der Kinder- und Jugendpsychiatrie.

Seit zwanzig Jahren besteht die Klinik, die sich auf die Behandlung von Mädchen mit Essstörungen und deren Familien spezialisiert hat. Im Oktober 2021 ist die Abteilung für Psychiatrie, Psychotherapie und Psychosomatik für Kinder und Jugendliche in ein neues, größeres Gebäude auf dem Gelände des Wilhelmstifts umgezogen, denn der Bedarf an Therapieplätzen wächst: Allein in den vergangenen fünf Jahren sind die Fallzahlen um zehn Prozent gestiegen. Die Coronapandemie mit Lockdowns, Kontaktbeschränkungen und Schulschließungen hat ebenfalls zu einem Anstieg der Zahl von Essstörungen bei Kindern geführt, beobachtet Neemann. Und die Patientinnen werden immer jünger. Manche Patientinnen auf der Kinder- und Jugendpsychiatrie im Wilhelmstift sind gerade mal acht Jahre alt, andere fünfzehn.

»Wir lassen uns von möglichst allen Familienmitgliedern die Lebensgeschichte erzählen«, so Neemann. »Dabei bekommen wir meist ein ganz gutes und umfassendes Bild davon, worum es eigentlich geht, welche Themen und Konflikte es in der Familie gibt.« Essstörungen seien immer Ausdruck tieferliegender Probleme: »Gibt es Sicherheit und Nähe? Sind die Eltern in ihrer Partnerschaft und ihrem Miteinander glücklich? Wird konstruktiv gestritten? In Familien kann es an vielen Stellen aus unterschiedlichen Gründen haken und dazu führen, dass ein Kind sich in einen Bereich zurückzieht, den es scheinbar kontrollieren kann, wo Askese auch ein Stück Befriedigung gibt, sich anfühlt wie Stärke und dem Leben scheinbar Sinn gibt.«

Sechzehn Wochen lang werden die jungen Patientinnen im Wilhelmstift in Familien-, Einzel- und Gruppentherapiesitzungen behandelt. Die Kinder und Jugendlichen haben dabei vielfältige Möglichkeiten, sich auch in Kunst-, Musik-, Spiel- und Bewegungstherapie auszudrücken, denn manchmal fehlen die Worte. Dann ist es einfacher, Gefühle in ein Bild zu fassen.

Warum erkranken manche Kinder an Essstörungen und andere nicht? Warum zeigt bei manchen die Therapie schnell Erfolg, während andere im Laufe ihres Lebens immer wieder stationär behandelt werden müssen? Das habe viel mit Resilienz zu tun, erklärt Imke Neemann. »Oft hat die Psychodynamik – das Wirken innerseelischer Kräfte – mit dem Beginn der Pubertät, also einer belastenden Umbruchphase, zu tun.« Für die ganzheitliche Behandlung sei es wichtig, auch das Essverhalten der Eltern zu betrachten, denn letztendlich sind sie auch hier Vorbilder. »Wenn die Eltern nicht lustvoll essen, sondern sich zum Beispiel sehr stark beschränken, um bloß nicht zuzunehmen, ist das ein Risikofaktor für die Kinder.«

Auch die Eltern besuchen deshalb oft Selbsthilfegruppen und suchen sich Unterstützung in ihrer Hilflosigkeit. Ernährung ist ein sensibles Thema, das an die Substanz geht. Das eigene Kind im wahrsten Sinne verhungern zu sehen ist einfach unvorstellbar.

Die Rückfallquote ist wie bei anderen psychischen Erkrankungen ziemlich hoch: Ungefähr vierzig Prozent aller Magersüchtigen müssen im Laufe ihres Lebens erneut ins Krankenhaus. Die Leere, die eine lebensbestimmende Sucht hinterlässt, neu zu füllen ist mitunter schwierig.

An Magersucht sind aber nicht nur pubertierende Mädchen oder junge Frauen betroffen, Studien zeigen, dass auch immer mehr Schwangere unter Essstörungen leiden: In den Industrienationen haben bis zu 7,5 Prozent aller werdenden Mütter Magersucht, Bulimie oder Esssucht. Laut einer britischen Studie aus dem Jahr 2013 sorgt sich jede vierte Schwangere um ihre Gewichtszunahme

und ihr Aussehen. Befeuert wird diese Angst durch Schönheitsideale und prominente Frauen, die schon kurze Zeit nach der Geburt wieder so aussehen, als sei nichts gewesen – bei mir war das,
wie schon erwähnt, die britische Herzogin Kate, die mit ihrem
ersten Kind zeitgleich mit mir schwanger war und Stunden nach
der Geburt in High Heels vor die Fotografen trat.

»Gerade Magersucht zeigt sich heute viel komplexer und vielfältiger als früher. Sowohl die Idealisierung von Essen als auch die
der Körper sind heute ein riesiges Thema. Die Selbstoptimierung
über unser Äußeres hat in unserer Gesellschaft einen solchen Stellenwert bekommen, dass Essstörungen inzwischen auch ein so-
ziokulturelles Thema sind und nicht nur bestimmte Gesellschafts-
gruppen betreffen«, so Neemann. Sie beobachtet bei den Familien
auf ihrer Station außerdem, dass dort oft mehrere Umbrüche zu-
sammentreffen – die Pubertät der Tochter, der Beginn der Wechseljahre bei den Eltern. Das kann ein Familiengefüge durcheinan-
derwirbeln und für viele Unsicherheiten sorgen.

Die beste Vorsorge, wie ich sie verstehe, sind also gute Beziehungen, ein offenes, konstruktives und liebevolles Miteinander
sowie Wertschätzung – gegenüber den Mahlzeiten, anderen Menschen und mir selbst.

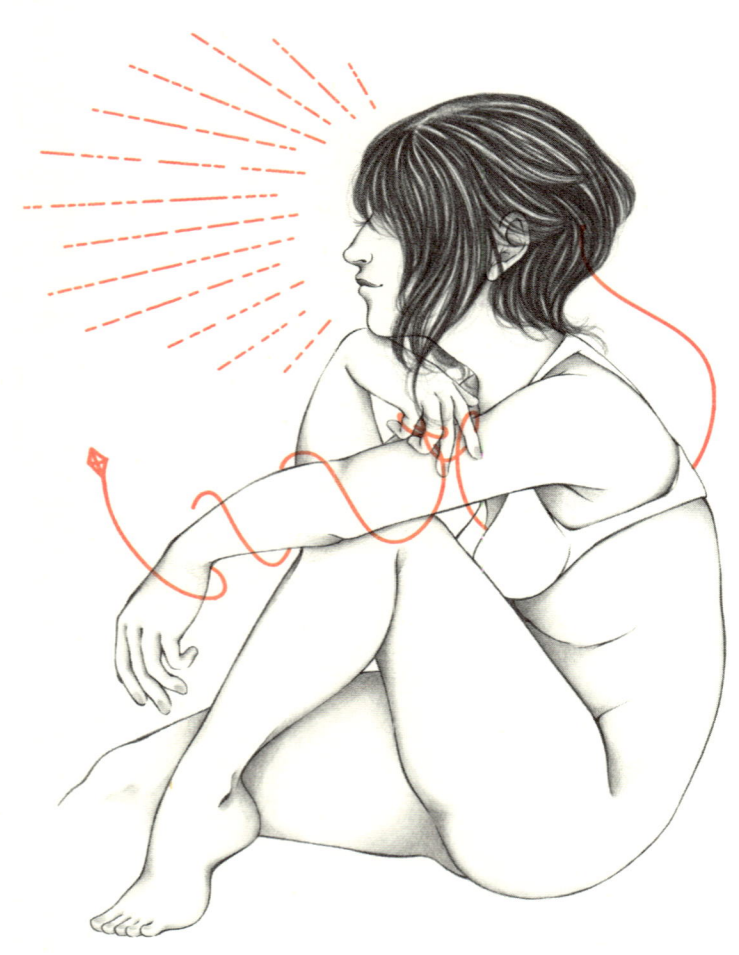

Kapitel 5

Mutter in den Wechseljahren

Kind groß, Körper alt – was nun?

Früher bekamen Frauen früher Kinder. Das entsprach den traditionellen Rollenbildern, den familiären Erwartungen und den gesellschaftlichen Normen. Es gab keine oder wenn, dann nur sehr unsichere Methoden der Empfängnisverhütung. Das ist nun alles anders. Was allerdings viele konservative Anhänger traditioneller Rollenverteilung nicht erwartet haben: Das veränderte Sein verändert auch das Bewusstsein von uns Frauen. Auch Menschen mit Uterus beanspruchen mittlerweile ihr Stück vom Kuchen, wenn es um Bildung, Karriere und berufliche Selbstverwirklichung geht.

Bei mir folgten auf dreizehn Jahre Schulbildung zehn lehrreiche Jahre mit längeren Auslandsaufenthalten, meinem Diplomstudium, etlichen Nebenjobs, Praktika und freiberuflichen Engagements. Die zweijährige Journalistenausbildung, ein erster befristeter Vertrag und schlussendlich ein unbefristeter Vertrag waren die nächsten beruflichen Stationen. Zu diesem Zeitpunkt hatte ich meinen dreißigsten Geburtstag bereits hinter mir. In der Arbeitswelt galt ich aber trotz aller Erfahrung, die ich während und nach dem Studium sowie im Volontariat gesammelt hatte, noch als Berufsanfängerin.

Da ich schon immer gern gearbeitet habe, mich meinem Arbeitgeber natürlich auch irgendwie verpflichtet fühlte und, abgesehen davon, nicht an jeder Ecke ein vatertauglicher Mann wartete, dauerte es bei mir weitere sechs Jahre, bis ich Mutter wurde.

Dass heute im Schnitt vieles später stattfindet, die Ausbildung länger dauert und berufliche Sicherheit (wenn überhaupt) erst nach Jahren eintritt, hat Folgen. Bei Spätgebärenden wie mir werden später ausgerechnet zwei grundlegende Veränderungen im Leben zeitlich zusammenfallen: das Erwachsenwerden meines Kindes und die eigenen Wechseljahre. Wenn mein Kind volljährig wird, bin ich Mitte fünfzig. Vermutlich stecke ich dann mittendrin im sagenumwobenen und immer noch weitgehend außerhalb des öffentlichen Diskurses stattfindenden Klimakterium. Bis die hormonelle Umstellung vollständig abgeschlossen ist, können Jahre, manchmal sogar Jahrzehnte vergehen. Meine Mutter, gerade siebzig geworden, hat noch immer regelmäßig plötzliche Hitzewallungen.

Die erste Generation vieler spätgebärender Akademikerinnen, selbst in den 1960ern geboren, ist bereits in der Situation, die mir noch bevorsteht. Silke Burmester, Jahrgang 1966, hat 2016 in ihrem Buch *Mutterblues* darüber geschrieben, wie sie beim Anblick ihres 1,94 Meter großen, erwachsenen Sohnes plötzlich dachte: Wo ist mein Kind, wo ist die Zeit geblieben?

Mein Sohn ist erst acht, aber wohl alle Eltern kennen das Gefühl, dass die Zeit rennt. In seinem ersten Lebensjahr, als ich ihn in einem Tuch vor meinem Bauch durch die Welt trug, sagte ständig jemand zu mir: »Genieß die Zeit, sie werden so schnell groß!« Ich sah in faltige Gesichter, die mal glatt waren. Auch diese Frauen hatten selbst Babys durch die Welt getragen. Mir war schon klar, dass sie Recht hatten, aber in dem Moment lebte ich von einem Fläschchen zum anderen, von einer Windel zur nächsten. Der erste Geburtstag fühlte sich weit weg an, die Kindheit meines Sohnes, dieses Glück des Augenblicks, erschien mir endlos. Ich war sechsunddreißig – der Zeitraum, bis mein Sohn volljährig sein würde, war so lang wie mein halbes Leben davor.

Dann lernte er krabbeln, laufen, sprechen und Rad fahren. Statt gefüttert zu werden, tauchte er nun selbst seinen Löffel in den Brei, irgendwann benutzte er Gabel und Messer wie wir Erwachsenen. Er kam in die Kita, dann in die Schule. Entwickelte früh seinen eigenen Klamottengeschmack, seinen eigenen Willen sowieso. Er wurde Klassensprecher, ging allein zur Schule, zum Bäcker, zu seinen Freundinnen. »Wo ist mein kleines Baby geblieben, das meine Hilfe braucht, bei allem, was es tut?«, dachte ich nicht nur einmal. Jeder Geburtstag ist emotional, da er einen Zeitraum markiert, der vorbei ist. Wieder ein Jahr vollendet. Bei seiner Einschulung kamen mir die Tränen.

Immer schwingt auch ein wenig Abschiedsschmerz mit – Abschied von dem eigenen Kind als Kind und auch von mir selbst als junge Frau. Wenn die nächste Generation nachrückt und erwachsen wird, sind wir Erwachsenen die Alten. Als meine Großeltern mütterlicherseits starben – innerhalb eines Monats folgte mein Opa meiner Oma –, sagte meine Mutter: »Nun sind meine Geschwister und ich diejenigen, die als Nächstes gehen.« Das war eine ganz sachliche Feststellung. Aber es schwang auch das Wissen um die eigene Endlichkeit darin mit, die nun wieder ein Stückchen näher gerückt war.

Silke Burmester schreibt in ihrem Buch über den Moment, in dem ihr klar wird, dass ihr Sohn bald ausziehen wird: »Ich leide. Ich leide wie Hund. Ich weiß nicht, wie ich das aushalten soll, den Schmerz um das zu verlierende Kind.« Dabei ist sie keineswegs eine typische Glucke. Sie hat einen Beruf, ein eigenes Leben, in dem sie auch ohne ihren Sohn coole Erfahrungen macht. Es gibt ein Wort für die extreme Form dieses Leidens:»Empty Nest Syndrome« nennen Psychologen die Anpassungsstörung. Der Begriff beschreibt die Unfähigkeit, sich auf die neue Situation mit dem erwachsenen Kind einzulassen.

Natürlich möchte niemand eine Mutter sein, die nicht loslassen kann. Aber ich weiß nicht, ob man sich, wenn es so weit ist, überhaupt gegen diese Gefühle wehren kann. Wenn mein Sohn jetzt so etwas sagt wie: »Ich will für immer und ewig mit dir zusammenwohnen, Mama!«, erwidere ich scherzhaft, dass er das bitte unbedingt tun soll und dass ich ihm auch immer die Wäsche waschen und Nutellabrot schmieren werde. Was dahintersteckt: Ich möchte mir nicht vorstellen, ihn gehen zu lassen.

Natürlich soll er zu einem selbständigen Menschen werden, der allein klarkommt, ohne mich. Aber während ich sein Aufwachsen erlebe, kann ich ein klitzekleines bisschen verstehen, wie Mütter zu Glucken werden. Ich kenne etliche Männer und Frauen über vierzig, die, wenn sie ihre Eltern in einer anderen Stadt besuchen, in ihrem Kinderzimmer übernachten, das immer noch so aussieht, wie sie es vor Jahrzehnten verlassen haben. Die Eltern bringen es offenbar nicht übers Herz, das zu verändern. Und die erwachsenen Kinder genießen es, in ihre alte Rolle zurückzukehren.

»Ich empfinde einen unsagbaren Schmerz darüber, dass unsere gemeinsame Zeit vorbei sein wird. Dass ich nicht mehr Mutter sein soll, sein kann. Dass mein Kind von mir weggeht«, schreibt Silke Burmester. »Ich empfinde diesen Schmerz körperlich. An schlimmen Tagen habe ich das Gefühl, er zerreißt mich. Dann gucke ich dieses Kind an, dieses große Etwas, das mich nicht mehr braucht, weder zum Eierbraten noch um seinen Tag zu strukturieren, und weiß nicht, wie ich das aushalten soll.«

Zu merken, dass ihre Zeit »als Kümmer-Mutter vorbei ist«, stürzte die Autorin in eine tiefe Sinnkrise. »Nicht, weil ich nichts anderes mit meiner Zeit anzufangen weiß. Sondern zum einen, weil es mich so unvorbereitet getroffen hat. Zum anderen, weil ich schlicht nicht reif dafür war. Ich hatte immer gedacht, wenn diese Zeit käme, dann wäre ich automatisch bereit dafür, die Rolle zu wechseln.« Sie habe gedacht, zumindest aber unbewusst gehofft, dass die Entwicklung ihres Kindes und ihre eigene Hand in Hand verlaufen würden. Natürlich war das eine Illusion, die sie auch noch allein verarbeiten musste: Zu diesem Schmerz, den sie empfand, gab es kaum Literatur, gesellschaftlich schien das Thema keine Relevanz zu haben.

Obwohl die Hälfte der Menschheit irgendwann von den Wechseljahren betroffen ist, scheint dieser Lebensabschnitt – wie so viele andere rein weibliche Themen – ein Tabu zu sein. Kaum eine Frau spricht offen über die vielen Veränderungen, die sich in der zweiten Lebenshälfte vollziehen. Stattdessen kursieren Klischees und Mythen – umfassend vorbereitet fühlt sich kaum eine Betroffene.

In der NDR-Dokumentation »Tabu Wechseljahre – Nicht mit uns!« von 2021 traf die Journalistin Julia Westlake Frauen aus der Kulturszene, die das ändern wollen. Ihr Ziel ist, die Wechseljahre neu zu deuten – nicht länger als Mangel, sondern als Abenteuer und als Neubeginn. Ausgehend von ihren eigenen Erfahrungen wollte die Neunundvierzigjährige wissen, »woher die Angst, die Verlegenheit und die Unwissenheit kommen«. Denn mit der Rolle »sportive Oma« oder »irgendwas mit Blutdruck messen« kann und will sie sich nicht identifizieren.

»Wieso sind die Wechseljahre so stigmatisiert?«, fragt sich Julia Westlake. Ihre Antwort: »Das hat natürlich mit dem Patriarchat zu tun. Sorry, Männer!« Unsere Gesellschaft habe die Frau über viele Jahrhunderte nur in Bezug auf den Mann definiert. Sobald die Frau unfruchtbar – also für die Gesellschaft quasi nutzlos – wurde, wurde sie, bis auf wenige Ausnahmen, unsichtbar. Belege dafür sieht Julia Westlake beispielsweise in der Kunst, in der es im Vergleich nur wenige Darstellungen älterer Frauen gibt. Sie spielten einfach keine Rolle mehr.

Die Gynäkologin Sheila de Liz bloggt zum Thema Frauengesundheit und sagt, die Wechseljahre seien auch von der Wissenschaft viel zu lange ignoriert worden. Sie selbst ist Vorkämpferin für mehr Wissen. In der Facharztausbildung werde allerdings kaum auf die Menopause eingegangen. Obwohl die Beschwerden zum Teil gravierend sind, de Liz nennt sie die »Big Five«: Hitzewallungen, Schlafstörungen, Depressionen, Inkontinenz und vaginale Probleme, auch beim Geschlechtsverkehr.

Dabei schreibt das Robert Koch Institut (RKI) in einem aktuellen Bericht zur gesundheitlichen Lage der Frauen in Deutschland: »Es ist davon auszugehen, dass Zärtlichkeit lebenslang von hoher Bedeutung ist. Auch wenn die sexuellen Interessen und Bedürfnisse von Frauen mit zunehmendem Alter grundsätzlich erhalten bleiben, so ist bei einigen Frauen ein Rückgang der sexuellen Lust und eine Abnahme der sexuellen Aktivität festzustellen.« Als mögliche Gründe werden psychische, soziale und partnerschaftliche, »aber auch hormonelle Umstellungsprozesse und Allgemeinerkrankungen, Harnwegsbeschwerden sowie Operationen oder Krebserkrankungen« genannt. Studien deuten darauf hin, dass die sexuellen Probleme älterer Frauen weniger durch eigene körperliche Veränderungen bedingt sind, sondern vor allem in einem Mangel an Zärtlichkeit oder sexuellen Kontakten bestehen. »Hinzu kommt, dass sich viele Frauen Sorgen um die eigene Attraktivität und andere Auswirkungen des körperlichen Alterungsprozesses machen.«

Ich kann das gut nachvollziehen. Wenn ich an Sex denke, denke ich nicht an schrumpelige Haut oder Altersflecken, obwohl ich den Spielfilm *Wolke 9* von Andreas Dresen aus dem Jahr 2008 super fand. Darin thematisierte er sehr einfühlsam Liebe, Beziehung und Sex zwischen älteren Leuten im Alter zwischen siebzig und achtzig. Der Film schien für viele ein kleiner Skandal. Die leidenschaftliche Liebesgeschichte dreier älterer Menschen auf so eine selbstverständliche und ungehemmte Art zu erzählen wurde als mutig und radikal wahrgenommen.

Für meine Altersklasse hingegen gibt es sogar eine eigene Porno-Kategorie: die »Milf«, eine »mom I'd like to fuck«. Erstmals gehört habe ich den Begriff im Hollywoodfilm *American Pie*. Mittlerweile habe ich selbst den entsprechenden Lebensabschnitt erreicht und frage mich: Will ich eine Milf sein? Abgesehen vom pornoesken Namen, mit dem ich leben kann – auch die Milf ist schon wieder so eine Rolle, die mir aus der männlichen Perspektive zugeschrieben wird, die sich für mich aber fremd anfühlt. Auch weil der Unterton, der mitschwingt, kein Kompliment ist: Sexy, *obwohl* sie ein Kind hat, also attraktiv *mit Einschränkungen* oder *noch* ganz hübsch *für ihr Alter*.

Die Grazer Sexualpädagogin Katja Grach beschreibt diese Art von Frau in ihrem Buch *Milf-Mädchenrechnung*: sie ist »ein Mutant, ein kulturell weiterentwickeltes Mischwesen aus uralten Frauenidealen – sie ist Mutter und zugleich sexuell attraktiv. Heilige und Hure in einem.« Geht also der im wahrsten Sinne des Wortes Fleisch gewordene Traum des Ödipus, der seine Mutter ehelichen, weil begatten wollte, doch zusammen? Wohl aber eher als eine Art Fetisch.

»Anders als zur Zeit der sexuellen Revolution, wenn wir sie so nennen wollen«, gehe es nicht mehr darum, »überhaupt Sex zu haben und dabei möglichst frei von Konventionen zu sein. Heute geht es – wie in so vielen anderen Lebensbereichen auch – um den Marktwert von Sexualität«, schreibt Grach. Denn mit dem Einzug der Milf in den Sprachgebrauch gehe auch eine Erwartungshaltung an reale Mütter einher: Sie übernimmt die Fürsorge für ihre Kinder, sie managt den Haushalt und ist darüber hinaus sexuell zu allem bereit. »Die Rolle der Männer, die ja eigentlich der Milf ihren Namen geben, kommt in diesem Gedankenexperiment praktisch gar nicht vor.«

Zu den Frauen, die ihren Körper nach der Entbindung schnellstmöglich wieder in Form brachten, um sich den bewundernden Blicken anderer sicher zu sein, gehört Heidi Klum. Wenige Wochen nach der Geburt ihres vierten Kindes lief die heute Achtundvierzigjährige spärlich bekleidet und mit Sixpack-Bauch über den Laufsteg der Unterwäschefirma »Victoria's Secret«.

Grach macht »das allgegenwärtige Mutterbild« für das ungute Gefühl von Müttern verantwortlich. Sie identifiziert das »vermisste Lebensgefühl, das schwammig mit *Frau bleiben* zusammengefasst wird«, als »Wunsch nach sozialem Kontakt mit Erwachsenen, Gespräche abseits von Kinderkram, sich anziehend fühlen, als sexuelles Wesen wahrgenommen werden und genau das auch ausleben«. Und: »Aus dem Mutterkörper, der sich anfangs oft wie ein ausrangiertes Ersatzteillager anfühlt, an dem viel zu viele Teile abgenutzt, verformt und verschoben sind, wird mit dem Aufruf *Frau bleiben!* ein (heterosexueller) Frauenkörper, der begehrenswert ist. Für sich selbst und auch für andere.«

Warum also keine Milf sein wollen, könnte das nicht doch ein Ausweg aus der »Muttermythos-Misere« sein, vielleicht gar ein Befreiungsschlag? Allerdings fehlten uns die Antworten dafür, so Grach, »wie die Beziehung der Eltern funktionieren kann/soll: romantisch, organisatorisch und sexuell«. Letztendlich findet sie selbst auch das Konzept der Milf wenig hilfreich. »Sie ist heiß und tut so, als könne sie einfach alles – Beruf, Elternschaft, Styling.« Da ist der Abgleich mit der Realität von vornherein zum Scheitern verurteilt.

Immerhin: Sexuelle Attraktivität und Mutterschaft scheinen sich nicht (mehr) generell auszuschließen. Im Gegenteil. Natürlich wissen auch Unternehmen um diese Entwicklung und haben einen ganzen Markt mit Anti-Aging-Cremes und Botox-Partys für die häufig besonders zahlungskräftige Klientel geschaffen. Katja Grach sieht diese Entwicklung allerdings kritisch: »Die Milf hat nichts mit sexueller Freiheit zu tun, sondern mit Kalkül.« Später beschreibt sie auf superlustige und dabei sehr anschauliche Weise den Elternsex zwischen Milf und dem väterlichen Mann, für den es – soweit ich weiß – keine adäquate Bezeichnung gibt: »Zwischen dem Idealbild der Milf, die alles gebacken bekommt und sich dabei noch begehrenswert fühlt sowie Zeit für Sex hat, und der Realität klafft eine große Lücke. Der Weg zum Quickie im Badezimmer ist in der Pornofantasie weder mit Legosteinen gepflastert, noch bilden Kinderlieder den Soundtrack für Sexual Healing.

Eigentlich muss man schon richtig scharf aufeinander sein, um all das auszublenden.«

Letztendlich bringen die Wechseljahre natürlich sehr viel mehr mit sich als die Frage nach der »Fuckability« oder Attraktivität. Aber ein junger Körper wird eben auch in vielen anderen Bereichen des Lebens anders wahrgenommen als ein gealterter – in Bezug auf Leistungsfähigkeit zum Beispiel. Umso wichtiger ist es, sich auf das zu konzentrieren, was alles nicht weniger, sondern mehr wird: der Schatz an Erfahrung etwa.

Eine Zeitlang habe ich mal in der Türkei gelebt. Ungeachtet der in etlichen Gegenden und Bereichen konservativen bis zum Teil rückständigen Einstellung gegenüber Frauen fand ich eines bemerkenswert: die Rolle älterer Menschen und den Respekt, der ihnen entgegengebracht wird. Müttern und Großmüttern – wie auch den älteren Männern – werden zur Begrüßung als Zeichen von Respekt häufig die Hände geküsst. Ältere Frauen sind in ihren Familien oft geschätzte Ratgeberinnen für alle möglichen Lebenslagen. Ich fände es schön, wenn wir auch hierzulande Weisheit und Wissen aller Menschen mehr zu schätzen wüssten – wenn »frisch und unverbraucht« ein adäquates Gegengewicht bekämen, mit dem frau sich identifizieren kann.

Die Gynäkologin Sheila de Liz, selbst Jahrgang 1969, schrieb in einem Instagram-Post: »Es ist an der Zeit, dass wir unsere Wechseljahre neu definieren. Die Wechseljahre sind nicht mehr das, was es war, nichts, was uns peinlich sein muss.« Früher seien Frauen in den Wechseljahren als alt wahrgenommen worden. »Heute sind Fünfzigjährige sexy und voller Tatendrang.« Durch den Wegfall der Hormone, die Frauen vorher verwirren oder dazu verleiten konnten, »es allen Leuten recht machen zu wollen«, kläre sich auch die hormonelle Vernebelung. »Und du wirst so ein bisschen zu der Frau, die du immer sein wolltest.«

Ihr Anspruch ist es, über die Wechseljahre aufzuklären. »Es ist ja so, für die Pubertät nehmen wir die Mädchen zur Seite und erklären ihnen was über Periode und Tampons und Binden und Verhütung und Tralala. Aber keiner bereitet uns auf diese besondere Zeit vor, was eigentlich die zweite große hormonelle Umstellung ist.« Sie wolle nicht nur junge Frauen aufklären, sondern auch Frauen in der Lebensmitte unterstützen, »die das Rückgrat unserer Gesellschaft bilden, weil wir so viele Aufgaben haben«. Ihr Ratschlag: »Wir können nur unsere ganzen Bälle in der Luft halten, wir können nur unseren Träumen nachjagen, wenn es uns gut geht. Jetzt ist die Zeit, auf uns zu schauen.«

Dabei ist das »Auf-uns-Schauen« ohnehin immer das Beste, was wir tun können, um uns besser zu fühlen. Wenn wir jung sind ebenso wie im reiferen Alter, wenn wir ein Kind bekommen und miterleben, wie dieses Kind zu einem eigenständigen Menschen heranwächst. Und deshalb erlaube ich mir schon jetzt den Abschiedsschmerz: Abschied von jeder Phase im Leben meines Kindes, die vorbei ist. Auch den Abschied von meinem Ich, von der Frau, die ich bis gestern war. Heute ist ein neuer Tag und damit Zeit für einen neuen Anfang.

Interview mit der Journalistin Silke Burmester

Silke Burmester und ich haben uns 2020 während einer digitalen Veranstaltung des Journalistinnen-Netzwerks Deine-Korrespondentin.de, in dem ich aktiv bin, kennen gelernt. Die Journalistin und jahrelange *taz*-Kolumnistin war dort zum Start ihrer Online-Plattform Palais F*luxx zu Gast. Später habe ich Silke für den *Tagesspiegel* interviewt, außerdem trafen wir uns immer mal wieder virtuell bei Veranstaltungen auf »Clubhouse« und anderswo. Das Interview mit ihr haben wir dagegen live in ihrer Wohnküche in Hamburg geführt, wo sie mit ihrer Lebensgefährtin lebt.

Silke, die Wechseljahre sind für Frauen eine körperlich und emotional herausfordernde Umbruchphase. Aber obwohl die Hälfte der Menschheit damit zu tun hat, ist die Menopause bis heute gesellschaftlich ein Tabu. Warum ist das so?

Weil diese Phase mit einer großen Entwertung einhergeht: Frauen in den Wechseljahren werden über das definiert, was angeblich alles weniger wird: Unsere Haare werden dünner und weniger, unsere Haut wird dünner und faltiger, angeblich lässt unsere Energie nach, wir leiden unter Schlafmangel, unsere Libido, so heißt es, verabschiede sich, und unsere Scheide würde trockener werden. Wir werden durch Teile der Gesellschaft zu Mängelexemplaren erklärt. Hinter diesen Zuschreibungen steht die Haltung, dass wir biologisch keinen Wert mehr für die Gesellschaft haben: Du kannst keine Kinder mehr kriegen? Dann wirst du aussortiert. Gefällt wird dieses vernichtende Urteil vor allem von Männern, die aber, das muss man ihnen lassen, noch als Greise Kinder zeugen können.

Was macht das mit den Frauen?

Die Tabuisierung hat sicherlich damit zu tun, dass das, was sich für die Frauen mit dieser Zeit ändert, negativ besetzt ist. Keine Frau trägt etwa ein T-Shirt mit der Aufschrift »Endlich in den Wechseljahren – mir ist warm!« Im Gegenteil: Gegenüber anderen tun wir so, als sei alles wie immer. Ich glaube, bei uns Frauen spielt Scham eine große Rolle. Es ist ja nicht schön, zu wissen, dass andere so negativ über einen denken. Hinzu kommt die ökonomische Seite der Menopause. Für die Pharmaindustrie zum Beispiel ist dieser vermeintliche Mangel wirtschaftlich überaus interessant. Die Branche macht einen riesigen Umsatz mit allen möglichen Mittelchen gegen alle möglichen Beschwerden – von Nahrungsergänzungsmitteln bis hin zu Medikamenten. In diesem Kontext gibt es natürlich kein Interesse an Aufwertung. Niemand würde Geld ausgeben, um einen vermeintlichen Mangel zu kompensieren, wenn er das Gefühl hätte, alles sei super.

Frauen mittleren Alters bewegen sich also im Spektrum zwischen »gesellschaftlich unbrauchbar« und »wirtschaftlich interessant«. Wie fühlt sich das an?

Einerseits ist es natürlich nicht schön, zu hören, was die Wechseljahre mit uns machen – völlig unabhängig davon, ob tatsächlich alles so passiert, denn das ist bei jeder Frau unterschiedlich. Aber in der Wahrnehmung der Gesellschaft sind wir nicht mehr auf der Höhe unserer Kraft. Diese enorme Abwertung ist übrigens eher ein modernes westliches Phänomen. In anderen Kulturen wird das Alter wertgeschätzt als Reife. Ältere Frauen bekommen neue Aufgaben im Ältestenrat, sie steigen in der Hierarchie auf.

Liegt die mangelnde Anerkennung nur an den Männern?

Die Ausgrenzung ist eher ein gesamtgesellschaftliches Problem. Kürzlich fragte mich zum Beispiel eine junge Frau, ob denn Sex »überhaupt noch eine Rolle« für mich spielen würde. Das hat mich wirklich umgehauen. Hallo? Ich bin fünfundfünfzig Jahre alt, na sicher spielt Sex für mich eine Rolle! Was steckt denn hinter so einer Frage? Vielleicht die Erwartung, dass Frauen in meinem Alter sich so langsam aus dem Leben ausschleichen. Aber das ist Blödsinn.

Fehlt das Verständnis vielleicht auch deshalb, weil Vorbilder fehlen? In Filmen und Romanen, in Werbung und Wirtschaft gibt es einerseits die jungen, lebenshungrigen Frauen, denen alles offensteht. Als weitere Rollenklischees sind da die für ihre Familie sorgenden Mütter und schließlich die weisen und abgeklärten Omas. Frauen im Alter dazwischen kommen kaum vor. Was macht diese Unsichtbarkeit mit uns?

Eine Freundin von mir hat mal gesagt: Die Gesellschaft kann mit uns nichts anfangen bis zu dem Zeitpunkt, zu dem wir wieder Oma werden. Ich glaube, da ist viel Wahres dran. Als Großmutter haben wir wieder eine gesellschaftliche Funktion. Natürlich eine sorgende. Der Zeitraum dazwischen ist für viele nicht greifbar und bleibt unbesetzt. Dadurch wirkt diese Periode beängstigend. Tatsächlich gibt es auch nur wenige Vorbilder: Im Film spielen Frauen in meinem Alter außerhalb familiärer Erzählungen kaum tragende Rollen, ähnlich ist es in Kunst und Musik.

Dabei ist diese Zeit des Umbruchs ja nicht nur schwierig, sondern auch total spannend. Ich würde mir wünschen, dass sich mal jemand findet, der das abbilden möchte. Denn für mich geht es um Kraft. Ich spüre viel Wut bei Frauen unseres Alters – aber nicht im destruktiven Sinne, sondern in der Art, dass sie Energie freisetzt: Wir wissen, was wir wollen, welchen Sex wir wollen, wir haben Lust, wir haben das Geld, uns tolle Wäsche zu kaufen, wenn wir darauf stehen … Welcher Mann hält das aus? In dieser Phase tun sich Männer gern mit jüngeren Frauen zusammen. Vielleicht, weil sie sich dadurch selbst wieder jünger fühlen, vielleicht, weil eine junge Frau an ihrer Seite auch ein Statussymbol ist. Letztendlich ist es oft aber auch ein Zeichen von Angst – Angst vor der Kraft reifer Frauen.

Du sorgst jetzt selbst für mehr Sichtbarkeit und willst über deine Webseite palais-fluxx.de das Spotlight auf Frauen mittleren Alters richten. Seit Oktober 2020 gibt es den »Palast« – wie ist das Feedback?
Das Feedback ist super. Die Frauen sagen »Endlich!« und bedanken sich für ein Angebot, bei dem es mal nicht darum geht, wie ich alle glücklich oder alles richtig mache. Momentan wollen wir vor allem eine Plattform bieten: Frauen sollen vorkommen mit ihren Gedanken, ihren Befindlichkeiten, ihrer Lust, ihrer Lebenssituation – fernab von Zuschreibungen, wofür wir uns angeblich interessieren. Bei uns gibt es keine Optimierungsgeschichten, keine Kochrezepte, keine Ratschläge für Mode oder Kosmetik. Wir kommen ohne diesen ganzen Kram aus, und das kommt gut an. Unsere Botschaft ist ebenso simpel wie einleuchtend: Jede Frau ist okay, jede verdient ihren Platz. Es gibt keinen

Maßstab, wie wir sein wollen oder sollen. Es geht um Akzeptanz. Das Entscheidende für mich ist das Gemeinschaftsgefühl, das dadurch entsteht. Einen Ort zu haben, an dem wir aufgehoben sind. Mir geht es um einen Aufbruch und darum, Frauen zu ermuntern und sie ins Handeln zu bringen. Sie aus der Isolation und der Vereinzelung herauszuholen und so zu zeigen: Du bist nicht allein, wir sind ganz viele, und wir machen jetzt was damit!

Du beschäftigst dich schon länger mit dem Thema. 2016 hattest du in deinem Buch *Mutterblues* sehr schön beschrieben, wie dir mit dem Erwachsenwerden deines Sohnes Ben klar wurde, dass eine Lebensphase nun vorbei ist und eine neue beginnt: Als Mutter wirst du nicht mehr als Versorgerin gebraucht und musst für dich definieren: Wer bin ich eigentlich, und wie möchte ich die neue Lebensphase verbringen? Zu welchem Ergebnis bist du gekommen?

Das Loslassen des erwachsenen Kindes ist das eine – und das ist mitunter ein sehr langer und schwieriger Prozess. Aber was kommt dann? Ich habe plötzlich eine riesige Lücke gespürt. Und für meinen Schmerz war niemand da, der mich trösten konnte. Die Lücke ist irgendwie verwachsen. Wir Menschen denken ja oft, alles müsse gelöst werden, auf jede offene Frage müsse es eine Antwort geben. Von dieser Erwartung sollten wir uns lösen. Manches ist einfach, wie es ist. Der Abschiedsschmerz ist Teil des Prozesses, wenn Kinder erwachsen werden und irgendwann gehen. Wenn wir über die Wechseljahre reden, ist es ähnlich: Die Dinge sind so, wie sie sind. Wir müssen sie hinnehmen und aushalten. Und versuchen, die Phase zu gestalten. Passivität ist ein Killer.

Hört sich vermutlich einfacher an, als es ist.

Stimmt. Ich hatte keine Vorstellung davon, mit welchen Verunsicherungen der Umbruch der Wechseljahre verbunden ist. Mir war die Heftigkeit der Veränderung überhaupt nicht klar – weil mich niemand gewarnt hat. Dass mich das so elementar im Kern erreicht und aus den Angeln hebt, hat mich schockiert. Alle Dinge, die bis dahin wichtig für mich waren, verloren auf einmal ihre Bedeutung: Mein Beruf war neben meinem Kind immer mein Lebensinhalt und stand über allem, er hat meine Identität ausgemacht. Plötzlich merkte ich, dass ich diesen Beruf nicht mehr wollte. Diesen Paradigmenwechsel in meinem Leben hätte ich mir vorher nicht vorstellen können. Ich bin dadurch in eine extreme Krise geraten.

Was hat dir geholfen, diese Krise zu überwinden?
Zum Glück bin ich seit vierzehn Jahren in einer sehr schönen Partnerschaft, das gibt viel Sicherheit. Aber bei vielen Frauen stellt sich diese Frage zum selben Zeitpunkt ganz anders: Sie fragen sich in Bezug auf ihre Partnerschaft, machen wir weiter, oder ändern wir unser Leben? Und wenn wir sagen, wir machen weiter, dann kommt die Frage nach dem Wie. Dazu verändert sich der Körper, was ebenfalls ein schwieriger und auch schmerzhafter Prozess ist. Viele von uns müssen sich zusätzlich um ihre pflegebedürftigen Eltern kümmern. Jedes dieser Themen für sich geht schon an die Substanz. Doch um die fünfzig kommt alles auf einmal. Das kann einen echt aus den Socken hauen. Hinzu kommt: Ich bin glücklicherweise gesund, aber viele leiden zu diesem Zeitpunkt selbst unter ernsten Krankheiten. Das Selbstverständnis, unversehrt zu sein und zu bleiben, bekommt plötzlich Risse. Auf einmal schwankt der Boden, auf dem du stehst, und du verlierst das Gleichgewicht. Ich glaube, deswegen ist das so eine schwierige Phase. Man kommt ins Wanken.

Im Gegensatz zur Pubertät weiß ja auch niemand, wann die Wechseljahre vorbei sind. Manche sind als Fünfzigjährige schon beinahe durch, andere mit siebzig noch nicht.
Ja, da gibt es große Unterschiede. Was wohl bei allen gleich ist: Es ist eine sehr schwierige Zeit, ähnlich der Pubertät. Plötzlich verändert sich ganz viel, und man weiß nicht, wo es hinführt.

Schlimmstenfalls fliegt einem das eigene Leben um die Ohren. Was erschwerend hinzukommt, ist die Angst davor, dass die Unsicherheit bleibt und nie mehr endet. Und die Erkenntnis, dass wir es letztendlich eh so nehmen müssen, wie es kommt. Besser wäre es, wir würden informierter in diese Lebensphase wechseln. Wenn wir wüssten, was auf uns zukommt – zum Beispiel, woher die plötzlichen Schlafprobleme kommen oder die Gereiztheit. Letztlich geht es aber vor allem darum, sich als Frau nicht über die Wechseljahre zu definieren. Wie die Pubertät ist auch diese Phase eine total spannende, aufregende Zeit. Es hilft, sie so zu betrachten.

Schwingt da auch Abschiedsschmerz mit – Abschied von der Frau, die du vorher warst?
Ja, zumal wir uns in dieser Phase häufig von vielen Dingen gleichzeitig verabschieden müssen. In fünfzehn Jahren werde ich vielleicht denken: Mein Gott, worüber habe ich damals überhaupt gejammert, ich hatte es doch so gut. Aber bei mir waren die Veränderungen gravierend. Mein Kind wurde erwachsen, das war ein Abschied. Ich fand meinen Job nicht mehr interessant und habe mich entschieden, ihn aufzugeben. Das war der zweite Abschied. Und dann noch die Gewichtszunahme! Mein Körper verändert sich in einer Weise, die nicht mehr meinem inneren Bild entspricht. Das ist für mich der dritte Abschied. Wir können unsere grauen Haare färben und unsere Falten mit Botox wegspritzen lassen – aber die Zeit lässt sich trotzdem nicht aufhalten und erst recht nicht zurückdrehen. Das ist ein neues und völlig ungewohntes Gefühl, da wir ja vorher immer der Überzeugung waren, wir könnten alles in unserem Leben kontrollieren.

Du warst fünfundzwanzig Jahre alt, als deine Mutter starb. Beim Auszug aus deinem Elternhaus, so schreibst du es in deinem Buch, hast du ihre Frustration wahrgenommen als das Resultat ihres gelangweilten Daseins als Hausfrau und Mutter. Du selbst führst ein völlig anderes Leben. Gab es trotz aller Unterschiede auch Parallelen?

Ja. Etwa als mein Sohn auszog. Auch wenn meine Lebenssituation eine ganz andere war, konnte ich besser nachvollziehen, wie es ihr damals ging, was es für sie bedeutete, in ihrem Leben zurückzubleiben, während ich in meine Zukunft aufbrach. Dadurch, dass sie so früh starb, fehlte mir später ein Vorbild. Als mein Sohn geboren wurde, konnte meine Mutter die Rolle als Vorbild noch ausfüllen. Ich hatte überhaupt keine Probleme, die Mutterrolle zu übernehmen. Ich behaupte, dass ich eine wahnsinnig gute Kleinkindmutter war. Das hatte ich von meiner Mutter gelernt, auch sie war eine sehr tolle Kleinkindmutter. Ich wusste, wie Zuwendung geht, kannte Fürsorge und Liebe. Ich erinnerte mich, mit welchen Tricks sie meine Ängste vertrieben hatte und wie mir ihr Pragmatismus geholfen hatte – das konnte ich an Ben weitergeben. Und ich sehe heute, bei aller charakterlichen Unterschiedlichkeit zwischen ihm und mir – es hat bestens funktioniert.

Und dann?

Als Ben mit neunzehn Jahren auszog, musste ich feststellten, dass ich nicht wusste, wie die Rolle als Mutter eines fast erwachsenen Kindes aussieht. Ich dachte: Er kann für sich selbst sorgen, er soll auch für sich selbst sorgen, aber ich bin ja trotzdem noch seine Mutter. Wie gehe ich jetzt mit ihm um? Wie sehr soll ich noch Mutter sein? Welche Hilfe ist gut, wann fange ich an zu nerven? Die größte Sorge ist ja, dass die Kinder sich abwenden, dass man sie verliert. In dem Moment habe ich gemerkt, dass mir für diese Phase ein Vorbild fehlte. Als ich in seinem Alter war, konnte meine Mutter nicht für mich da sein, weil sie schon sehr krank war. Schon als junge Erwachsene stand ich allein in der Welt. Diese Hilflosigkeit hat mich als Mutter meines erwachsenen Sohnes wieder eingeholt. Ich war wirklich ratlos. Auch bei anderen konnte ich nichts abschauen, mit dem sich die Lücke hätte füllen lassen. Viele Frauen finden aus ihrer kümmernden Mutterrolle nicht heraus. Dass sie ihren erwachsenen Kindern zum Beispiel weiter die Wäsche waschen, hat ja meist mehr mit der Mutter zu tun als mit ihrem Kind. Für mich gab es einfach keine Frau, bei der ich dachte: »Ach, so ist das. So mache ich es auch.« Ich musste selbst herausfinden, wie ich mit den Veränderungen umgehe. Wie wichtig Vorbilder für den eigenen Umgang mit Veränderungen sind, war mir bis dahin nicht klar.

Frauen, die jetzt in den Wechseljahren sind, sind in den 1970ern und 1980ern sozialisiert und sind politisch, beruflich, sexuell in großer Freiheit aufgewachsen. Ihre Elterngeneration kann vermutlich schon deshalb nicht als Vorbild dienen, weil sie noch Krieg und Nachkriegszeit erlebt hat. Wie können wir diese Phase für uns selbst neu definieren?
Es mag sein, dass anderen Generationen auch schon Vorbilder fehlten, das kann ich nicht beurteilen. Aber aktuell wird eine kulturell ganz anders sozialisierte Generation älter. Mit anderen Ansprüchen und einem anderen Verständnis von Alter. Früher bedeutete Altwerden, sich von vielen Dingen verabschieden zu müssen, die man als jüngerer Mensch gemacht hat. Wahrscheinlich waren unsere Großmütter in jüngeren Jahren auch farbenfroh unterwegs, aber als sie dann älter wurden, wechselte das zu Beige und Altrosa. Aber, wie Heike Melba-Fendel sagt: »Wir sind mit David Bowie aufgewachsen, wir werden doch jetzt nicht anfangen, Schlager zu hören!«

Was heißt das konkret?

Mit Freundinnen spreche ich regelmäßig darüber, wie wir alt werden wollen, wie Zusammenleben aussehen könnte. Denn gerade wir Frauen werden es uns bei den Mieten und unseren Renten oft nicht leisten können, allein in unserer Wohnung zu leben. Also wird die WG ein zweckmäßiges Modell der Zukunft sein. Ganz wie in unserer Jugend – was toll ist! Und was die Lebensinhalte angeht: Wenn wir früher gern getanzt haben, bleiben wir einfach dabei! Viele von uns wollen einfach bei dem bleiben, was sie kennen und mögen. Es gibt keine Notwendigkeit, auf irgendetwas zu verzichten, weder auf Sex noch auf Rausch noch auf Party. Ich glaube, der Unterschied zur Generation vor uns besteht darin, dass das Alter durchlässiger geworden ist. Auch die Gesellschaft wird sich durch uns verändern. Neulich war ich in einem Sanitätsgeschäft, um einen Gymnastikball zu kaufen. In dem Laden war alles pflasterfarben und grauenhaft. Mir war es peinlich, dort reinzugehen. Ich habe mich gefragt, warum diese Läden nicht viel cooler gestaltet werden. In zehn, fünfzehn Jahren werden solche Geschäfte hoffentlich ganz anders aussehen, da bin ich sicher.

Für mich klingt es, als seien die Wechseljahre die noch größere Anpassungsleistung als die Annahme der Mutterrolle.

Das weiß ich nicht. Zumindest scheinen sie entwicklungspsychologisch eine ziemlich wichtige Phase im Leben einer Frau zu sein. Für mich war es hilfreich, zu wissen, dass es nicht nur mir so geht, sondern auch andere das Gefühl haben, in einem Tornado von einer Ecke in die andere gewirbelt zu werden. Da ist es beruhigend, zu wissen, dass jeder Sturm sich irgendwann wieder legt.

Was rätst du Frauen, denen diese Phase noch bevorsteht?

Gelassenheit. Diese Umbruchphase, die viele wie im Schleudergang durch die Gegend wirbelt, passiert nicht aufgrund eurer persönlichen Lebensführung oder weil ihr versagt habt. Das muss so sein und geht aber auch wieder vorüber. Gerade wir Frauen werden ja sozialisiert mit dem Glücksversprechen, dass alles angeblich für immer ist und Beständigkeit ein hohes Gut sei. Ich glaube, das ist Quatsch. Wir werden mittlerweile uralt – es wäre doch eigenartig, wenn alles immer so bliebe wie zu Beginn. Wenn wir mit fünfundzwanzig jemanden kennen lernen und mit fünfundsiebzig immer noch mit dem zusammen sind. Wer denkt, alles müsse immer so bleiben, wie es ist, dem tut Veränderung weh. Aber Leben ist Veränderung. Alle Dinge haben ihre Zeit. Wem das klar ist, dem macht die ganze Schleuderei nicht mehr so viel aus. Denn danach geht es anders weiter. So ist das Leben. Die Wechseljahre sind eine spannende Zeit, eine Chance, Neues zu versuchen. Das ist doch etwas Tolles!

Superkraft Menopause!
Genau. Wir sind viel klarer als früher, wissen viel mehr, was wir wollen. Wir entdecken eine neue Kraft in uns, wir haben neue Lust auf neue Dinge. Wir sind im Aufbruch, und wir sind neugierig. Wir sind manchmal wütend, aber diese Wut gibt uns Kraft, Stärke und Energie. Diese Energie wahrzunehmen und zu nutzen, sie nicht gegen sich selbst zu richten und sich zu isolieren, sondern damit etwas zu machen, das ist wertvoll.

Herzlichen Dank für das Gespräch!

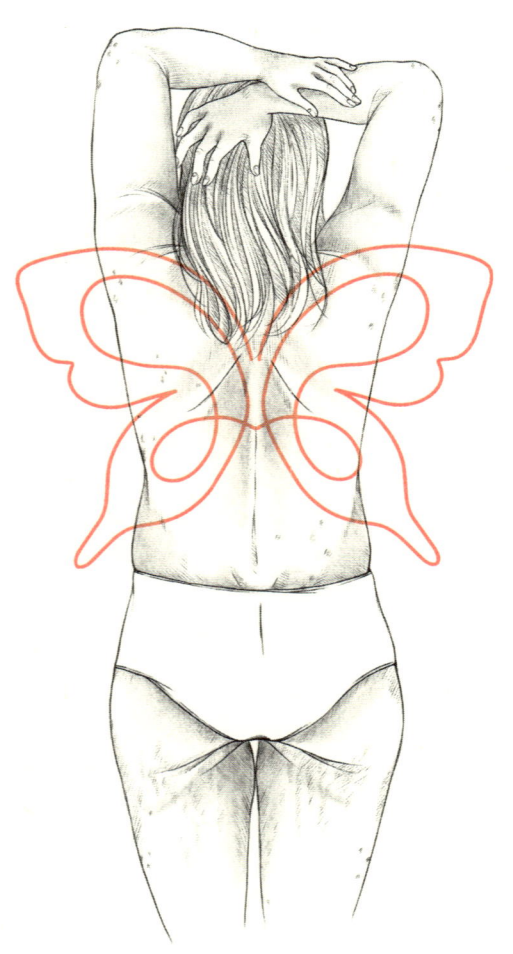

Kapitel 6

Perfekt unperfekt

Das Konzept »Gut genug«

Eltern wollen zunächst einmal nur das Beste für ihre Kinder. Was aber ist das Beste? Eine Antwort darauf ist gar nicht so einfach. Einerseits wollen wir gute Startvoraussetzungen schaffen, eine Grundlage, auf der sich Talente entwickeln und gefördert werden können. Wir wollen unseren Kindern Bildung ermöglichen und gleichzeitig glückliche, unbeschwerte, selbstbewusste Kinder heranwachsen sehen, die auf eigene Faust die Welt entdecken. Manchmal scheinen sich diese Ziele zu widersprechen, zum Beispiel, wenn das Schulkind keine Lust auf Hausaufgaben hat, sondern lieber im Garten spielen und auf Bäume klettern will.

Kinder- und Jugendpsychiater Michael Schulte-Markwort beschreibt in seinem Buch *Superkids: Warum der Erziehungsehrgeiz unsere Familien unglücklich macht* die gegenseitigen Abhängigkeiten: »Die Erziehung hat begonnen, sobald ein Kind auf der Welt ist. Elternleben ist Erziehungsleben, und eine gelungene Erziehung schafft Elternzufriedenheit.« Ehrgeiz in der Erziehung sei aber kein guter Ratgeber, weil er Optimierungsdruck auf die Kinder ausübe. Trotzdem sei genau das für viele zur Lebensmaxime geworden.

(Über-)Ehrgeizige Eltern kennt vermutlich jeder. In meiner Eltern-Bubble hatte manches Kind bereits im ersten Lebensjahr einen vollen Stundenplan mit allen möglichen Frühförderangeboten. Neben dem obligatorischen PEKiP (»Prager Eltern-Kind-Programm«, ein Konzept zur Frühförderung von Babys), an dem ich mit meinem Sohn ebenfalls teilgenommen habe, wurden die angehenden Superkids mit Kursen in Kunst und Musik sowie regelmäßigen Osteopathie- und Babysport-Besuchen beglückt und hatten – natürlich – eine zweisprachige Nanny. Dieselben Mütter und Väter standen später neben dem Spielfeldrand und feuerten ihren Nachwuchs beim Fußball, Judo oder Hockey auf teilweise so unangenehm antreibende Weise an, dass man glauben konnte, Wettbewerbe seien der Sinn des Lebens. Spaß und Beisammensein war nicht angesagt, nicht einmal unter Kleinkindern.

»Elternleben ist Erziehungsleben geworden, weil viele Eltern ihre ganze Aufmerksamkeit der Entwicklung ihrer Kinder widmen«, beschreibt Schulte-Markwort dieses Phänomen. »Beständig muss diese Armee sich auf den neuesten Stand der Forschung bringen, um sowohl im eigenen Land als auch im weltweiten Vergleich nicht abgehängt zu werden.« Und obwohl ich sicherlich keine sogenannte Eiskunstlaufmutter bin, vermag ich mich diesem Druck auch nicht ganz zu entziehen. Die Informationen sind da, das Tempo nimmt zu – kein Wunder, dass bei Eltern Angst vor dem Abgehängtwerden entsteht. Schulte-Markwort schreibt von einem »Gefühl der eigenen Unzulänglichkeit und der Selbstzweifel: Was, wenn mein Kind sich auf Grund meiner mangelhaften Förderung nicht optimal entwickelt?«

Natürlich will niemand daran schuld sein, dass das eigene Kind unter seinen Möglichkeiten bleibt.

In diesem Spannungsfeld sind Eltern eigentlich von vornherein zum Scheitern verdammt. Manche reagieren mit Resignation, andere, indem sie sich – und ihr Kind gleich mit – noch mehr anstrengen, um ihren Kindern die bestmöglichen Entwicklungschancen zu bieten. Letzteres betrifft mehrheitlich die Mütter, denn sie nehmen im Schnitt mehr Elternzeitmonate, arbeiten später öfter in Teilzeit als Väter und übernehmen mehr Aufgaben in Bezug auf Haushalt und Kindererziehung. Sie »jonglieren mit den verschiedenen Ansprüchen in sich und der Umwelt. Sie haben immer einen Teller zu viel auf den Jonglierstäben, sodass der Zusammenbruch der Vorführung beständig droht«, schreibt Schulte-Markwort.

Das Problem: Fällt einer der Teller herunter und geht kaputt, ist in diesem Fall mitunter im wahrsten Sinne des Wortes Porzellan zerbrochen, schließlich geht es um nicht weniger als das Leben und die Persönlichkeitsentwicklung des Kindes.

»Das Unternehmen Familie setzt auf Rendite, und die Geschäftsführerinnen – die Mütter – arbeiten intensiv daran, dass die Gewinnmaximierung im Sinne einer optimalen kindlichen Entwicklung stimmt«, so Schulte-Markwort. Er erzählte mir von Familien in seiner therapeutischen Praxis, bei denen Mütter die Hausaufgaben ihrer Kinder übernehmen, um bloß keine schlechte Leistung zu riskieren. Ich kenne ebenfalls solche Fälle. Gerade während der Coronalockdowns, in denen Eltern Homeoffice und Homeschooling unter einen Hut bringen mussten, war der Druck enorm hoch. Die Mutter einer Klassenkameradin meines Sohnes erzählte mir während dieser Zeit, wie sie manche Mathe-Aufgaben lieber schnell selbst gelöst habe, damit ihre Tochter sie fristgerecht abgeben konnte.

Das Unternehmen Familie ist heute ein »angestrengtes Unterfangen«, weiß auch Schulte-Markwort: »Da lebt es sich nicht einfach so vor sich hin.« Der Kinder- und Jugendpsychiater findet, insgesamt seien Eltern von heute Supereltern. »Weil sie sich großartig engagieren, weil es ihnen nicht egal ist, was aus ihren Kindern wird, weil sie sich darum bemühen, die Kinder ernst zu nehmen und sie zu wappnen für diese komplizierte Welt.« Das geht natürlich runter wie Öl. Und Ähnliches habe ich auch von anderen Gesprächspartnerinnen gehört. Auch Hebamme Christiane Borchard sprach mir gegenüber von »engagiert«. Dass Eltern, insbesondere Müttern, ihr Engagement negativ ausgelegt werde, werde ihnen einfach nicht gerecht. Um alles richtig zu machen, erhöhten Eltern den Aufwand für die Erziehungsarbeit immer mehr.

»Es ist nicht verdächtig, wenn Eltern sich darum kümmern möchten, dass sich ihre Kinder gut entwickeln«, schreibt Schulte-Markwort. Selbst die optimierte Förderung sei nichts Schlechtes, denn »niemand, der heute Kinder hat, kann sich dem allgemeinen Optimierungswahn entziehen«. Er schiebt den schwarzen Peter zurück an die Gesellschaft: Die Tendenz der ständigen Optimierung treibe alle an, aber sie werde lediglich einer Gruppe zum Vorwurf gemacht – den Eltern. Wer »den Einzelnen herausnehmen will aus dem Hamsterrad unserer Gesellschaft und ihn vorführt, muss sich gefallen lassen, dass ich ihn des – unnötigen – Fatalismus und Zynismus bezichtige.« Richtige Helikoptereltern gehörten in psychiatrische Behandlung, sie seien in Wirklichkeit aber Einzelfälle. Insofern wird der Ausdruck also inflationär und zu Unrecht benutzt. Engagierte Mütter und Väter dürften nicht unter Generalverdacht gestellt werden.

Gerade das Konstrukt Mutterschaft ist zum Austragungsort sozial-kultureller Konflikte geworden. Die Erwartungen sind jedoch widersprüchlich.

Auch ich muss mir das hinter die Ohren schreiben – nicht alles, was ich übertrieben finde, ist falsch. Natürlich darf ich einen Vater, der seinem Kind auf dem Klettergerüst ängstlich bis nach ganz oben folgt, drollig finden und der Meinung sein, er übertreibt. Aber ziemlich sicher gab es schon genügend Situationen, in denen andere Ähnliches über mich dachten, und das ist okay. Letztendlich muss ohnehin jeder Elternteil permanent neu entscheiden, wo er sich im Spektrum zwischen Behüten und Autonomie-Zulassen bewegen will – und das ist ein Prozess, der nie aufhört. Es heißt, Eltern werden sei ein Lern- und Entwicklungsprozess, der mindestens zehn Jahre dauert. Wenn das stimmt, wäre das schade – als Einzelkind-Mutter hätte ich nämlich keine

Chance, all die mühsam erlernten Skills beim nächsten Kind von Anfang an anzuwenden. Andererseits ist jedes Kind verschieden, und was beim ersten galt, muss nicht automatisch für das zweite passen.

Kinder zu Projekten zu machen und damit zur Verlängerung unserer eigenen Identität, ist für mich sicher nicht die richtige Lösung. Ich sehe darin vielmehr die Gefahr, dass die Kinder vor allem lernen, zu gefallen und zu funktionieren – und nicht unbedingt, so zu sein, wie sie wirklich sind. Aber wenn andere es für sinnvoll halten, ihr Kind schon mit einem Jahr in den Kunstkurs zu schicken oder jeden Nachmittag zu verplanen – dann ist das ihr gutes Recht, auch sie werden sich dabei etwas gedacht haben. Schulte-Markwort schreibt dazu: Es könne wiederum auch »nicht darum gehen, sich entspannt zurückzulehnen, weil davon die Kinder auch nicht groß werden.«

Trotzdem denke ich, Eltern, die die Bedürfnisse ihrer Kinder erkennen und danach handeln, sind gute Eltern. Mütter und Väter machen Fehler. Das Konzept des »Good enough parenting« beinhaltet aber auch, sich diese Fehler zu verzeihen und zu akzeptieren, dass sie zum Menschsein und zur Elternschaft dazugehören. Schuld- oder Schamgefühle sind unnötig. Stattdessen sollten wir respektieren, dass Perfektion weder ein erstrebenswertes noch ein realistisches Ziel ist.

Schließlich sind selbst unsere Gefühle und die unserer Kinder nicht »perfekt«, sondern manchmal ambivalent. Der dänische Familientherapeut Jesper Juul hatte dazu eine interessante Zahl ermittelt: Selbst die besten Eltern machen jeden Tag zwanzig Fehler. Und das sei in Ordnung, solange sie die Verantwortung dafür übernehmen, findet Juul. Es ist gut, wenn wir unter den individuell gegebenen Umständen unser Bestes tun. Es bringt nichts, sich ständig mit Gedanken zu quälen wie: »Was wäre wenn … ich mehr Energie, mehr Zeit, der Tag mehr Stunden hätte?« Ein wichtiger Schritt in Richtung Zufriedenheit ist auch, die eigenen Möglichkeiten und Grenzen zu akzeptieren. Niemand ist perfekt, und das ist auch gut so, denn aus Fehlern lernen wir.

Ich kann und muss meinen Sohn vor Gefahren schützen, etwa davor, von einem Auto angefahren zu werden oder sich mit einem scharfen Messer zu verletzen. Aber ich kann und darf ihn nicht davor beschützen, eigene Fehler zu machen. Manchmal ist es schwierig, das auszuhalten, aber Kinder müssen die Konsequenzen ihres Handelns selbst erleben, um zu lernen, wie sie Probleme lösen und Frustration aushalten können.

Wichtig ist, unsere Kinder ernst zu nehmen und ihnen zuzuhören. Wir können versuchen, unseren Fokus auf Gelungenes zu richten, anstatt bei anderen und vor allem bei uns selbst bei den Misserfolgen zu verharren. Wenn wir uns zu sehr auf Szenarien fixieren, die uns möglicherweise Angst machen, geraten wir schnell in eine Negativspirale. Es mag sich esoterisch anhören, aber ich glaube, es ist wichtig, im Hier und Jetzt zu sein und regelmäßig zu reflektieren: Lebe ich mein Leben so, wie ich es für richtig halte? Bin ich glücklich? Vermittle ich meinem Kind die Werte, die mir wichtig sind? Respektiere ich seine und auch meine Grenzen?

Auch in Bezug auf unsere Körper hilft es, sich auf das zu konzentrieren, was sie leisten: hunderttausend Herzschläge und zwanzigtausend Atemzüge pro Tag. Unser Körper ist eine Hochleistungsmaschine und unsere Hülle, aber auch die Heimat unseres Denkens, unseres Bewusstseins und Fühlens. Im weiblichen Körper werden aus Zellhaufen Menschen. Unser Körper ist etwas Wunderbares und sein Aussehen nur ein kleiner Teil dessen, was ihn ausmacht und was er leistet. Die Vorstellung eines perfekten Körpers ist eine Illusion, denn es gibt ihn in vielen Varianten.

Kinder lernen durch Vorbilder. Sie nehmen intuitiv das auf, was wir ihnen vorleben. Ich möchte nicht, dass mein Kind denkt, es sei wichtig, perfekt zu sein, perfekt auszusehen und sich immer perfekt zu verhalten. Darum zeige ich mich ihm mit all meinen Unzulänglichkeiten. Darum hat mich mein Sohn schon verzweifelt gesehen, mich weinend, wütend, traurig und hilflos erlebt. Das ist nicht schön, aber es gehört zum Leben dazu, denn Eltern sind nicht perfekt. Wir sprechen darüber, was uns nachdenklich oder zornig macht. Nach dem Regen kommt die Sonne, und Reden hilft dabei, sich das in schwierigen Situationen immer wieder bewusst zu machen. Mein Sohn weiß das inzwischen.

Das ändert nichts daran, dass das Grau manchmal nur schwer auszuhalten ist. Natürlich wünscht sich jeder Mensch ausschließlich glückliche Tage. Aber wüssten wir überhaupt, wüsste unser Kind, wie es sich anfühlt, glücklich zu sein, wenn wir nie unglücklich wären?

Meine Yogalehrerin Anita sagt zu Beginn der Stunde immer: »Schenk dir ein Lächeln.« Genau das ist es, was wir viel öfter tun sollten: uns selbst zulächeln.

Die Sicht des Partners: Auch Väter haben Selbstzweifel

Ein Freund erzählte mir mal, dass er sich, seit er Vater ist, so sehr um die Finanzen sorgt, dass es ihm den Schlaf raube. Das habe mit der Schwangerschaft seiner Frau begonnen und sich nach der Geburt des gemeinsamen Kindes noch einmal verstärkt. Bevor die Familienplanung konkret wurde, habe er sich kaum Gedanken über Geld gemacht. Doch seither spüre er eine riesige Verantwortung, die auf seinen Schultern laste und die seine Frau nicht wirklich nachvollziehen könne. Denn sie sei eher der Typ »wird schon gutgehen«, während er auch deshalb besonders viel arbeite, um möglichst bald weitere Gehaltserhöhungen und Boni mitzunehmen.

Von anderen befreundeten Familien weiß ich, dass die Entscheidung für oder gegen ein weiteres Kind bei den Frauen eher danach entschieden wurde, ob sie sich Schwangerschaft, doppelte

Betreuung und einen erneuten Job-Neustart überhaupt zutrauten. Für die Männer hingegen war es eher eine ökonomische Frage: »Können wir uns noch ein Kind leisten?«

Das Elternwerden katapultiert Frauen und Männer in vorher unbekannte Rollen, die mit bestimmten Verantwortungsbereichen verknüpft sind und an die sich jeder Elternteil erst einmal gewöhnen muss. Während dieser Phase sind bei vielen kaum Kapazitäten übrig, sich umfassend mit dem jeweils anderen Part zu beschäftigen. Also befasst sich jeder ausschließlich mit den eigenen Sorgen – und rödelt so vor sich hin, bis es irgendwann kracht. Stabile Beziehungen halten das natürlich eher aus als solche, in denen schon vorher der Haussegen irgendwie schief hing. Doch die hohe Trennungsquote von Eltern zeigt: Viele Paare scheitern an den Herausforderungen, die Familie mit sich bringt.

Was die finanziellen Sorgen angeht: Der Statistik nach lastet tatsächlich der Großteil der Verantwortung für das Familieneinkommen auf den Schultern der Väter. Das hat auch damit zu tun, dass Frauen öfter Teilzeit arbeiten, mehr Elternzeitmonate nehmen und im Schnitt ohnehin weniger verdienen. Trotzdem ist dieses Väter-Problem nicht zu unterschätzen.

Denn es hat noch einen weiteren Aspekt: Wer viel arbeitet, hat weniger Zeit für seine Kinder und seine Partnerschaft. Darunter leiden alle, nicht zuletzt die Väter selbst. Der Kinder- und Jugendpsychiater Michael Schulte-Markwort, selbst Vater, sagte mir im Gespräch, dass es nicht einfach auszuhalten sei, bei den Kindern erst an zweiter Stelle nach der Mutter zu kommen. Das kann ich gut nachvollziehen: Wer will schon die zweitwichtigste Person in der Welt derjenigen sein, die für einen selbst am wichtigsten sind?

Die Forschungssituation in Bezug auf Vaterschaft war lange eher mau. Wie Männer sich an die durch die Kinder veränderten Beziehungsumstände anpassen, wurde noch weniger untersucht als die neue Situation der Mütter. Die internationale familienpsychologische Forschung hat Väter erst zu Beginn der 1970er Jahre als Beteiligte wahrgenommen, in Deutschland sogar erst Mitte der 1980er.

Psychologinnen der University of Pennsylvania fanden 2018 in einer Umfrage heraus, dass Väter ebenso mit großen Unsicherheiten und psychischen Belastungen zu kämpfen haben wie Mütter. Das *Ärzteblatt* berichtete über die Studie, nach der Denkfehler und Irrtümer bei werdenden und jungen Vätern starke Selbstzweifel, Ängste und Depressionen auslösen können. Einige der Befragten befürchteten zum Beispiel, von anderen als schlechte Väter angesehen zu werden, weil es ihnen nicht gelang, ihr Kind zu beruhigen, oder wenn sie um Rat und Hilfe baten. Andere fühlten sich allein verantwortlich für ihr Kind und litten unter dieser Bürde. Auch beurteilten sich Männer selbst schlecht, wenn sie glaubten, als Väter zu versagen. Sie verboten sich, ambivalente Gefühle gegenüber dem Kind einzugestehen oder von der Vaterrolle insgesamt enttäuscht zu sein.

Lebten die Männer in Beziehungen, die von Spannungen und Streitereien beeinträchtigt waren, verstärkte dies die negativen Denkmuster. Betroffene Männer liefen Gefahr, verschiedene Ereignisse rund um die Geburt wie auch das Neugeborene selbst negativ zu bewerten und als Stress zu empfinden, wodurch sich zum Teil Aggressionen, Ängste und Depressionen entwickelten. Nach Meinung der Forscherinnen haben diese Väter zu hohe Ansprüche an sich selbst und gestatten sich nicht, Fehler zu machen. Stattdessen setzen sie sich stark unter Druck und unterdrückten ihre Gefühle. Sogar an postnatalen Depressionen können solche Väter erkranken.

Ältere, konservativ geprägte Männer führen Unsicherheiten heutiger Väter gern pauschal darauf zurück, dass »der moderne Mann« nach Ende des Macho-Zeitalters heute ja gar nicht mehr wisse, wie er denn nun sein soll: stark oder sensibel, aufregend oder zuverlässig, freigeistig oder verantwortungsvoll – zusammen passt das ihrer Meinung nach nicht. Ich kenne allerdings sehr viele Männer, die das alles sehr wohl in sich vereinen – und männlich im besten Sinne, dabei aber trotzdem fürsorglich sind.

Trotz Weltoffenheit, Emanzipation und allem Verständnis füreinander scheinen die traditionellen, kollektiv internalisierten Rollenklischees aber bis heute nicht ganz ausgemerzt zu sein, was höchstwahrscheinlich auch an den nach wie vor bestehenden gesellschaftlichen Strukturen liegt, die tradierte Rollenklischees begünstigen – etwa die ungleiche Bezahlung und unterschiedliche Aufstiegschancen oder die Steuervorteile für Alleinverdiener-Ehen. Dabei zeigen Studien, dass eine enge Beziehung zum Vater gut ist für die Entwicklung von Kindern.

Wassilios Fthenakis, griechisch-deutscher Pädagoge, Anthropologe, Genetiker, Psychologe und einer der Begründer der Väterforschung, sieht den Zeitkonflikt als Hauptgrund dafür, dass es Männern schwerfällt, eine gute Balance zwischen Erwerbstätigkeit und der väterlichen Verantwortung zu finden. In Deutschland streben Paare mit Kinderwunsch demnach zwar mehrheitlich eine partnerschaftliche Lösung der kindbezogenen Aufgabenteilung an, die Realität sehe dann aber anders aus: »Die Geburt des ersten Kindes veranlasst Paare, ein traditionelles Modell zu etablieren, das die von ihnen angestrebte Symmetrie in den Rollen aufhebt und sowohl den Frauen als auch den Männern ein Modell des Zusammenlebens aufdrängt, das mit ihren Konzepten nicht in Einklang zu bringen ist«, schreibt er in einem Aufsatz. Diese Entwicklung verstärke sich mit der Geburt des zweiten Kindes. »Diese Traditionalisierung des Zusammenlebens zwingt die Männer, die Brotverdienerfunktion zu übernehmen, und ist zugleich der Beginn eines innerfamilialen Prozesses, der die Qualität der Partnerschaft beschädigt, wovon sich viele Paare nicht mehr erholen.« Väter mit »egalitär orientierten«, also auf Gleichheit bedachten Frauen haben es etwas besser. Sie sind insgesamt stärker an der Kindererziehung beteiligt. Das freut sicherlich auch die besagten Frauen.

Bemerkenswert finde ich eine auf den ersten Blick eher unlogische Korrelation: Internationalen Untersuchungen zufolge sind Männer mit Kindern beruflich stärker engagiert und in der Regel in Vollzeit erwerbstätig als kinderlose Männer. Tatsächlich nutzen Väter Maßnahmen zur Arbeitszeitflexibilisierung, wie zum Beispiel Job-Sharing oder Teilzeit, nur sehr selten, sogar noch seltener als kinderlose berufstätige Männer. Hauptgrund dafür ist vermutlich der Gender-Pay-Gap, also die ungleiche Bezahlung von Männern und Frauen. Auch wird beim Thema Vereinbarkeit von Erwerbstätigkeit und Familie meist vor allem über Frauen gesprochen. Der Vater sei politisch lange Zeit nur dann interessant gewesen, schreibt Fthenakis salopp, »wenn er im Gefängnis saß, anderweitig dauerhaft abwesend war, gewalttätig wurde oder seine Kinder missbrauchte.«

Der Wissenschaftler hält die Annahme, wonach biologische Unterschiede für die geschlechtsspezifischen Muster im Erziehungsverhalten verantwortlich sind, für fragwürdig. Das Narrativ der auf die menschliche Evolutionsgeschichte zurückgehenden Rollenverteilung hält er für falsch: »Auch die weiteren Annahmen, der Mann sei für das Brotverdienen und für die Versorgung der Familie zuständig und die Mutter sei von Natur aus der bessere Erzieher als der Vater, haben in der anthropologischen Forschung keinen Bestand.«

Ich erinnere mich, dass ich oft neidisch auf meinen Freund war, wenn er arbeiten gehen »durfte«, ich aber allein mit unserem Baby im Haus bleiben musste. Noch in der Zeit des Wochenbetts waren wir gemeinsam nach Australien geflogen und hatten uns in Sydney ein Quartier für die zwei Monate gesucht, in denen er vor Ort arbeitete. Er half nachts mit dem Füttern und Wickeln, aber tagsüber war ich auf mich allein gestellt. Ich hatte vor Ort weder eine Hebamme noch Familie oder Freunde und fühlte mich demzufolge sehr einsam. Also lief ich stundenlang mit meinem Baby durch die fremde Stadt. Das war zwar spannend, aber natürlich trotzdem alles andere als ein Sightseeing-Trip, denn ich musste regelmäßig zurück, um Muttermilch abzupumpen oder ein Fläschchen aufzuwärmen, da ich ja nicht stillte.

Mein Freund hingegen lernte in dieser Zeit viele neue Leute bei der Arbeit kennen, ging mit ihnen mittagessen und Kaffee trinken. Sein Leben kam mir vor wie ein »Adults only«-Urlaub, mein eigenes wie das einer rund um die Uhr beschäftigten Kinderpflegerin. Das entsprach natürlich beides nicht der Realität. Zumindest aber konnte er mehrere Stunden am Tag er selbst sein. Er hatte abgesehen von den nächtlichen Fläschchen und den Windeln noch ein anderes Leben. In diesem Leben brüllte ihn niemand an, weil er Hunger hatte. Mein Freund führte richtige Erwachsenengespräche, während ich schon froh und dankbar war, wenn der Barista im Café nebenan ein paar freundliche Worte mit mir wechselte. Andersherum vermisste mein Freund seinen kleinen Sohn, wenn er bei der Arbeit war. Als Eltern hatten wir plötzlich die größte Verbindung, die Menschen haben können, aber mein Gefühl war, dass unser Alltag wie in zwei Paralleluniversen stattfand.

Tatsächlich ist es so, dass die Wahrscheinlichkeit, später intensiv am Leben des Kindes, am schulischen Geschehen und anderen Aktivitäten außerhalb der Familie teilzunehmen, umso höher ist, je eher Väter in die Verantwortung eingebunden werden und sich beteiligen. »Aktive Vaterschaft« gilt daher laut der Internationalen Arbeitsorganisation ILO als eine der wichtigsten gesellschaftlichen Veränderungen des einundzwanzigsten Jahrhunderts.

Rund siebzig Prozent der Väter in Deutschland sagen nach dem letzten Väterreport des Bundesministeriums für Familie, Senioren, Frauen und Jugend, dass sie sich mehr an der Erziehung und Betreuung der Kinder beteiligen als die Väter ihrer Elterngeneration – und bewerten das als persönlichen Gewinn. Ihr Verständnis von Vaterschaft beinhaltet auch, dass sie sich nicht mehr vorstellen können, die Rolle des alleinigen oder hauptsächlichen

Familienernährers zu übernehmen. Sechzig Prozent der Eltern mit Kindern unter drei Jahren fänden es ideal, wenn sich beide Partner gleichermaßen in Beruf und Familie einbringen könnten. Die Realität sieht deutlich anders aus. Tatsächlich verwirklicht wird so ein partnerschaftliches Modell nur von gerade mal vierzehn Prozent aller Eltern. Jeder fünfte Vater behauptet zwar, dass er gerne in Elternzeit gegangen wäre, verzichtete dann aber doch darauf – aus Angst vor Einkommensverlusten und beruflichen Nachteilen oder weil er organisatorische Probleme im Betrieb befürchtete. De facto sind solche Sorgen laut Väterreport unbegründet: »Die Nutzung von Elterngeldmonaten führt bei der Mehrheit der Väter zu keinen langfristigen negativen Folgen im Beruf; dies gilt insbesondere für die mehrheitlich in Anspruch genommene zweimonatige Elternzeit durch Väter«, heißt es dort. Selbst bei längeren Pausen seien die Auswirkungen meist nur temporär.

Dafür seien diese Väter auch nach Ende ihrer Elternzeit aktiver in die Kinderbetreuung eingebunden als andere. Selbst nach Trennungen bleiben die Väter für ihre Kinder unverändert wichtig. Leben Kinder von ihren Vätern überwiegend getrennt, wünschen die Kleinen sich trotzdem, dass die Verbindung nicht abreißt. Für neunzig Prozent zählt der Vater ganz selbstverständlich weiter zur Familie.

Insofern ist es nur zu begrüßen, wenn Männer möglichst früh in ihre Vaterrolle hineinfinden – wenn immer mehr Väter mit zum Gynäkologen und in die Hebammenpraxis kommen, im Kreißsaal bei der Geburt dabei sind, zu Infoabenden der Kitas und Schulen gehen, wenn sie ihr krankes Kind zum Arzt bringen und sich im Fall der Fälle um Termine in Paar- und Familienberatungsstellen kümmern. Viele Männer tun dies auch bereits. Allerdings längst noch nicht in gleichem Maße wie die Mütter.

Ein Blick über die Landesgrenzen hinweg zeigt: Wenn die politischen und wirtschaftlichen Rahmenbedingungen geschaffen werden, ist Gleichberechtigung möglich. So ist die Vereinbarkeit von Familie und Erwerbstätigkeit für Frauen und Männer in der schwedischen Familienpolitik bereits seit den 1970er Jahren Thema. Ein flexibles Elternurlaubssystem ermöglicht es beiden Elternteilen, Zeit mit ihrem Baby zu verbringen, ein bestimmtes Zeitbudget ist dabei ausschließlich für Väter reserviert. Das brachte Schweden in einem UNICEF-Ranking der familienfreundlichsten Länder 2019 die Spitzenposition ein. Deutschland landete lediglich auf dem sechsten Platz.

Da wundert es nicht, dass Väter hierzulande im Schnitt nur knapp zehn Stunden pro Woche mit ihren Kindern verbringen – bei den Müttern ist es mehr als doppelt so viel Zeit. Laut Väterreport findet jeder dritte Vater, dass die Zeit, die er mit seinen Kindern verbringt, nicht ausreicht. Neunundsiebzig Prozent von ihnen wünschen sich mehr Zeit für ihre Familie. Wie auch die Mütter, leidet die Mehrheit der Väter häufig unter Zeitdruck. Trotzdem ändern sie nichts an ihrer Situation.

Dabei haben es gleichberechtigt in die Kinderbetreuung eingebundene Väter besser, sie sind insgesamt zufriedener. Als einen möglichen Grund nennt das Bundesfamilienministerium die geteilte Verantwortung für die finanzielle Situation der Familie. Denn wenn sich der Vater zu Hause stärker engagiert, bedeutet das in den meisten Fällen auch, dass die Mutter mehr Zeit für ihre eigene Berufstätigkeit hat – und einen erheblichen Teil des Familieneinkommens stemmt.

So betrachtet wäre eine für alle bessere Alternative eigentlich ganz einfach zu realisieren: Perfekt wäre es, wenn Mütter und Väter sich unabhängig davon, wer mehr verdient, entscheiden könnten, wer wie viel Elternzeit nimmt und wer im Anschluss wie viele Wochenstunden in seinem Job arbeitet, damit beide weiter aktiv im Job vorankommen und genauso ihre Kinder betreuen. Dann könnten vermutlich auch alle wieder beruhigter schlafen.

Das Prinzip der umgekehrten Erziehung: Was wir von unseren Kindern lernen können

Dass man seine eigene Mutter nicht heiraten kann, hat mein Sohn mit seinen acht Jahren verstanden. Trotzdem ist er der festen Überzeugung, dass er »für immer« mit mir zusammen wohnen bleiben will. Darüber freue ich mich natürlich, denn so habe ich später jemanden, der mir morgens Kaffee macht und dann das Kissen auf dem Sofa zurechtrückt – aber natürlich weiß ich, dass es nicht so kommen wird, und das ist auch gut so.

Mama ist die Beste, finden Kinder – zumindest, bis sie in die Pubertät kommen. Und zwar unabhängig davon, wie die Mama aussieht, ob sie dick oder dünn, erfolgreich im Beruf oder arbeitslos ist, gut kochen kann oder nicht. Kinder erwarten keine Perfektion. Sie sind von Natur aus widerstandsfähig und großzügig, was Fehler betrifft – oft viel mehr, als wir denken. Was sie erwarten – und was auch ihr gutes Recht ist –, ist, dass Eltern Zeit mit ihnen verbringen. Sie genießen die Aufmerksamkeit und beobachten dabei alles ganz genau.

In der Väterstudie des Bundesfamilienministeriums wird deutlich, dass Schulkinder eher noch mehr Zeit mit ihren Eltern verbringen wollen als weniger. Die Väter werden diesen Erwartungen allerdings selten gerecht: Nur ein Drittel der Kinder ist zufrieden mit der Zeit, die sie mit ihren Vätern verbringen können. Bei den Müttern sind es zwei Drittel.

Was die Rollenverteilung betrifft, empfinden es Kinder als gerecht, wenn beide Eltern ähnlich viel arbeiten und sich Familienaufgaben und Freizeit hälftig teilen. Für sie sind vor allem verlässliche und intensiv miteinander verbrachte Familienzeiten wichtig. Wenn beide Elternteile mehr oder weniger Vollzeit arbeiten, sind meist beide gleichermaßen Bezugsperson. Das wird auch deshalb als Bereicherung erlebt, weil sich viele Eltern in ihren Stärken und Eigenschaften ergänzen.

In der letzten Shell-Jugendstudie von 2019, in der regelmäßig seit 1953 empirisch Einstellungen, Werte, Gewohnheiten und das Sozialverhalten von Jugendlichen untersucht werden, bestätigte sich der Eindruck der Jahre davor, dass Familie und soziale Beziehungen die mit Abstand wichtigsten Orientierungspunkte sind – so gut wie alle Jugendlichen sehen sie als zentral an. Sie werden sogar wichtiger eingeschätzt als Werte wie Eigenverantwortlichkeit oder Unabhängigkeit. Familie ist demnach eine Art sicherer Heimathafen, der jungen Menschen Halt und Unterstützung gibt.

Was die Zukunft angeht, geben vier von fünf Jugendlichen in der Studie an, dass sie »das Leben in vollen Zügen genießen« wollen. Familie und Gemeinschaft sowie ein eher hedonistisches Streben nach Vergnügen und Genuss schließen sich dabei keineswegs aus, sondern bedingen sich sogar.

Mir ist trotzdem jetzt schon mulmig, wenn ich an die näher rückende Pubertät meines Sohnes denke. Ich selbst war als Jugendliche oft unausstehlich, das weiß ich heute. Zu Hause gab es viel Streit, es wurden Türen geknallt und verletzende Worte gebrüllt. In dieser Zeit kommt mit den körperlichen Veränderungen, dem Liebeskummer, dem Leistungsdruck in der Schule und vielem mehr nun einmal alles auf einmal zusammen, und das überfordert dann manchmal.

Ich hoffe, ich kann meinem Kind in der Zeit eine gute Mutter sein oder zumindest eine hinreichend gute Mutter, denn der Ablösungsprozess vom Elternhaus ist wichtig. Mit der gleichzeitig zunehmenden Orientierung an Gleichaltrigen verändert sich das Verhältnis der Jugendlichen zu ihren Eltern. Doch die Shell-Jugendstudie zeigt ebenfalls: Die Beziehung zu den Eltern bleibt weiterhin wichtig, nicht nur emotional, sondern auch als Orientierung für die eigene Einstellung zu Kindern und Familie. Der Anteil der Jugendlichen, die ein positives Verhältnis zu den Eltern haben, nimmt sogar seit Jahrzehnten stetig zu.

Entsprechend zufrieden sind Jugendliche mit der Erziehung

durch ihre Eltern, was auch für deren Rolle als Erziehungsvorbilder gilt: Drei Viertel würden ihre Kinder genau so oder zumindest ungefähr so erziehen, wie sie selbst erzogen wurden. Gut zwei Drittel aller Zwölf- bis Fünfundzwanzigjährigen, die selbst noch keine Kinder haben, möchten später einmal welche. Auffällig ist allerdings, dass Jugendliche aus besser gestellten sozioökonomischen Schichten ein deutlich besseres Verhältnis zu ihren Eltern haben als diejenigen, die in weniger privilegierten Familien aufwachsen.

Enttäuschend ist für mich aber, dass sich die alten Rollenklischees weitgehend gehalten haben – selbst bei den jungen Leuten, die mit einer Bundeskanzlerin und einem insgesamt diversen Geschlechterbild aufgewachsen sind. Bei der Frage, wie sie sich die partnerschaftliche Aufteilung der Erwerbstätigkeit wünschen würden, wenn sie dreißig Jahre alt wären und ein zweijähriges Kind hätten, sind sich junge Männer und Frauen ziemlich einig in ihrer konservativen Einstellung: Nicht der Mann, sondern die Frau sollte beruflich kürzertreten. Fünfundsechzig Prozent der Mädchen und Frauen würden später gerne maximal halbtags arbeiten – und etwa genauso viele junge Männer wünschen sich auch genau das von ihrer Partnerin. Mehr als die Hälfte der Jugendlichen favorisiert das »männliche Versorgermodell«, jeder zehnte sogar das des männlichen Alleinversorgers. Immerhin wünschen sich die Jungen und Männer auch, später mal aktiv bei der Kindererziehung mitzuwirken.

Mein Sohn ist von solchen Überlegungen noch weit entfernt. Kürzlich bekam ich ein Gespräch zwischen ihm und einer Klassenkameradin mit, das ging ungefähr so:

Sie: »Ich möchte mal ganz viele Kinder.«

Er: »Ich auch, mindestens zehn.«

Sie: »Aber weißt du, was eklig ist? Dafür muss man Sex haben!«

Er: »Oh ja, das ist eklig. Und weißt du, was noch eklig ist? Spargel!«

Kinder sind so herrlich sprunghaft in ihrer Gedankenwelt, assoziatives Denken ist ihnen wichtiger als inhaltliche Spurtreue. Eben noch mit ernsthaften Überlegungen zu ihrer Zukunft beschäftigt, geht's schon weiter zum Sex und über Spargel und Nudeln zurück zur Frage: Was spielen wir als Nächstes? Auch Streit wird bei meinem Sohn und seinen Freundinnen meist binnen weniger Minuten beigelegt, oft ohne große Diskussionen oder Nachbesprechung. Das Hier und Jetzt sowie die Lust, Zeit miteinander zu verbringen und gemeinsam etwas zu unternehmen, sind wichtiger als das Beharren auf Standpunkten.

Gerade als passionierte Grüblerin, die ich oft bin, sollte ich mir davon eigentlich eine Scheibe abschneiden. Zukunftssorgen? Darauf eine Portion Spargel mit gebutterten Kartoffeln. Streit mit Freunden? Wozu Zeit mit Vergangenem verschwenden – stattdessen lieber mit Blick voraus zusammen die Flasche Crémant leeren, die sonst im Kühlschrank schal zu werden droht.

Wir könnten so viel von unseren Kindern lernen: Leichtigkeit und Unbeschwertheit, unbändige Tatkraft und Lebensfreude, Ausgelassenheit, Vorwärtsgewandtheit, Genügsamkeit, Vergebung, Selbstfürsorge. Warum machen wir das nicht, was steht uns im Wege? Vermutlich wir selbst. Das positiv Kindliche haben wir irgendwann auf dem Weg zum Erwachsenwerden verloren.

Ein anderes Mal erzählte die damals sechsjährige Freundin meines Sohnes von ihrer schwerkranken Großmutter. »Sie hat leider Krebs«, sagte sie zu mir. Ich versicherte ihr, wie leid es mir täte und dass ich hoffte, es würde ihrer Oma bald wieder besser gehen. Daraufhin sagte sie, plötzlich wieder fröhlich: »Weißt du, was das Gute an Krebs ist? Der ist nicht ansteckend!« Ich pflichtete ihr bei. Dass Krebs nicht ansteckend ist, war für sie und auch für ihre Oma etwas Positives, denn so konnte sie regelmäßig zu Besuch kommen, bis ihre Oma starb. Das Leben im Blick behalten ist etwas, das uns mit der Zeit verloren geht, was wir aber von Kindern ein Stück weit abgucken können.

Erziehung ist keine Einbahnstraße. Kinder haben die Fähigkeit, rücksichtslose Karrierefrauen zu sanftmütigen Müttern zu machen und unentschlossene Hampelmänner zu konsequenten Vätern. Was auch immer sich werdende Eltern vor der Geburt vornehmen – meistens wird am Ende doch alles anders, weil auch das Kind Einfluss auf das Familienleben hat und nicht einfach so mitläuft wie ein Zaungast.

Kinder kommen nicht als Rohlinge auf die Welt, sondern mit ihrer ganz eigenen Persönlichkeit und einem individuellen Temperament. An eineiigen Zwillingen lässt sich gut beobachten, dass kein Kind dem anderen gleicht: Obwohl sie identische genetische Merkmale haben und zeitgleich von denselben Eltern in einem Haushalt erzogen werden, können Zwillinge sehr unterschiedliche Charaktere haben.

Das Prinzip der umgekehrten Erziehung funktioniert auch, wenn die Kinder zu jungen Erwachsenen werden. Wäre beispielsweise die Klimakrise ein solch präsentes Thema ohne die Jugendbewegung »Fridays for Future«?

Unsere Kinder sind von Beginn an Teil dieser Gesellschaft und beeinflussen unsere Gefühle, Handlungen und Reaktionen. Manchmal unterlaufen sie unsere Pläne, stellen sie infrage und zwingen uns zu Veränderung. Eltern geben zwar eine Linie vor, doch auch Kinder sollten sich ab und zu durchsetzen können, damit sie spüren, dass ihre Stimme zählt, dass sie gesehen werden.

Selbst kleine Kinder sind bereits eigenständige, integre Persönlichkeiten. Ihnen nicht zuzuhören wäre eine Form kommunikativer Ignoranz. Elterliche Liebe bedeutet auch achtgeben, Aufmerksamkeit schenken, vermitteln. Konflikte managen und Grenzen ziehen gehört aber ebenfalls dazu, denn Kinder loten jeden Tag neu aus, wie sehr sie sich durchsetzen können. Haben sie immer das letzte Wort und können sich auch mit offensichtlich unberechtigten Forderungen durchsetzen, können sie zu kleinen Tyrannen werden, die auch später als Erwachsene nicht mit Frustration oder Ablehnung umgehen können. Das will niemand.

Das bedeutet nicht, jede Regel immer und überall mit letzter Konsequenz und notfalls mit Härte unerbittlich durchzusetzen. Eltern sollten auch mal fünfe gerade sein lassen. Neulich suchte mein Sohn beim Frühstück nach Argumenten für ein weiteres Nutellabrot. Schließlich griff er beherzt zum Glas mit der Schokocreme und sagte: »Ich esse das jetzt! Punkt. Ende der Diskussion.« Wir mussten beide lachen, ich verschluckte mich beinahe am Milchkaffee. Ganz offensichtlich stammte diese Formulierung von einem Erwachsenen – vermutlich seinen Lehrerinnen oder auch von mir. Ich ließ ihn gewähren, schenkte mir Kaffee nach, und dann teilten wir uns die süße Stulle.

Interview mit dem Kinder- und Jugendpsychiater Prof. Dr. Michael Schulte-Markwort

Michael Schulte-Markwort, Jahrgang 1956, ist ein bekannter Kinder- und Jugendpsychiater in Hamburg. Ich habe ihn in meiner journalistischen Arbeit schon häufiger gesprochen und als Experten um seine Einschätzung gebeten, wenn es um das Verhalten und die Belange von Kindern und Jugendlichen ging. Nach dem Medizinstudium und der Approbation als Arzt promovierte er an der Medizinischen Fakultät der Christian-Albrechts-Universität zu Kiel. Er war als Professor für Kinder- und Jugendpsychiatrie an der Universität Hamburg tätig und leitete jahrelang Abteilungen in den Bereichen Kinder- und Jugendpsychosomatik sowie Kinder- und Jugendpsychiatrie an mehreren Krankenhäusern. 2018 gründete er die Hamburger Privatpraxis Paidion-Heilkunde für Kinderseelen, und seit 2019 ist er Ärztlicher Direktor der Fachklinik Marzipanfabrik, wo nach seinem Konzept der partizipativen

Kinder- und Jugendpsychiatrie gearbeitet wird. Schulte-Markwort hat mehrere Bücher veröffentlicht, unter anderem *Superkids: Warum der Erziehungsehrgeiz unsere Familien unglücklich macht.* Das Interview haben wir telefonisch geführt.

Herr Schulte-Markwort, in Ihrer Praxis haben Sie täglich mit Kindern und Jugendlichen zu tun. Was sagen die über ihre Eltern?

Das ist so vielfältig und individuell wie die Kinder und Familien selbst. Sie erzählen von Eltern, die sich nicht verstehen, die endlos streiten, sich trennen. Von Eltern, die sich hassen. Aber auch von Eltern, die sehr besorgt sind, sehr liebevoll. Nach fünfunddreißig Jahren Berufserfahrung habe ich insgesamt den Eindruck, dass Eltern sich sehr zum Positiven gewandelt haben. Sie sind heute sehr viel engagierter als früher, näher dran an ihren Kindern und dem, was diese bewegt. Wenn sie Hilfe benötigen, kommen sie schneller zu mir. Sie empfinden es nicht mehr als Niederlage, nach psychiatrischem Rat zu fragen. Eltern heute interessieren sich sehr für ihre Kinder. Mehrheitlich machen sie einen super Job. Sie möchten ihre Kinder unterstützen und fördern und ihnen einen optimalen Weg ins Leben ebnen. Das merken die Kinder und Jugendlichen selbst dann auch.

Was wünschen sich Kinder von ihren Eltern?

Sie wünschen sich, dass Eltern immer da sind. Dass diese sich immer lieben und sie nie verlassen. Und vor allem sollen die Eltern immer gesund bleiben. Das ist der größte Wunsch und gleichzeitig die größte Sorge der Kinder.

Einst klassische Rollenbilder in der Familie haben sich im Laufe der Jahrzehnte verändert. Trotzdem berichten viele Frauen von einer immer noch ungleichen Verteilung der familiären Aufgaben. Wie wirken sich solche Gefühle der Ungerechtigkeit auf das Wohlbefinden der Kinder aus?

Seit zwei Jahren biete ich in der Praxis Paidion Müttergruppen an. Ich bin immer wieder sehr berührt davon, wie angestrengt und engagiert die Mütter sind. Mit welcher Kraftanstrengung sie versuchen, alles Mögliche auf den Weg zu bringen und einerseits im Beruf voranzukommen, andererseits für ihre Kinder und die Familie da zu sein. Die Belastung ist offenbar groß. Auffällig ist allerdings, dass wir bisher keine einzige Vätergruppe zusammenbekommen haben. Das Interesse bei den Männern ist einfach zu gering. Oder deren Angst vor Seelischem.

Mit welchen Problemen kommen die Mütter zu Ihnen?

Berufsbedingt kommen vor allem Mütter mit psychisch auffälligen Kindern zu mir. Aber in abgewandelter Form lassen sich meine Eindrücke verallgemeinern und auf alle Mütter übertragen: Sie müssen etliche Jobs auf einmal stemmen. Familien haben wie Kleinunternehmen zu funktionieren, in allen Bereichen soll das Beste entstehen. Nur durch maximale Mama-Logistik ist das auch nur annähernd zu erreichen. Um alles stemmen zu können, müssen Kinder möglichst früh in der Kita versorgt werden, wo dann jedoch eine Erzieherin auf zehn Kinder aufpasst und keine Kapazitäten für die Förderung hat. Kinder entwickeln sich aber nicht von allein. Am Ende droht dann Verwahrlosung. Trotzdem geht kein Aufschrei durch die Gesellschaft. Im Gegenteil, Initiativen verpuffen, und die Gesellschaft weigert sich, soziale Strukturen zu schaffen, um Mütter zu entlasten.

Sie beobachten, dass Mütter mit ihren Bedürfnissen in den Familien oft zu kurz kommen. Sie schreiben: »Ihre Verzichtsleistungen sind oftmals eine wichtige Grundlage dafür, dass aus dem Ehepaar ein Elternteam wird – und bleibt. Superkids lernen dabei, dass sie nur entstehen, wenn ihre Mutter auch bereit ist, diese Verzichtsleistung zu vollbringen.« Das heißt, das Bild der heilen Familie funktioniert nur so lange, wie wir Frauen bereit sind, auf unsere Bedürfnisse zu verzichten und uns dem Familienkonstrukt unterzuordnen?

Richtig, am Ende läuft es darauf hinaus. Es geht auf keinen Fall ohne Verzicht. Das gilt eigentlich auch für die Väter. Bestimmte Formen des Verzichts gehören nun einmal zur Elternschaft. Wie ich für mich persönlich Verzicht definiere, ist individuell. Natürlich bekommen wir für den Verzicht auch eine Gegenleistung. Verzicht kann auch zufrieden machen. Etwa, wenn ich meinem hungrigen Kind etwas von meinem Teller abgebe und lieber selber hungrig bleibe, aber mich das satte, glückliche Kind zufrieden stimmt.

Welcher Elternteil auf was und wie viel verzichten muss, ist unter anderem abhängig davon, wie die Erwerbsarbeit aufgeteilt ist. In meiner Praxis ermahne ich häufig die Väter, früher von der Arbeit nach Hause zu kommen, sich mehr Aufgaben mit der Partnerin zu teilen. In der Regel ist es nach wie vor so, dass die Frauen deutlich mehr verzichten.

Und das betrifft nicht nur die Gegenwart – aufgrund von längerer Elternzeit und mehr Teilzeit statt Vollzeit verzichten die Frauen auf Gehalt, auf Karrieresprünge, auf Rentenansprüche. Der Verzicht setzt sich fort bis zum Lebensende.

Frauen erbringen die größere Verzichtsleistung – und das wird auch von ihnen erwartet. Von ihren Partnern, von den Großeltern, von der Gesellschaft. Das hat auch biologische Aspekte, schließlich macht es einen fundamentalen Unterschied, wer das

Kind ausgetragen hat. Viele Väter, die Vollzeit arbeiten und weniger Zeit mit ihrem Kind verbringen, machen dann allerdings die schmerzliche Erfahrung, beim Kind an zweiter Stelle zu stehen. Das ist nicht angenehm, das muss man aushalten können. Finanziell für die Familie zu sorgen ist anstrengend, und auch die Väter zahlen einen Preis dafür.

Wenn Kinder diese Verzichtsgefühle bei ihren Müttern spüren – was macht das mit ihnen?
Grundsätzlich ist es gut, Gefühle zu zeigen und diese zu benennen. Wenn der Verzicht allerdings so groß ist, dass jemand leidet und das Kind erlebt, wie unglücklich die Mutter oder der Vater ist, sobald sie zusammen sind, dann wird es schwierig. Dann entstehen Schuldgefühle. Und diese stecken tief.

Wie wirkt sich das Perfektionsstreben von Eltern – auch in Bezug auf körperliche Attraktivität – auf die Kinder aus?
Wenn Eltern gerade junger Kinder zusammenkommen, dauert es meistens nicht lange, bis ein intensiver Austausch beginnt, der dann aber häufig schnell zu einem Wettrennen um die besten Fördermöglichkeiten wird. Das verunsichert und nervt oft vor allem die Mütter, weil sie den Eindruck haben, andere machten viel mehr als sie selbst, und sie fragen sich, ob sie ihr Kind genug fördern. Wenn Mütter mit ihren Töchtern in einen Wettstreit um körperliche Attraktivität geraten, dann sind auch beim Kind Wahrnehmungsverzerrungen bezüglich des eigenen Körpers vorprogrammiert.

Das hört sich nicht gut an.
Insgesamt wird den Kindern mit diesem ständigen Perfektions- oder Optimierungsstreben ein Gefühl des Nicht-Genügens vorgelebt. Wer immer nach mehr strebt, der kann nie mit sich zufrieden sein. Mütter, die ständig ihre eigene Figur kritisieren und eine

Diät nach der anderen machen, leben vor, dass der eigene Körper nicht ausreicht. Wenn dann noch die Schwangerschaft als Ursache dafür ausgemacht wird, warum der Körper nicht mehr so schön ist wie früher, schwingt ein Vorwurf mit: »Ich bin so geworden, weil du in mir gewachsen bist, weil ich dich zur Welt bringen musste.« Das erzeugt dann natürlich beim Kind wieder Schuldgefühle.

Mütter werden oft bewertet. Da gibt es die überehrgeizige »Tigermom«, die selbstsüchtige »Rabenmutter«. Mütter hubschraubern oder lassen ihre unerzogenen Kinder (wohlstands-)verwahrlosen. Können wir es überhaupt richtig machen?

Ihre Aufzählung macht deutlich, welche Melange eine Mutter anrühren muss, bis es für sie passt. Richtig machen kann sie es aber dennoch nicht, das funktioniert nicht. Ich glaube, es funktioniert nur nach dem Prinzip der Annäherung. Man kann nur immer wieder aufs Neue abwägen und austarieren und in der Partnerschaft die Dinge miteinander besprechen, sich mit seinem sozialen Netz abstimmen und je nach Alter des Kindes entscheiden, dass man mal mehr, mal weniger verzichtet. Aber – und das muss ich so deutlich sagen – der Entschluss, ein Kind zu bekommen, ist immer mit einem unwiderruflichen Verzicht verknüpft. Wobei ich den Gewinn nicht mindern möchte: Kinder zu bekommen ist wunderbar. Aber der Verzicht, der damit einhergeht, wird in unserer Gesellschaft gern totgeschwiegen. Und somit können Frauen es nicht richtig machen. Auch weil sich vieles nicht planen lässt. Was, wenn Sie ein Schreibaby oder ein psychisch krankes Kind bekommen? Das Leben ist voller Risiken. Wir können nur immer wieder versuchen, flexibel zu bleiben, in uns hineinzuhorchen und entsprechend zu reagieren.

Was ist denn das Beste für Kinder?

Das Beste für Kinder ist eine Balance zwischen Zufriedenheit der Eltern und angemessenen Vorstellungen darüber, wie sich das Kind entwickeln soll. Das bedeutet, auch Unperfektheit zuzulassen und mit dem Ist-Zustand zufrieden zu sein. Wir Menschen neigen dazu, zu viele Pläne zu machen und Checklisten anzulegen, die wir abhaken. Und wenn alles erledigt ist, dann denken wir, alles ist gut. Tatsächlich ist das Leben aber ein tägliches Abwägen möglicher Kompromisse. Der erste Schritt ist, die Beziehung zum Kind und die zum Partner oder zur Partnerin liebevoll zu gestalten. Eltern müssen nicht viel erziehen, es reicht vollkommen, wenn sie liebevoll vorleben. Dann braucht es auch keine unnützen Regeln, die sowieso nicht eingehalten, sondern ständig gebrochen werden. Es geht um Beziehung statt Erziehung!

Herzlichen Dank für das Gespräch!

Die Magie des Loslassens

Warum es das Leben leichter macht, wenn wir uns so akzeptieren, wie wir sind

Sobald eine Frau Mutter wird, ist ihr Leben ein anderes. Sie macht völlig neue, mit nichts anderem vergleichbare Erfahrungen. Der Fokus verschiebt sich, Werte und auch die eigene Rolle in Familie und Gesellschaft definieren sich neu. Das haben bereits der Psychoanalytiker Daniel N. Stern und die Kinderärztin und Kinderpsychiaterin Nadia Bruschweiler-Stern in ihrem Standardwerk *Geburt einer Mutter: Die Erfahrung, die das Leben einer Frau für immer verändert* beschrieben.

Wie können wir Frauen, die mit dem Gedanken groß geworden sind, dass wir alles schaffen können, wenn wir nur wollen, mit diesem Einschnitt fertigwerden? Wie können wir mit der neuen Rolle glücklich werden, mit den körperlichen Veränderungen, dem Verlust an Unabhängigkeit und den oft geringeren Entwicklungsmöglichkeiten einerseits und den mit der Mutterrolle verbundenen Glücksgefühlen andererseits? Wie können wir alles unter einen Hut bringen, was uns wichtig ist?

Hausfrau und Mutter sein – das klang für mich früher ähnlich attraktiv wie Pastinake: ziemlich farblos, ohne jeden Glanz und vor allem sehr, sehr langweilig. Ich kannte allerdings vor der Geburt meines Sohnes nichts von beidem aus eigener Erfahrung. Vor der Schwangerschaft hatte ich das Gefühl, zum Beispiel im Job immer besonders stark und präsent sein zu müssen, um gegen die männlichen Kollegen bestehen zu können – allein weil ich eine Frau bin. Dieses Gefühl wurde noch größer, als ich Mutter wurde. Unter dem strengen Blick männlicher wie weiblicher Mitglieder der Gesellschaft verstärkte sich der Druck weiter, möglichst perfekt sein zu müssen, den vielen neuen und alten Verpflichtungen klaglos gerecht zu werden – und dabei noch gut auszusehen und entspannt zu sein. Was ich heute weiß: Das ist einfach nicht möglich. Was im Umkehrschluss bedeutet, nur wer sich von diesen Erwartungen frei macht, kann zufrieden leben.

Das ist allerdings leichter gesagt als getan. Das Problem: Elternschaft, vor allem Mutterschaft, wird immer bewertet. Weil es für diese Funktion bestimmte Rollenbilder gibt, mit denen Mütter und ihr Verhalten permanent verglichen werden. Vermutlich auch deshalb, weil es allgemein als naturgegeben angesehen wird, dass Mütter jederzeit wissen, was zu tun ist. Sie können quasi nicht versagen, solange sie nur ihrer gottgegebenen Funktion nachgehen: dem Muttersein.

Andererseits passt die Rolle, sich jahrelang auf die Kindererziehung zu beschränken, Essen zu kochen, die Wäsche zu waschen und später die Hausaufgaben zu überwachen, um irgendwann, wenn die Kleinen flügge werden, wieder ein bisschen halbtags zu arbeiten, nicht mehr zum Zeitgeist. Sie passt nicht zum Selbstbild und den Erwartungen der emanzipierten Frau von heute und auch nicht zu den Erwartungen der Arbeitgeber, die verlangen, dass Mütter möglichst schnell nach der Geburt wieder in den Job zurückkehren und auch mit kleinen Kindern ohne Einschränkungen jederzeit zur Verfügung stehen.

Auch ist die Rolle der Mutter, die sich rund um die Uhr um den Nachwuchs kümmert, kaum mit den ökonomischen Rahmenbedingungen unserer Gesellschaft vereinbar. Zum Beispiel, weil es so gut wie unmöglich ist, mit nur einem Gehalt in Großstädten eine familiengerechte und gleichzeitig bezahlbare Wohnung zu finden. Zu den gängigen Beziehungsmodellen und der Tatsache, dass jede zweite Ehe geschieden wird, passt das Modell »Hausfrau und Mutter« ohnehin nicht.

Darum müssen wir Mütter damit leben, von einem Teil der Gesellschaft immer als Rabenmutter wahrgenommen zu werden, weil wir uns nicht genügend kümmern, weil wir unsere Kinder nicht gut genug erziehen und weil wir uns zudem erdreisten, zumindest manchmal auch noch an uns selbst und unsere Wünsche und Erwartungen an das Leben zu denken. Wir strampeln uns ab, performen aber insgesamt doch nur ungenügend. Wir sind wie der Hamster im Laufrad: immer auf Hochtouren, aber niemals am Ziel. Corona hat alles noch schlimmer gemacht: Ich kenne kaum eine berufstätige Mutter minderjähriger Kinder, die nicht permanent am Rande ihrer Kräfte und kurz vor einem Zusammenbruch steht.

Die Zahlen bestätigen das: 2,1 Millionen Mütter gelten in Deutschland als kurbedürftig, das ist jede vierte Mutter mit mindestens einem minderjährigen Kind. Das Müttergenesungswerk, das Kuren für Eltern finanziert, gibt jährlich einen Überblick zur gesundheitlichen Situation von Familien heraus. Schon 2019, also noch bevor das Coronavirus für weitere an die Substanz gehende Herausforderungen im Familienleben sorgte, waren die häufigsten Indikationen bei den ärztlichen Eingangsuntersuchungen in den Kliniken starke Erschöpfungszustände bis zum Burnout, Schlafstörungen und Angstzustände. Fast alle Patientinnen waren erwerbstätig und gaben an, am meisten unter dem ständigen Zeitdruck zu leiden, an den hohen beruflichen Belastungen und der schwierigen Vereinbarkeit von Kindern und Beruf.

Corona mit den Lockdowns, den Kontaktbeschränkungen, dem Homeoffice bei gleichzeitigem Homeschooling, der Kurzarbeit, dem Jobverlust und der allgemeinen emotionalen Verunsicherung wurde zur speziellen Belastungsprobe für Familien. Trotz und auch wegen des monatelangen Ausnahmezustands wurden deutlich weniger Kuren beantragt, Kliniken mussten zum Teil temporär schließen oder konnten weniger Plätze anbieten. Die Situation dürfte sich auch 2021 weiter verschärft haben.

Ich erlebe die mit der Mutterrolle verbundene Belastung selbst. Sosehr ich mein Kind liebe – in den vergangenen acht Jahren haben sich kinderfreie Arbeitstage, also Tage, an denen ich mich nicht zwischen der Betreuung meines Sohnes und Job zerreißen musste, oft wie Urlaub angefühlt: einfach mal konzentriert arbeiten. Ich bin seit zwanzig Jahren Journalistin, ich weiß, was von mir erwartet wird und wie ich diese Erwartungen erfüllen kann. Ich rufe Expertinnen und Experten an, die mir Sachverhalte erklären und Hintergrundwissen vermitteln, recherchiere Fakten und Daten, spreche mit Menschen, die mir Einblick in ihre Lebenswirklichkeit geben.

Mutter bin ich seit acht Jahren – und immer noch Laie. Ich frage mich jeden Tag, ob ich alles richtig mache, was ich besser machen könnte, und schaue mir an, wie es andere machen. Die Mutterrolle ist ein niemals endender Prozess von Trial and Error.

Dabei hatte ich das unschätzbare Glück, schon während der Schwangerschaft Frauen kennen zu lernen, die zum gleichen Zeitpunkt zum ersten Mal Mutter wurden wie ich. Bis heute sind wir als feste Gruppe eng miteinander verbunden – obwohl wir mittlerweile über die ganze Welt verstreut wohnen. Über die Jahre haben wir viele persönliche Momente miteinander geteilt: unendlich traurige Schicksalsschläge, Trennungen, Krankheiten, Unfälle, aber auch die Geburt weiterer bezaubernder Kinder, neue Lieben und berufliche Neuanfänge. Wir teilen die kleinen und die großen Herausforderungen, die das Leben als Frau mit Kindern mit sich bringt.

Diese Freundinnen zur Seite zu haben ist unschätzbar wertvoll. Denn das Einzige, was mir in den Momenten der Verzweiflung oder der Hilflosigkeit hilft, ist, mit anderen Frauen zu sprechen. Zu hören, dass es ihnen genauso geht wie mir, macht die Angst vorm Scheitern sehr viel kleiner. Und es bestärkt, weil es Kraft gibt, echtes Empowerment und echtes Füreinander-Dasein ist.

Auch meine Familie und andere enge Freundinnen und Freunde, mit oder ohne Kinder, stehen mir jederzeit mit Rat und auch mit Tat zur Seite. Ein stabiles Netzwerk zu haben ist gerade als alleinerziehende Mutter, die ich jetzt bin – aber auch für alle anderen Eltern – unschätzbar wichtig, Dieses Backup kann man sich allerdings nicht so einfach aufbauen wie im Job. Was mit Karrierenetzwerken funktionieren mag, reicht in Sachen Familie nicht aus, da braucht es mehr: mehr Verlässlichkeit, mehr Beständigkeit, mehr praktische Unterstützung. Da reicht es nicht, wenn mir mal jemand »einen Kontakt macht« – es braucht Menschen, die ich mitten in der Nacht anrufen kann, wenn ich unsicher bin, ab wann ich mit meinem fiebernden Kind ins Krankenhaus fahren sollte. Es braucht Menschen, die da sind, wenn spontan ein Babysitter, Hilfe beim Umzug oder einfach nur ein offenes Ohr gebraucht wird.

Früher übernahm die Großfamilie solche Aufgaben. Heute leben wir anders, kleinteiliger und verstreuter. Es gibt Menschen, die diese Art und Weise, wie der Großteil von uns heute lebt, als nicht »artgerecht« bezeichnen. Aber in den meisten Fällen können wir daran nichts ändern. Auch deshalb ist es gut, sich seinen eigenen Clan zum sogenannten »attachment parenting« zu schaffen. Gemeinsam geht alles besser.

Wie bei Johann Wolfgang von Goethes *Wahlverwandtschaften* wird im Leben mit Kind plötzlich klar, mit wem es tatsächlich passt und mit wem nicht. Goethes Titel aus dem Jahr 1809 bezog sich auf das Verhalten chemischer Verbindungen, die sich anziehen und abstoßen und mitunter neu zusammensetzen. Sein Roman über das Schicksal zweier Paare war damals ein naturwissenschaftliches Gleichnis dahingehend, dass die Idee der Wahlverwandtschaften auch auf zwischenmenschliche Beziehungen übertragbar ist. Erkennen kann man diese Menschen nur, wenn man mit offenen Augen und offenem Herzen durch die Welt geht.

Mein Kind macht mich gleichzeitig verletzlich und stark. Verletzlich, weil ich, seit mein Sohn ein kleiner Zellhaufen in meiner Gebärmutter war, Angst habe, ihn zu verlieren. Es heißt, mit Kind lebe ein Teil des eigenen Herzens außerhalb unseres Körpers. Genau so ist es. Wir können nur versuchen, dafür zu sorgen, dass dieser außerhalb gelegene Teil unseres Herzens lernt, sich selbst zu beschützen. Genau das macht dann auch mich stark, weil ich erst durch mein Kind erfahre, zu was ich in der Lage bin, wie viel Kraft ich habe.

Bevor ich Mutter wurde, bin ich im Mondschein auf hohe Berge geklettert und beim Tauchen im offenen Meer Haien begegnet. Doch erst nach der Geburt hatte ich das Gefühl: Jetzt kann mich nichts mehr schockieren oder aus der Bahn werfen. Ich habe ein Kind geboren – wenn ich das geschafft habe, kann ich alles schaffen. So schwierig es auch manchmal ist – Muttersein ist eine Superkraft.

Denn letztendlich geht es um nichts Geringeres als um Leben und Tod: die Empfängnis, die Geburt, das Ernähren, das Beschützen, das Älterwerden, die eigene Endlichkeit. Eben weil es um Existenzielles geht, um das Leben, ist das alles so groß und aufwühlend. Nichts hat mich in meinem Leben mehr gefordert, nichts hat mich mehr zerrissen – und gleichzeitig so viel Glück gebracht, so viel Freude und Liebe.

Eine Mutter zu sein kostet unendlich viel Kraft und gibt unendlich viel. Muttergefühle sind widersprüchlich. Stehen wir dazu!

Die Frage nach dem Sinn des Lebens, die mich in jüngeren Jahren immer mal wieder gequält hat, löste sich auf, während der kleine Zellhaufen in meinem Körper wuchs.

Wir haben nur dieses eine Leben und wissen nicht, wann es

vorbei sein wird. Für mich persönlich habe ich entschieden, es zu nutzen und so zu gestalten, dass ich glücklich bin. Das bedeutet auch, dass ich manchmal keine Höchstleistungen erbringe – aber versuche, mich damit zufriedenzugeben. Ich koche Nudeln mit Tomatensauce und schmiere Nutellabrote, obwohl ich doch eigentlich Wert auf gesunde Ernährung lege. Aber ich gestatte mir diese Lässlichkeit, weil das für den Moment gut genug ist. Weil andere Dinge wichtiger sind: Stress und Erwartungsdruck aus dem Alltag nehmen zum Beispiel, ohne Ablenkung mit meinem Sohn darüber sprechen, was ihn beschäftigt, oder mit Legosteinen Raumschiffe bauen.

Jede Mama ist die beste für ihr Kind. Das klingt zwar kitschig, aber am Ende geht es darum, dass jemand einfach da ist.

Die Liebe, die mir mein Sohn entgegenbringt, die Bewunderung in seinen Augen, das unendliche Vertrauen – ein bisschen mehr davon möchte ich auch mir selbst entgegenbringen.

Früher hieß es, jedes Kind koste einen Zahn. Auch wenn das Gebiss heute meist vollständig bleibt, lassen wir Mütter tatsächlich immer noch auch körperlich Federn.

Ich sehe mich im Spiegel an. Sehe die Falten, die dunklen Schatten unter den Augen. Ich bin vierundvierzig Jahre alt, vermutlich habe ich die Hälfte meines Lebens hinter mir. War nicht gerade noch mein dreißigster Geburtstag, den ich mit Freundinnen im Club gefeiert habe? Bin ich nicht eben erst in die neue Stadt gezogen, zu meinem neuen Job? Hatte ich nicht eben noch meine gesamte Zukunft vor mir?

Mein Körper erzählt eine andere Geschichte. Die von der Schwangerschaft, dem Muttersein, den Krisen und den Verletzungen, aber auch der Freude. Jede Narbe, jeder Besenreiser, jeder blaue Fleck erzählt eine Anekdote: Hier habe ich mich verbrannt, als ich den Kuchen für den fünften Geburtstag meines Sohnes aus dem Ofen gehoben habe. Dort hat sich mein Kind festgekrallt, als es vom Klettergerüst in meine Arme gefallen ist. Aber hey: Das ist mein Leben! Und das ist mein Körper, und solche Spuren sind wie kleine Orden. Unendlich mehr bedeuten noch die vielen weiteren, unsichtbaren Spuren. Ich sollte dankbarer für meinen Mutterkörper sein und achtsamer.

Wenn wir uns einen Muskel gezerrt oder ein Band überdehnt haben, gönnen wir uns Ruhe, weil wir wissen: Es ist das Einzige, das hilft. Bei psychischen Problemen, wenn wir traurig, einsam oder erschöpft sind, sind wir ungeduldig und wollen, dass sich das möglichst schnell ändert. Wir gehen zur Therapie und früh schlafen und hoffen, dass dann schon alles irgendwie in Ordnung geht. Auch erwarten wir ständig Spitzenleistungen von unserem Körper: Er soll gefälligst immer funktionieren, rund um die Uhr aufmerksam und jederzeit einsatzbereit sein und dabei auch noch frisch und vital aussehen. Das kann auf Dauer nicht funktionieren.

Mein Körper braucht Pausen, die es im Leben mit Kind allerdings kaum gibt, denn die Verantwortung bleibt, selbst wenn das Kind schläft. Im Alltag ist es schwierig, einfach mal stehen zu bleiben und innezuhalten. Ich stelle fest, dass es Grenzen gibt, an denen es nicht weitergeht.

Mein Muttersein hat mich gelehrt, mehr auf meine Intuition, auf mein Gefühl zu vertrauen. Was sich nicht gut anfühlt, ist in der Regel auch falsch. Am Ende ist es das, was zählt: dass wir uns gut fühlen.

Kleine Kinder sind eine ständige Begleitung, machen aber auch einsam. Die Elternzeit ist eine Parallelwelt, in der sich die betreuenden Erwachsenen oft allein fühlen. Frauen leben plötzlich wie in den 1950er Jahren, sie finden sich in einem unbekannten, unerwarteten Leben wieder. Und auch von der Welt selbst werden sie mit anderen Augen angesehen. Mit jedem Baby entsteht eine neue Mutter – aber mit alten Problemen.

Das Zeitgefühl verändert sich. Ich selbst nehme die Gegenwart nun bewusster wahr, verharre weder in der Vergangenheit, noch plane ich zu sehr für später. Der Blick in die Zukunft meines Kindes macht mir meine eigene Vergänglichkeit bewusst – und den Fakt, welch großes Glück ich habe. Das macht jeden Tag wertvoll.

Und sonst: Ich möchte meinen Füßen danken, denn ohne sie stünde ich nicht hier – diesen Spruch habe ich irgendwo gelesen, und er spricht mir aus der Seele: Jedes Mal, wenn ich mich unsicher fühle, möchte ich daran denken, was mein Körper alles für mich leistet: Er hält mich am Leben, er transportiert mich durch diese Welt, er tanzt, er liebt. Er hat das Beste produziert, das es in meinem Leben gibt: mein Kind.

Ich wünsche mir, dass Mutterschaft normaler wird – in dem Sinne, dass sie im gesellschaftlichen Alltag mehr vorkommt, mit berücksichtigt und wertgeschätzt wird. Dafür müssen nicht nur wir Mütter selbst, dafür müssen alle gemeinsam die passenden Strukturen schaffen.

Die Hollywoodschauspielerin Reese Witherspoon erzählte in einem Podcast im Herbst 2021 über die Zeit nach der Geburt ihrer Tochter Ava, wie schwer ihr die neue Mutterrolle gefallen sei: »Ich habe fünf Monate lang versucht, mich mit Ava durchzukämpfen, habe kaum geschlafen. Ich war wie im Delirium.« Drehen zu gehen sei nicht denkbar gewesen. »Ich hatte das Glück, Geld gespart zu haben, und musste nicht arbeiten. Aber es ist einfach kein Ein-Personen-Job. Ich würde sagen, es ist sogar kein Zwei-Personen-Job.«

Das alles immer wieder zu erzählen, zu erzählen, wie die Wirklichkeit als Mutter aussieht, ist wichtig. Und es ist wichtig, zu versuchen, sich von den Erwartungen anderer frei zu machen, es nicht mehr ständig allen recht machen zu wollen und allem gerecht zu werden – dem Elternsein, dem Job, der Beziehung und dem Schönheitsideal. Lassen wir all das los, befreien wir uns und umarmen das Leben, wie es kommt! Die Welt wird sich weiterdrehen. Nichts wird passieren – außer, dass wir dann zufriedener mit uns selbst sind.

Ich danke:

Mama, Papa
Sandra, Feli, Laura, Anna, Kathleen,
Madlen, Romy, Esther, Mareike M., Mareike G.
Elisabeth, Dirk
Cindy, Anne
Sara

Literaturverzeichnis

Bruschweiler-Stern, Nadia, & Daniel N. Stern: *Geburt einer Mutter: Die Erfahrung, die das Leben einer Frau für immer verändert*, Brandes & Apsel Verlag, Frankfurt am Main, 1998

Burmester, Silke: *Mutterblues: Mein Kind wird erwachsen, und was werde ich?*, Kiepenheuer & Witsch, Köln, 2016

Carl, Verena: *»Eltern«-Ratgeber Eltern sein, Paar bleiben: Besserer Austausch, mehr Selbstfürsorge, weniger Stress*, Dorling Kindersley Verlag, München, 2021

Donath, Orna: *#regretting motherhood: Wenn Mütter bereuen*, Albrecht Knaus Verlag, München, 2016

Ende, Michael: *Momo*, Thienemann im Thienemann-Esslinger Verlag, Stuttgart, 1973

Harmann, Lisa, & Katharina Nachtsheim: *Wow Mom. Der Mama-Mutmacher fürs erste Jahr mit Kind*, S. Fischer Verlag, Frankfurt am Main, 2019

Harmann, Lisa, & Katharina Nachtsheim: *Wow Mom: Der Mama-Mutmacher für mehr Ich in all dem Wir*, S. Fischer Verlag, Frankfurt am Main, 2020

Grach, Katja: *Milf-Mädchenrechnung. Wie sich Frauen heute zwischen Fuckability-Zwang und Kinderstress aufreiben*, Schwarzkopf & Schwarzkopf Verlag, Berlin, 2018

Juul, Jesper: *Frau und Mutter. Ein solidarischer Essay aus der Perspektive eines Mannes*, familylab kompakt Band 2, Verlag Mathias Voelchert edition +plus, 2014

Kaiser, Mareice: *Das Unwohlsein der modernen Mutter*, Rowohlt Verlag, Hamburg, 2021

Molin, Tina: *Endlich wieder Lust auf Sex: Wie ich mit Mitte vier-*

zig mein Liebesleben neu entdeckte, Wilhelm Goldmann Verlag, München, 2021

Rösler, Annika, & Evelyn Höllrigl Tschaikner: *Nachwehen. Trost und Hilfe bei überwältigenden Gefühlen rund um die Geburt*, Kösel-Verlag, München, 2021

Schulte-Markwort, Michael: *Superkids: Warum der Erziehungsehrgeiz unsere Familien unglücklich macht*, Knaur Verlag, München, 2016

Schulte-Markwort, Michael: *Kindersorgen: Was unsere Kinder belastet und wie wir ihnen helfen können*, Droemer Verlag, München, 2017

Stahl, Stefanie, & Julia Tomuschat: *Nestwärme, die Flügel verleiht: Halt geben und Freiheit schenken – wie wir erziehen, ohne zu erziehen*, Gräfe und Unzer Verlag, München, 2018

Tomuschat, Julia: *Finde die Liebe, die dir als Kind gefehlt hat*, Gräfe und Unzer, München, 2021

Tucker, Abigail: *Mom Genes. Inside the New Science of Our Ancient Maternal Instinct*, Gallery Books, New York, 2021.